中国流动人口政策演化与评价

以长三角地区为例

樊士德 —— 著

EVOLUTION AND EVALUATION OF CHINA'S
MIGRANT POPULATION POLICY

A Case Study on Yangtze River Delta

社会科学文献出版社
SOCIAL SCIENCES ACADEMIC PRESS (CHINA)

本书得到国家社会科学基金一般项目"精准扶贫背景下中国劳动力流动的减贫效应与政策研究"(批准号：18BJL124)、江苏省社会科学基金后期资助项目"长三角地区流动人口政策评估与比较研究"(批准号：16HQ011)、江苏高校"青蓝工程"资助项目优秀教学团队"经济学专业TMPP教学团队"(苏教师函〔2020〕10号)、江苏高校优势学科建设工程资助项目(苏学科办〔2018〕3号)、江苏省重点学科项目(苏教研〔2016〕9号)、江苏高校一流本科专业——经济学专业(苏教高〔2019〕8号)的资助。

目 录

第1章　导论 ··· 1
　1.1　国内外研究现状述评 ··· 3
　1.2　研究意义与可能的创新之处 ·· 6
　1.3　主要研究方法 ·· 9
　1.4　主要内容和核心观点 ··· 11

第2章　中国流动人口政策演化机理与效应研究 ···················· 18
　2.1　改革开放以来中央政府关于流动人口政策的演化脉络 ···· 18
　2.2　我国流动人口政策演进的内在机制及其效应分析 ·········· 26
　2.3　对我国流动人口政策演进的进一步思考 ······················· 34

第3章　长三角地区流动人口政策演化脉络及其效应研究 ······ 37
　3.1　长三角地区流动人口政策研究现状 ······························ 37
　3.2　长三角地区人口流动现状与特征化事实 ······················· 38
　3.3　长三角地区流动人口政策的演化路径 ··························· 53
　3.4　长三角地区流动人口政策的内在机制及效应分析 ·········· 62
　3.5　对长三角地区流动人口政策一体化的展望与反思 ·········· 66

第4章　长三角地区不同省市流动人口政策比较研究 ············· 68
　4.1　长三角地区内部省市流动人口政策研究现状 ················· 68
　4.2　长三角地区内部不同省市流动人口特征分析 ················· 70
　4.3　长三角地区不同省市流动人口政策演化对比梳理 ·········· 74
　4.4　本章小结 ··· 91

第 5 章 长三角地区流动人口户籍政策评估与改革路径 ……… 93
5.1　流动人口户籍政策研究现状 …………………………… 93
5.2　长三角地区流动人口户籍政策的演化脉络 …………… 95
5.3　长三角地区"两省一市"流动人口户籍政策的比较研究
　　　………………………………………………………… 106
5.4　长三角地区流动人口户籍政策改革方向前瞻 ………… 111

第 6 章 长三角地区流动人口医疗保险政策研究 ……………… 114
6.1　流动人口医疗保险政策研究现状 ……………………… 115
6.2　长三角地区流动人口医疗保险政策梳理 ……………… 116
6.3　长三角地区流动人口医疗保险政策分析与评价 ……… 129
6.4　流动人口医疗保险政策启示 …………………………… 138

第 7 章 长三角地区流动人口子女义务教育政策评价 ………… 141
7.1　我国流动人口随迁子女规模与主要特征 ……………… 141
7.2　我国流动人口子女义务教育政策演进脉络 …………… 144
7.3　长三角地区流动人口子女义务教育政策演化脉络 …… 154
7.4　流动人口子女义务教育政策评价 ……………………… 180

第 8 章 长三角地区流动人口政策比较
　　　——基于国际与区域的双重比较 ………………………… 189
8.1　流动人口政策区域和国际比较的必要性 ……………… 189
8.2　流动人口政策比较研究现状 …………………………… 190
8.3　流动人口政策的区域比较 ……………………………… 192
8.4　流动人口政策的国际比较 ……………………………… 230
8.5　本章小结与政策思考 …………………………………… 239

第 9 章 长三角地区流动人口政策优化路径探索 ……………… 241
9.1　主要结论 ………………………………………………… 241
9.2　对长三角地区流动人口政策的总体评价 ……………… 243

9.3 长三角地区流动人口管理和服务中存在的困境 …………… 246

9.4 加强和完善长三角地区流动人口管理和服务的对策建议
…………………………………………………………………… 249

参考文献 ………………………………………………………… 256

后　记 ………………………………………………………… 271

第1章 导论

改革开放40多年来,我国城乡间、地区间、产业间抑或部门间的人口流动直接影响了人口和劳动力等要素在空间上的动态布局,不仅关系到要素和资源的配置效率、产业的空间布局、产业结构的优化(尤其是产业高端化的实现)、区域协调发展、以人为核心的新型城镇化的推进及其质量的提升等,而且关系到我国人民美好生活的实现、当前发展不平衡不充分的有效缓解以及经济发展由高速增长阶段向高质量发展阶段的转变。根据历年《中华人民共和国国民经济和社会发展统计公报》,我国流动人口总量在2011—2019年总体呈现增长态势,由2011年的2.30亿人增长至2019年的2.36亿人。在这一过程中,发达地区尤其是东部沿海地区和大中城市成为流动人口的重要集聚地。

更进一步来看,我国长期以来在经济转轨过程中所经历的人口与劳动力流动,既是一种社会发展现象,也是一种经济转轨现象,这一特征在中国发达地区尤其是长三角、珠三角等东部沿海地区更为显著。在这一过程中,我国的流动人口自身以及相关社会经济政策的特点凸显了其与发达经济体、新兴市场国家的差异化特征,在一定程度上可谓规模最大、范围最广、内容最复杂、迁徙模式最特殊且内在与外在的差异性最大。这里进一步就人口和劳动力流动的影响因素而言,中华人民共和国成立70多年来,人口与劳动力流动既离不开中央政府的宏观政策演进,也与地方政府的微观规制措施密不可分,更有意思的是,中央层面的政策变迁和地方层面的微观规制在人口流动中起到了十分微妙的作用,在一定程度上这一系列宏观调控与微观规制是外流人口、城市居民、中央政府与地方政府多重主体动态博弈的最终结果。习近平总书记在2017年10月18日所做的十九大报告中明确指出,十八大以来的五年,"城镇化率年均提高一点二个百分点,八千多万农业转移人口成为城镇居民";需要进一步"以城市群为主体构建大中小城市和小城镇协调发展的城镇格局,加快农业转移人口市民化"。2018年,"加快农业转移人口市民化"

"提高新型城镇化质量"等内容又出现在李克强总理所做的政府工作报告中。2019年,"抓好农业转移人口落户,推动城镇基本公共服务覆盖常住人口"以及"深化医保支付方式改革,优化医保支出结构。抓紧落实和完善跨省异地就医直接结算政策,尽快使异地就医患者在所有定点医院能持卡看病、即时结算,切实便利流动人口和随迁老人"等再一次成为李克强总理所做的政府工作报告的重要内容。这也足见人口流动、新型城镇化及其相应的配套政策等在我国经济社会发展中的重要作用。

流动人口政策对于作为中国经济动力引擎之一的长三角地区①的作用和影响同样非常重要。然而,长期以来,长三角地区流动人口政策呈现什么样的演化脉络?其演进过程是否曲折?在政策变迁过程中做了哪些大的调整与改进?其内在演变机理是什么?现状又如何?这一系列政策安排给长三角地区的人口流动、区域经济发展乃至中国宏观经济带来了什么样的效应和影响?其与美国、欧盟和日本等发达国家和地区以及国内其他区域(如珠三角地区、京津冀地区等)之间具有哪些共性和差异化特征?长三角地区内部不同省份以及不同城市之间的一般性体现在哪些方面?其特殊性又何在?长三角地区的流动人口政策以及实践是否领先于全国的政策安排和政策供给?换言之,是否具有一定的政策领先性和前瞻性?还存在什么样的突出问题与矛盾?伴随流动人口出现的新

---

① 需要说明的是,长三角地区有地理和经济上两层含义。在经济上的含义可以从长江三角洲城市经济协调会的成员城市进行研究,主要包括上海市、江苏省、浙江省全境以及安徽省的合肥、芜湖等5地市;从地理上的含义来看,根据2008年9月7日国务院出台的《关于进一步推进长江三角洲地区改革开放和经济社会发展的指导意见》(国发〔2008〕30号),长江三角洲地区包括上海市、江苏省和浙江省,从国家层面界定了长三角地区的地理范围。学界对长三角地区也有很多分类,比如代表性的分类之一(谢玲丽,2007):(1)小长三角,涵盖上海、环太湖"苏锡常"和杭州、嘉兴、湖州、宁波、绍兴、舟山等10个城市;(2)传统长三角,主要包括上海、南京、苏州、无锡、常州、南通、扬州、镇江、泰州、杭州、宁波、嘉兴、湖州、绍兴、舟山、台州;(3)大长三角,主要包括江苏、浙江、上海;(4)泛长三角,主要为沿江7省2市(上海、重庆、江苏、浙江、安徽、江西、湖南、湖北、四川)。此后,学界进一步深入探讨了"泛长三角"的划分,主要有三种模式,即"1+3"模式(以上海为龙头,纳入江苏、浙江和安徽三省)、"3+2"模式(在上海、江苏、浙江三省市的基础上,纳入位于长江中下游地区的安徽及江西两省),以及"6+1"模式(包括上海市、江苏省、浙江省、安徽省、江西省、福建省、山东省在内的华东6省1市)等。本书这里聚焦的长三角地区主要为地理意义上的江苏省、浙江省和上海市,即"两省一市"。

形势和新情况，未来政策又该走向何方？长三角地区的流动人口政策实践是否为其他地区乃至全国的政策安排带来了可供借鉴的调控思路和启示？又应做出什么样的改革、调整或新的制度安排？这一系列问题构成了本书的逻辑出发点和落脚点。

这里值得说明的是，笔者认为，严格意义上，"政策"通常是一个宏观范畴的界定，然而在我国学界、政界乃至社会各界对此并未严格地加以区分，进而时常将区域、省级、市级、县（区）级等各级政府出台的相关规定和措施，甚至对某一社会经济运行的微观规制或微观干预也纳入"政策"范畴（宋洪远等，2002）。此外，还有学者直接采用"微观经济政策"这一表述（高鸿业，2011）。因此，尽管本书在长三角地区流动人口政策研究过程中依然采用了"政策"这一表述，但这里更为偏向的是中观区域层面的政策规制或干预，甚至是区域内部不同省市对流动人口管理和服务的微观规制措施和办法，而不同于中央政府及其直属部门的宏观社会经济政策（樊士德和魏枫，2014）。

1.1 国内外研究现状述评

截至目前，国内外有关我国流动人口政策的直接研究并不多见，即使有零散研究也主要偏向全国范围宏观视角抑或典型省区市、代表性地级市的政策演变或脉络梳理，对类似于长三角地区的区域流动人口政策研究更为鲜见，这也彰显了本书可能的边际贡献。

1.1.1 国外研究

在国外较为鲜见的研究中，有部分学者使用"以户口为中心的战略"来形容中国流动人口政策和体制的特点（Cheng，1991；Chan，1992，1999）。Cook（1999）认为从家庭联产承包责任制开始，一旦农民成为剩余索取者，农业生产率大幅提高，非农产业的高报酬就吸引劳动力跨部门和跨地区转移。

1.1.2 国内研究

即使在国内，有关中国人口和劳动力流动政策这一领域的直接研究也并不多①。一方面，主要聚焦全国范围的流动人口政策演进特征研究。如尹德挺和黄匡时（2008）认为改革开放以来我国流动人口政策经历了从开放到管制再到融合的演进过程，当下以人为本和改善民生的理念要求强化流动人口的社会融合；而 Fan Shide 和 Jiang Debo（2014）从宏观视角更进一步对长期以来学界视野中的中国人口与劳动力流动宏观政策进行了反思，给出了新的内涵界定；汪继业（2015）对农村流动人口政策的演变也主要持从限制到融合的观点，而且他认为我国的这一政策演变主要是在农业社会向工业社会转变、计划经济体制向市场经济体制转变的进程中实现的，进而也就不可避免地呈现渐进性、现实性和市场导向性三个突出特征；张希（2019）则梳理了中华人民共和国成立以来的流动人口政策演进过程，并认为我国流动人口政策先后经历了两次允许自由流动和流动管制的交替演进周期，而改革开放以来则先后经历了放开、管制、加快、深化四个阶段。与之相同的是，陆继霞等（2019）也对中华人民共和国成立以来的人口流动政策进行了回顾，认为我国流动人口政策先后经历了自由迁徙与有计划迁移并存、严格控制与城市人口下放、迁移松动而流动管制、引导流动、城乡融合等相对复杂的演变过程。其他的直接的政策梳理还聚焦了我国改革开放以来劳动力流动的政策演化脉络（李飞孟等，2006；柳彦，2006；徐程媛，2009；李厚刚，2012；樊士德，2013）。

另一方面，体现在部分学者对个别城市的流动人口政策的探讨，比如黄匡时和王书慧（2009）指出北京市流动人口政策经历了从社会排斥到社会融合的演变过程，并提出清除流动人口的融合障碍，保障其合法权益，强化流动人口融合政策的监管和全国性协调，提高流动人口服务和管理水平，构成促进由社会排斥向社会融合转变的重要路径；黄育贤（2019）对深圳市城市流动人口管理的现状和问题进行了专题探究，并进行了经验总结，主要包括制订高效的管理方案，关爱流动人口，加强优质管理服务，重视对流动人口的合法权益的保护，不断探索完善流动人口治安管理的有效措施等；李桐（2020）则对广州市流动人口政策的

---

① 截至 2020 年 3 月 11 日，在中国知网，按"流动人口政策"和"人口流动政策"检索一共有 14 篇，按"劳动力流动政策"检索仅有 6 篇，按"劳动力流动""政策"两个关键词进行高级检索，也只有 42 篇。

演进进行了理论分析，并认为当下政策存在功利化、法律体系不健全、流动人口自我管理能力欠缺等不足。

而较为间接的研究大多是隐含在对其他问题探究的较为零散的"对策建议"式的结论当中，主要对人口和劳动力流动政策的完善进行了思考。有学者认为政府应改革与完善产权、户籍等制度，尤其是进行疏导性的制度改革和规范化管理，逐步消除生产要素流动的制度障碍（杨云彦，1999；王西玉等，2000；王德文等，2005）；蔡昉和都阳（2004）指出对劳动力流动的合理调控，需要旨在疏导的制度改革；罗仁朝（2004）提出，流动人口管理的主要方向应该是属地化管理，而属地化管理要求流入地政府将流动人口作为城市居民来管理和服务，而不应该差别对待；都阳（2010）针对劳动力市场的新形势，提出转折时期进一步深化公共政策改革的具体措施。此外，一些学者偏向将中央政府对劳动力流动的宏观调控与地方政府的微观干预均纳入政策范畴（宋洪远等，2002）。黄晨熹（2014）针对我国城市外来流动政策进展以及存在的问题提出了对策建议；吕玉广和郭松（2014）分析指出地方政府在农村剩余劳动力转移过程中起到了关键作用；王玉柱和周亦奇（2014）提出从长远来看，需要从国家战略层面、产业结构优化和户籍制度改革等方面综合考虑，制定我国劳动力流动政策。蔡昉（2017a）提出通过在相关领域进行体制改革，拆除一系列制度性障碍，农业劳动力得以退出低生产率的农业就业，突破城乡边界进行跨地区、跨产业和跨越所有制的重新配置，是中国经济改革的重要成果。

1.1.3　简要评价

客观地看，上述文献不仅为本书提供了开阔的研究视野，而且也奠定了较为坚实的理论基础。然而遗憾的是，已有研究还存在以下几方面的不足：①针对流动人口政策的直接研究较少见，大多是隐含在对其他问题探究的较为间接或零散的"对策建议"式的结论当中；②已有的大部分文献基本停留在名义上的宏观视角，而非严格意义上的流动人口政策探究，而且多半存在着流动人口宏观调控与微观规制混淆的误区；③现有研究多为政策的描述和梳理，而有关流动人口政策的系统评价、评估或监督反馈研究较为鲜见，且偏定性而缺乏定量研究；④以长三角地区为研究对象的系统和深入的专门研究目前并不多见，而且区域间和国家间的比较更为少见。

基于此，本书在全国流动人口政策演进机理剖析的基础上，着重以长三角地区流动人口政策为研究对象，尝试校正流动人口宏观调整与区域微观经济政策二者混淆的误区，不仅梳理长三角地区流动人口政策演化脉络并分析内在演变机理，而且对长三角地区流动人口政策所产生的社会和经济效应进行评价和评估，其中尤其聚焦作为中国经济增长引擎的长三角地区的流动人口政策实践是否领先于全国的政策安排和制度供给，既关注长三角地区流动人口政策的一般性，也关注其特殊性，在这一过程中，还对长三角地区内部"两省一市"的流动人口政策进行了共性和差异化特征的比较。在对长三角地区流动人口政策区域整体的总体分析和区域内部解构分析的基础上，为了给长三角地区流动人口政策提供区域和国际的双重参照系，一方面将其与珠三角、京津冀等地区进行区域比较，另一方面与美国、欧盟和日本等发达国家和地区进行国际比较，尤其重点分析区域间和国家间的共性与差异化特征，侧重关注长三角地区流动人口政策自身是否具有一定的领先性和前瞻性，最终期望既为拓展和完善流动人口政策等相关领域的理论研究奠定基础，又为长三角地区流动人口政策的进一步优化乃至区域经济社会协调发展和区域一体化提供新的分析视角和决策参考，尤其希望能够为政策在其他地区乃至全国的推广应用提供切实可行的具体方案和现实基础。

1.2　研究意义与可能的创新之处

1.2.1　理论意义和实践价值

（1）理论意义。现有研究多为政策的描述和梳理，而有关流动人口政策自身演进的内在机理以及所产生的社会和经济效应评价或评估较为鲜见，通过对研究视角的转化以及研究方法的改进，本书期望对进一步的完善和推进流动人口政策的演进脉络及相应的机制与机理、区域与国家间的一般性和特殊性、共性和差异性等理论研究有所裨益。

（2）实践价值。本书不仅将对长三角地区流动人口政策演化脉络及其内在机理进行探讨,还将通过大量政策文本的梳理和分析以及政策指标和内容的选择,对流动人口政策本身及其所产生的社会经济影响与效应进行政策评价,在此基础上,还通过长三角区域内部,包括不同省区市之间,如江苏、浙江和上海即"两省一市"之间,以及长三角地区与珠三角地区、京津冀地区等其他区域进行政策比较,乃至与美国、欧盟和日本等发达国家和地区的流动人口政策进行国际比较,进而为长三角地区流动人口政策的分析与评价提供区域和国际双重视角下的参照系,对其进行更为客观、更为全面、更为系统的评价与审视,以期为长三角地区乃至其他区域和全国范围未来流动人口政策的改进与优化提供决策参考。上述方面,充分彰显了本书所具有的重大现实意义。

1.2.2 可能的创新之处

(1) 在研究对象和视角上,跳出已有研究主要偏向对全国与个别城市流动人口政策进行梳理并进行"支招""出点子"的窠臼,本书着重对长三角地区这一区域层面的流动人口政策本身的演进脉络、内在机制与机理及其所产生的经济社会影响和效应进行分析和评价,这一视角构成了本书最大创新和边际贡献之一。与此同时,本书还实现了经济学、管理学、社会学、人口学、教育学、政治学等多学科的交叉与融合研究。

(2) 在研究方法上,为了深入、系统、科学地对长三角地区流动人口政策的演化过程、政策安排的深层诱因及其所带来的社会经济效应进行剖析和评价,本书的研究方法主要实现了以下五个方面的有机融合:规范研究与实证研究相结合,横向比较与纵向比较相结合,政策文本研究与实践研究相结合,静态分析、比较静态分析与动态分析相结合以及专家询问法、归纳法与演绎法相结合。

(3) 在研究内容与方向上,本书重点聚焦长三角地区流动人口政策的演进脉络,在此基础上剖析其内在机理,并对其进行了区域和国际的双重比较,以此为参照系在这一过程中对长三角地区流动人口政策的社会经济效应进行了客观评价。具体说来,本书最大的特色在于率先乃至首次对于长三角地区区域层面的流动人口政策进行了客观、科学、全面、深入和系统的扫描和探究,为区域层面的政策演进、比较和评价建构了新的可行的、具体的分析框架。主要体现在以下几个方面。

首先，本书基于全国、长三角地区区域整体以及区域内部不同省市（江苏省、浙江省和上海市）的流动人口政策的全方位梳理、扫描和剖析，不仅对长三角地区流动人口政策区域本身的制度演进脉络、内在机制机理及其所产生的社会经济影响进行了深度探究，而且对长三角地区区域内部的不同省市的流动人口政策进行了共性和差异化特征的比较和剖析。

其次，本书为了给长三角地区提供可资借鉴的区域层面和国际层面的双重参照系，一方面将长三角地区流动人口政策与珠三角地区、京津冀地区进行了国内的区域比较，另一方面将其与美国、欧盟和日本等发达国家和地区的流动人口政策进行了国家和地区间的国际比较，同样既探索区域间和国家间流动人口政策制定的一般性和共同之处，又着重聚焦相互间的特殊性和差异化特征。

再次，在上述剖析和比较过程中，从流动人口政策文本研究的范围和对象来看，本书不仅涉及全国、长三角地区、国内其他地区、发达国家和地区等国家和区域层面整体的流动人口政策分析，而且还对整体的流动人口政策进行了解构，着重从户籍政策、医疗保险政策、随迁子女义务教育政策等方面进行了深度剖析。

最后，本书的全面性、系统性和科学性除体现在对流动人口政策的整体以及其中的户籍政策、医疗保险政策、随迁子女教育政策等核心政策进行了重点的分专题的深度解构式探究，还体现在对长三角地区流动人口政策文本出台前的宏观背景和区域特征、政策出台过程中，尤其是重点文本细则实施的出发点和落脚点，即政策和制度出台的内在机制机理和诱因、政策出台后所产生的社会经济效应和影响等进行了全面、系统的探究，简而言之，也就是对流动人口政策出台前、政策出台过程和政策重点文本以及政策出台后的全过程进行了梳理、扫描和剖析。这里值得强调的是，本书重点聚焦了长三角地区流动人口政策比较和评价的研究，尤其是在流动人口政策演进、比较、评价框架体系和反馈机制的建构等方面进行了探究，期望能够抛砖引玉，引起学界、政界乃至社会各界共同关注并重视这一领域，最终推进该领域的研究，进而反过来用坚实的理论研究成果促进和实现新形势下与供给侧结构性改革、高质量发展相匹配的科学合理的人口流动。

（4）在对策研究方面，本书在对长三角地区流动人口政策本身演进脉络和内在机制、机理剖析以及对长三角地区区域内部、不同地区之间以及与美国、欧盟和日本等发达国家的流动人口政策进行区域内、区域间和国家间的多重纵横比较的基础上，为进一步完善和优化长三角地区流动人口政策提供了区域和国际双重视角下的参照系，最终为未来流动人口的政策设计和制度安排提供具体、可操作性的最优方案和决策参考。

1.3　主要研究方法

本书根据我国人口在地区间、城乡间、产业间抑或部门间的流动特点，重点对长三角地区流动人口政策演进及其所产生的社会经济效应和影响进行研究，主要采用以下几种研究方法，以确保研究的科学性。

（1）规范研究与实证研究相结合的方法。本书不仅对长三角地区流动人口政策的演化脉络及其内在机制、机理进行剖析，解决"实然问题"，而且对长三角地区流动人口政策所产生的社会经济效应与影响进行评价，在此基础上对进一步完善和优化长三角地区流动人口政策，促进长三角地区流动人口管理和服务水平及质量的提升，提出具体、可操作性强的对策建议，解决"应然问题"。

（2）比较研究方法：横向比较与纵向比较相结合。本书在对长三角地区流动人口政策的演化脉络以及区域内部不同省市间的流动人口政策进行纵向比较和横向比较的基础上，还将纵横比较相结合的方法应用到不同地区和国家的双重比较：一方面将长三角地区流动人口政策与珠三角地区、京津冀地区的流动人口政策进行区域比较；另一方面将其与美国、欧盟和日本等发达国家和地区的流动人口政策进行国际比较，进而为长三角地区流动政策的系统和深入考察提供国内和国际双重视角下的参照系。

（3）政策文本研究与实践研究相结合的方法。本书的研究对象直接聚焦长三角地区流动人口政策，这也就决定了政策文本分析是本书的重点，与此同时，在比较和评价过程中，还将结合政策出台前的宏观背景，分析政策安排的出发点和内在逻辑诉求以及政策出台后所产生的社会经济效应和实践影响。因此，本书不仅收集和整理了改革开放以来全国、长三角地区、珠三角地区、京津冀地区的流动人口政策文本，还包括美国、欧盟和日本等发达国家和地区的政策规制文本和办法，政策主要包括户籍制度、医疗保险、随迁子女教育等方面，而且将其与政策出台的宏观背景、逻辑出发点、目标诉求以及政策实践等相结合，考察流动人口政策的演化脉络、流动人口政策安排的制度诱因，即为什么呈现现有的安排以及政策出台后所产生的社会经济效应和影响。在这一过程中，通过流动人口系列政策文本的表层切入，深入政策文本的深层，不仅探讨政策演进的主要脉络，而且剖析政策演进的机制机理及其所产生的社会经济影响，从而探究已有流动人口政策安排的内在诱因、深层含义和目标诉求，对未来的政策格局进行前瞻，并提出相关对策建议。

（4）静态分析、比较静态分析与动态分析相结合的方法。在长三角地区流动人口政策的演化脉络、比较和评价过程中，既分析了某一时点流动人口政策文本的静态特征，又研究了一些政策举措和条件发生改变所引起的流动人口和社会经济相对状态的变化。此外，在分析改革开放以来或某一时期内流动人口政策演进过程时，本书又采用了动态的分析方法，进而实现了静态分析、比较静态分析和动态分析方法在研究过程中的相互融合。

（5）专家询问法、归纳法与演绎法相结合的方法。本书在对长三角地区流动人口政策进行梳理、比较和评价的过程中，围绕政策指标、政策内容、地区和国家比较对象的选择、政策文本时限的确定、政策制定的背景与可能的决策过程考量因素等方面，通过询问直接相关领域的学者和专家的方法，进而尽可能减少政策梳理、评价和评估等方面的主观臆断，增强研究的科学性和合理性。在具体的政策文本梳理、比较和分析过程中，不仅对长三角地区、珠三角地区和京津冀地区之间的流动人口政策区域间的共性特征和差异化特征进行归纳总结，而且对我国和美国、欧盟及日本等发达国家和地区间的流动人口政策的一般性和特殊性进行比较与分析。与此同时，还对长三角地区流动人口政策所产生的社会经济影响和效应以及未来趋势和格局进行前瞻和展望，进而实现归纳法与演绎法的有机结合和辩证统一。

1.4 主要内容和核心观点

1.4.1 主要内容

本书主要分为九章展开研究,主要的研究框架和内容如下。

第1章 导论。本章主要对国内外有关流动人口政策的文献进行梳理和动态述评,为全书的研究奠定理论基础,并在此基础上提出本书聚焦的核心主题。

第2章 中国流动人口政策演化机理与效应研究。本章基于全国视角探讨流动人口政策的演化脉络及其可能带来的效应,为本书重点聚焦的长三角地区流动人口政策研究提供全国范围的参照系,主要包括三个方面:一是改革开放以来中央政府关于流动人口政策的演化脉络;二是我国流动人口政策演进的内在机制及其效应分析;三是对我国流动人口政策演进的进一步思考。具体而言,本章区分了劳动力流动宏观社会经济政策与地方政府的微观干预措施,侧重探究了改革开放以来人口和劳动力流动宏观社会经济政策的演化脉络及其在每一个阶段给人口和劳动力流动以及宏观经济带来的社会效应与经济效应。本章研究发现:一方面,改革开放以来人口和劳动力流动社会经济政策在不同程度上存在着偏重城市(Urban preoccupation)与发达地区而弱化农村与欠发达地区的政策导向;另一方面,在这一政策导向下,其对劳动力流动应有的经济效应与社会效应并未得到充分发挥,从这一视角来看,甚至是延缓了缩小城乡间与地区间差距的进程,也在很大程度上制约了外流劳动者微观主体福利的提升进度。

第3章 长三角地区流动人口政策演化脉络及其效应研究。在全国流动人口政策研究的基础上,本章重点对长三角地区流动人口政策演化脉络进行总体的梳理和评价。改革开放使得人口大规模迁移掀起新的高潮。在这股浪潮中,地方政策起到了不可或缺的作用。本章主要从长三角地区流动人口总体政策演化脉络的视角切入,具体分析人口从欠发达地区流入发达地区,剖析长三角地区与人口流动相关的政策,梳理改革开放以来,特别是20世纪90年代以来相关政策演化脉络以及每个阶段地方政策影响下人口流动所产生的社会效应。因此，本章主要包括长三角地区流动人口政策研究现状、长三角地区人口流动现状与特征化事实、长三角地区流动人口政策的演化路径、长三角地区流动人口政策的内在机制及效应分析、对长三角地区流动人口政策一体化的展望与反思五个方面的内容。研究表明：从根本上看，在长三角地区流动人口政策的演进过程中，尽管在一定程度上流入地对流入劳动力的福利政策有所改善，但这些政策归根结底都是偏重于促进流入地经济发展。政府通过偏向本地的政策宏观调控人口流动的行为一定程度上弱化了人口和劳动力流动的积极效应，延缓了缩小城乡差距的进程。

第4章　长三角地区不同省市流动人口政策比较研究。近年来，学界对于新常态下流动人口对地区经济发展影响的关注愈见普遍，但侧重流动人口政策的研究却并不多见。基于此，与第3章重点探讨长三角地区区域整体流动人口政策演化及其效应不同，本章则采用政策文本研究、定性研究、比较研究等相结合的方法，进一步对长三角地区区域内部不同省市的流动人口政策进行梳理和比较，集中探讨长三角地区区域内部"两省一市"流动人口政策的演化脉络及其共同点和差异化特征。本章主要包括长三角地区内部省市流动人口政策研究现状、长三角地区内部不同省市流动人口特征分析、长三角地区不同省市流动人口政策演化对比梳理以及本章小结四个方面的内容，研究认为，流动人口政策的制定主要由当地经济社会发展程度、人口流动模式、产业结构三方面决定，其政策制定的合理程度直接影响当地的经济发展和社会稳定程度。因此，长三角地区各地政府要结合当地实际情况，形成区域协同，谨慎制定和实施相关政策，同时注意长三角地区区域内部的一致性和联动性，促进整个地区经济均衡协调发展。

第5章　长三角地区流动人口户籍政策评估与改革路径。在区域一体化进程中，长三角地区大规模的人口流动对该区域的户籍政策提出了制度改革的要求，这亟须长三角地区在户籍制度差异化方面进行协调与完善。本章主要基于对长三角地区"两省一市"户籍政策或制度安排文件和规定的考察，从中观层面梳理和探讨长三角地区流动人口户籍制度的演化脉络、内在机制及其社会经济效应。换言之，本章主要包括流动人口户籍政策研究现状、长三角地区流动人口户籍政策的演化脉络、长三角地区"两省一市"流动人口户籍政策的比较研究、长三角地区流动人口户籍政策改革方向前瞻四个方面的内容。研究表明，长三角地区户籍制度在不同程度上存在着种种限制，由此对配套的社会保障福利制度改革形成了倒逼，这既离不开中央政府的宏观顶层设计演进，也与长三角地区自身的调控规制密不可分。因此，长三角地区应发挥其整体效应，既可以在"虚拟一体化"的框架内进行跨区域多层次的沟通合作，又可以借鉴京津冀地区成立专门的、高级别的、权威的地区协调机构，在中央政府的宏观调控下进行户籍制度创新和再创新，分批、逐步解决流动人口户籍问题，从而为中观区域内要素资源的有序流动提供良好稳定的社会环境。在多重主体政策博弈下，长三角地区作为区域中间枢纽，对流动人口、户籍居民之间待遇不平等差距渐进熨平的中观效应愈发显性化，从这一视角来看，进一步凸显了长三角地区调控规制的角色定位以及该区域户籍改革红利的贡献力。

第6章　长三角地区流动人口医疗保险政策研究。本章梳理了长三角地区流动人口医疗保险政策，将区域政策演化脉络分为政策暗流期、政策开源期和政策汇流期，并从公共政策视角出发，着重运用多源流模型和政策绩效评价方法对该地区政策进行分析，主要包括流动人口医疗保险政策研究现状、长三角地区流动人口医疗保险政策梳理、长三角地区流动人口医疗保险政策分析与评价、流动人口医疗保险政策启示四个方面的内容。研究认为，城镇化是社会发展的必然趋势，流动人口的医疗保险政策应以其为框架进行改革和设计。长期以来，长三角地区围绕"稳定"解决"流动"的政策思路无论是在理论上还是在实践中均有较大的局限性，对流动人口而言，"稳定"这一参保门槛较高。可尝试为流动人口建立基本水平、广泛覆盖、多方负担、统账结合、可转可续、过渡衔接的医疗保险制度，将其作为未来流动人口融入城市医疗保险体系的过渡性医疗政策。

第7章　长三角地区流动人口子女义务教育政策评价。本章对长三角地区的流动人口义务教育政策进行梳理和对比，主要从我国流动人口随迁子女规模与主要特征、我国流动人口子女义务教育政策演进脉络、长三角地区流动人口子女义务教育政策演化脉络、流动人口子女义务教育政策评价四个方面展开。相关政策是基于什么背景形成？全国流动人口子女义务教育政策呈现什么样的演化脉络？与全国政策相比，作为经济增长引擎的长三角地区流动人口子女义务教育的政策演进又呈现什么样的差异化特征？会对流动人口的流动决策产生什么影响？对该地区发展带来什么样的效应？这一系列问题构成了本章的逻辑出发点和落脚点。本章重点探索上述问题，以期对长三角地区流动人口随迁子女义务教育政策实践有所裨益。

第8章　长三角地区流动人口政策比较——基于国际与区域的双重比较。本章从两个方面展开，以期为未来长三角流动人口政策制定提供区域和国际视角下的双重参照系：一方面，区域间政策比较——主要对长三角地区与珠三角地区、京津冀地区等流动人口政策进行国内的区域比较；另一方面，国际政策比较——主要以美国、欧盟和日本等发达国家和地区为代表，对长三角地区流动人口政策进行国际比较。本章研究思路和主要框架是在珠三角地区流动人口政策、京津冀地区流动人口政策以及美国、欧盟和日本等发达国家和地区流动人口政策进行概述的基础上，进行共性和差异化特征的国家间和区域间的双重比较，进而为长三角地区流动人口政策的改进与优化提供区域和国际参照系。本章主要包括流动人口政策区域和国际比较的必要性、流动人口政策比较研究现状、流动人口政策的区域比较、流动人口政策的国际比较、本章小结与政策思考五个方面的内容。在具体的区域和国际政策比较过程中，主要涵盖流动人口政策的户籍制度、医疗保险、流动人口随迁子女教育等核心的政策安排。

第9章　长三角地区流动人口政策优化路径探索。在上述研究基础上得出本书的主要研究结论，进一步对长三角地区流动人口政策进行总体评价，剖析长期以来长三角地区流动人口管理和服务过程中存在的不足，并结合美国、欧盟、日本等发达国家和地区以及国内珠三角、京津冀等地区的成功经验和做法，对长三角地区流动人口政策的进一步优化路径提出具体可行的对策建议，最终为流动人口政策社会经济效应的发挥与优化提供理论支撑和决策参考。

1.4.2　核心观点

本书的核心观点可以概括为以下几个方面。

第一，在流动人口的流向方面，尽管近年来中西部地区的省会等特大城市和城市群将成为本地流动人口的新的集聚地和选择地，但是包括长三角地区在内的东部沿海地区仍将是流动人口跨省流动的主要目标地。然而，未来很可能会发生区域间与区域内部不同省市之间流动人口在空间布局上的新变化：长三角地区区域内部不同省市如特大城市、省会城市（上海、杭州、南京）在人口、产业、功能等方面的主动疏解，流动人口将逐步向周边的城市、区乃至城镇进行转移和集聚。具体的人口流向、规模和程度变化以及时间表等在很大程度上与长三角地区流动人口政策密不可分，政策甚至在其中起到决定性作用。

第二，改革开放以来的实践表明，城乡与地区间人口与劳动力流动规模、具体流向、空间布局、结构化特征等的动态变化，与中国人口流动政策、制度变迁以及体制机制演进具有密不可分的内在联系。在这一渐进的改革历史进程中，由"严格控制流动"转向"防范管制式的有限流动"，又递进到"允许流动"，再到目前最新的"规范流动"，构成了长三角地区流动人口政策的主要演化脉络，相关的制度变迁与政策演化在其中的作用可谓既微妙，又复杂多变。

第三，不同阶段长三角地区的流动人口政策导向都给人口与劳动力流动带来了不同程度的社会影响与经济效应，尤其是通过对人口流动规模、内在结构等方面的影响进而作用于长三角地区的经济增长、产业和经济结构调整以及区域协调发展；相比中央政府而言，作为发达地区的长三角地区区域层面的流动人口政策与微观规制措施将对人口流动产生更为直接和具体的影响，反过来，人口流动对长三角地区的微观规制政策也具有相对直接的动态反馈功效，进而最终能递延到对中央政府人口流动宏观社会经济政策制定的影响，但其对中央政府宏观政策的直接影响相对较为微弱，而且长期以来对人口流动所进行的一系列政策调整，是多重经济主体相互动态博弈与制衡的最终结果。这种动态相互制衡具体体现在中央政府与地方政府之间、发达地区与欠发达地区地方政府之间、外流人口与发达地区抑或城市居民之间以及外流人口、城市居民与政府三者之间。笔者认为，长期以来，长三角地区流动人口政策演进过程中，在不同程度上存在着偏重城市而弱化农村与欠发达县市的政策导向，且外流人口的微观主体福利未得到充分重视，进而导致其作用于人口流动应有的经济效应与社会效应并不显著，甚至带来了较大的负向效应。

第四，长三角地区作为中国经济增长重要引擎的地区之一，在流动人口政策的制定和设计上，需要进一步发挥政策安排和制度创新的示范与引领效应，如释放户籍制度及背后附载的诸如医疗、养老、住房、就业等一系列福利制度的改革红利；政策设计以重点改变流动人口的弱势特征为突破口；政策诉求以应对不同阶段、不同流动人口特征（如老一代与新生代流动人口）的多变性和需求的多元化为目标，最终实现拥有居留意愿的流动人口向身份明确、权利平等的永久性居民转变，即让流动人口在城镇和发达地区能够拥有一个稳定的家，并拥有与城镇居民平等的就业权、劳动报酬权、职业安全权、社会保障权、教育培训权、子女教育权和居住权等。

第五，一个国家或地区在某一阶段所做出的政策安排，往往与其所实行的政治制度与体制、国家发展战略、社会经济发展程度、该阶段面临突出的社会问题、特定阶段性目标、国情差异等密切相关。不同国家因上述一个或多个影响因素的不同，形成差异化的政策安排，一国内部的不同区域也受到地区差距（不平衡）、资源禀赋、中央政府与地方政府之间的博弈、地方政府之间的竞争等因素的影响，区域政策既保持了国家层面的一般性和共性特征，又凸显出政策在区域自身层面的特殊性、独特性和差异化特征，尤其对于广大国土面积、区域和空间发展高度不平衡的我国更是如此。国与国之间，地区与地区之间，因市场化程度、发展阶段有先有后，相关政策能够为我们提供有益的借鉴。因此，从国家宏观层面、区域自身以及不同国家间和区域间流动人口政策的评价和深度比较等进行全面、系统的立体化扫描和探讨，显得尤为必要。长三角地区流动人口政策未来的顶层设计和新的制度安排，可以充分借鉴和吸收美国、欧盟和日本等发达国家和地区以及国内珠三角地区和京津冀地区等发达地区流动人口政策演进和设计的成功经验和失败教训。

第六，在具体的政策设计方面，作为我国经济增长的重要引擎，长三角地区流动人口政策的改革与创新，在"十四五"期间乃至未来更长远的经济发展过程中理应在全国范围内继续起到应有的引领与示范效应。比如，在户籍制度上，长三角地区应彻底消除户籍制度的藩篱，尤其实现附着在户籍背后的诸多福利和社会保障以及城镇基本公共服务覆盖常住人口，而非表面上的、纸质"户籍"的消除，进而从根本上破除妨碍人口、劳动力、人才社会性流动的体制机制弊端。在医疗保险政策上，长三角地区可以发挥财政资源相对充足的比较优势，对流动人口实现由以往医疗保险制度上的全覆盖向实际全覆盖的转变，从根本上解决流动人口医疗保险的异地接转、浮萍式和候鸟式流动过程中的医疗关系接续问题。在流动人口随迁子女教育政策上，长三角地区需要率先推进教育公平，保障流动人口随迁子女公平受教育权利和升学机会，确保让流动儿童都能享有公平而有质量的教育。在政策设计的过程中，需要重点考虑长期以来长三角地区对流动人口的管理和服务缺乏制度约束，区域内行政壁垒依旧突出、缺乏相互间的有机协作，对雇佣单位缺乏监管、责任模糊，流动人口复杂结构导致管理难度加大等突出困境，在此基础上充分发挥长三角地区不同省市间的协同效应，有效利用互联网＋、云计算、区块链和大数据等现代化信息技术手段，进而实现政策在区域内部的动态调整和优化，促进人口和劳动力在长三角地区范围内的自由流动，最终为长三角一体化国家战略的纵深推进助力。

此外，值得强调的是，在未来研究方向的选择与研究范式的革新方面，笔者认为，需要将研究视角由传统的聚焦流动人口政策制定上的"打补丁"，转向系统的流动人口政策评估、评价体系和动态反馈机制的建构上来。现有研究偏向流动人口政策制定和执行上的如何"打补丁"，而对流动人口政策的评估、评价体系和动态反馈机制的建构路径等方面的研究相对不足。因此，需要将流动人口政策评价、评估体系和反馈机制的建构作为流动人口政策研究的重中之重，具体通过长三角地区流动人口政策尤其是其效应的测算与评估以及区域内与区域间政策共性和特殊性的分析，进而建构一个有效的流动人口政策评价体系和反馈机制，并实现流动人口政策的动态优化。

第2章 中国流动人口政策演化机理与效应研究

为了给长三角地区流动人口政策的演化脉络梳理和评价提供全国范围的现实参照系，或者说为区域层面流动人口政策的引出与深度聚焦铺垫一定的宏观背景，本书首先对全国范围的流动人口政策的内在演化机制及其所产生的社会经济影响与效应进行梳理和剖析。

近年来，人口和劳动力流动方面的研究不仅构成了发展经济学、宏观经济学研究的焦点，而且构成了中国人口经济学和劳动经济学研究的主旋律。改革开放40余年来，人口和劳动力从欠发达地区向发达地区、从农村向城市不同程度流动的过程中，相关的制度变迁与宏观政策演化在其中的作用可谓一个既微妙又复杂多变的过程：从制度层面的控制、抑制，再到社会同情，又转向政策认同，最后又升华为政策鼓励。然而，截至目前，有关人口和劳动力流动的政策，尤其是基于宏观层面的社会经济政策及其效应研究较为鲜见，综观现有研究，如王德文等（2005）、蔡昉和白南生（2006）、李爱（2006）、李飞孟等（2006）、都阳（2010）等所涉及的"政策"并非严格意义上的宏观政策，而更多的是针对劳动力流动的微观干预，这在一定程度上构成了典型例证。因此，本章主要尝试将宏观社会经济政策与地方政府的微观经济干预进行有针对性的区分，并侧重从经济社会政策层面切入，探究人口和劳动力流动相关政策的演化脉络，并分析其内在机制与机理以及所产生的社会经济效应，进而最终为长三角地区流动人口政策的进一步聚焦提供全国的现实参照系。

2.1 改革开放以来中央政府关于流动人口政策的演化脉络

首先，需要说明的是，本章所界定的全国人口和劳动力流动这一领域的宏观社会经济政策主要侧重的是中央政府以及相关直属的职能部门所制定的着眼于全社会、影响全国范围的人口和劳动力输出或输入的政策,属于宏观范畴的政策;而将地方政府所制定的劳动力流动"政策",纳入微观干预的范畴,主要指的是地方根据所在地特征、社会经济发展需要所制定的诸如人口和劳动力流动限制、管理等相关的措施与规定,主要体现在"控制""限制""管理""服务"等相关层面,与宏观社会经济政策形成鲜明对比。

改革开放以来,中共中央以及各政府职能部门制定和颁发了一系列针对农村人口和劳动力流动和转移的政策。本章重点对改革开放以来的中央政策和相关政府部门制定的主要规定、措施进行梳理和解析,以理清其脉络,透析其演变规律及其对劳动力市场、对欠发达地区的政策效应。

改革开放以来,中央颁布的与人口和劳动力流动相关的政策与措施如表2-1所示。

表2-1 1979—2016年中国流动人口政策演化路径

时间	政策文件	主要内容
1979年9月28日	《关于加快农业发展若干问题的决定》	有计划地发展小城镇建设和加强城市对农村的支援。
1980年8月17日	《进一步做好城镇劳动就业工作的通知》	对农村剩余劳动力进行吸收,逐步建设新城镇,控制农村人口盲目流入大中城市。
1981年10月17日	《关于广开门路,搞活经济,解决城镇就业问题的若干规定》	对农村人口、劳动力迁入城市进行严格管控,不使其涌入城镇。
1981年12月30日	《关于严格控制农村劳动力进城做工和农业人口转为非农业人口的通知》	严格控制从农村招工,同时控制农村人口转为非农村人口。
1983年1月2日	《当前农村经济政策的若干问题》	在农村允许资金、技术、劳动力一定程度的流动和多种方式的结合。
1984年1月1日	《关于1984年农村工作的通知》	允许农民和集体的资金自由地或有组织地流动,不受地区限制;允许务工、经商、办服务业的农民自理口粮到集镇落户。
1984年10月13日	《关于农民进入集镇落户问题的通知》	支持农民进入集镇务工、经商等。凡在集镇有固定住所,有经营能力,或在企业单位长期务工的,公安部门应准予落户。

续表

时间	政策文件	主要内容
1985年1月1日	《关于进一步活跃农村经济的十项政策》	允许农民进城开店设坊,兴办服务业,提供各种劳务。鼓励宜于分散生产或需要密集劳动的产业,从城市向小城镇和农村扩散。
1986年7月12日	《国营企业招用工人暂行规定》	企业招用工人,应当在城镇招收。需要从农村招收工人时,除国家规定的以外,必须报经省、自治区、直辖市人民政府批准。
1988年7月15日	《关于加强贫困地区劳动力资源开发工作的通知》	把大力组织劳务输出作为贫困地区劳动力资源开发的重点。利用多种形式和多种渠道开拓劳务市场。按照"东西联合,城乡结合,定点挂钩,长期合作"的原则,组织劳动力跨地区流动。
1989年3月	《关于严格控制民工盲目外出的紧急通知》	严格控制当地民工外出。
1989年4月10日	《关于进一步做好控制民工盲目外流的通知》	严格控制民工外出。
1990年4月27日	《关于做好劳动就业工作的通知》	对农村富余劳动力,要引导他们"离土不离乡",使农村富余劳动力就地消化和转移。防止出现大量农村劳动力盲目进城找活干的局面。确定一个时期内城市使用农村劳动力的规划,由劳动部门统一审批并建立临时务工许可证和就业登记制度。重点清退来自农村的计划外用工。
1991年7月25日	《全民所有制企业招用农民合同制工人的规定》	企业招用农民工必须在国家下达的劳动工资计划之内,用于国务院劳动行政主管部门确定的需要从农村中招用劳动力的生产岗位和工种。矿山企业和其他企业招用农民工均须报经省、自治区、直辖市人民政府批准。
1991年11月29日	《关于进一步加强农业和农村工作的决定》	争取在农村第一产业内部多吸纳一些劳动力。有计划地开拓和发展第二、第三产业,加强农村工业小区和集镇建设,开辟农业劳动力转移的门路。
1991年2月17日	《关于劝阻民工盲目去广东的通知》	要求严格控制民工盲目外出和大量集中外出,尤其要求各地劝阻民工盲目去广东。各级政府要从严或暂停办理民工外出务工手续。对于大量在途的民工,要采取措施,就地进行劝阻。

续表

时间	政策文件	主要内容
1993年11月3日	《关于印发〈再就业工程〉和〈农村劳动力跨地区流动有序化——"城乡协调就业计划"第一期工程〉的通知》	鼓励农业劳动力的跨地区流动。提出了"输出有组织、输入有管理、流动有服务、调控有手段、应急有措施"五点要求。
1993年11月14日	《关于建立社会主义市场经济体制若干问题的决定》	逐步改革小城镇的户籍管理制度,允许农民进入小城镇务工经商,促进农村剩余劳动力转移。
1994年7月5日	《中华人民共和国劳动法》	保护劳动者的合法权益,调整劳动关系,建立和维护适应社会主义市场经济的劳动制度。
1994年11月17日	《农村劳动力跨省流动就业管理暂行规定》	规定了跨省招用农村劳动力的条件、方式,农村劳动力跨省流动就业具备的条件。劳动部门负责承担中介服务和组织管理。
1995年9月9日	《关于加强流动人口管理工作的意见》	加强疏导,促进农村剩余劳动力就地就近转移。加强对农村剩余劳动力跨地区流动就业的调控和管理(暂住证、就业证等),提高劳动力跨地区流动的组织化、有序化程度。
1997年5月20日	《小城镇户籍管理制度改革试点方案》	应适时制定户籍制度改革,允许符合一定条件的农村户口在城镇办理城镇常住户口,与当地原有居民享受同等待遇。
1997年11月25日	《关于进一步做好组织民工有序流动工作的意见》	民工输入地区要根据城市发展建设规划、基础设施状况、劳动力需求情况等因素,制定劳动力输入计划和严格的管理制度。做好春运期间组织民工有序流动的工作。加强劳动力市场建设,健全劳动力市场规则,维护劳动力市场的正常秩序。
1998年10月14日	《关于农业和农村工作若干重大问题的决定》	发展小城镇,是带动农村经济和社会发展的一个大战略,能更大规模地转移农业富余劳动力,避免向大中城市盲目流动。适应城市建设需要,合理引导农村劳动力的流动。
2000年1月17日	《关于做好农村富余劳动力流动就业工作的意见》	建立流动就业信息预测预报制度。加强区域劳务协作。保障流动就业农村劳动力合法权益。规范乡镇劳动就业服务工作。
2000年7月20日	《关于进一步开展农村劳动力开发就业试点工作的通知》	制定建立统一劳动力市场总体规划。逐步建立统一的就业制度。探索建立劳动力一体化管理的制度和政策。大力组织转移培训。推进西部开发就业。鼓励扶持返乡创业。

续表

时间	政策文件	主要内容
2001年3月30日	《关于推进小城镇户籍管理制度改革的意见》	已办理的蓝印户口、地方城镇居民户口、自理口粮户口等,符合条件的,统一登记为城镇常住户口。对经批准在小城镇落户的人员,不再办理粮油供应关系手续。
2002年1月20日	《关于做好2002年农业和农村工作的意见》	促进农业富余劳动力转移,拓宽农民增收渠道。清理对农民进城务工的不合理限制和乱收费,纠正简单粗暴清退农民工的做法。充分发挥小城镇增加农村就业、带动经济发展的功能。
2002年11月17日	《全面建设小康社会,开创中国特色社会主义新局面——在中国共产党第十六次代表大会上的报告》	农村富余劳动力向非农产业和城镇转移,是工业化和现代化的必然趋势,要消除不利于城镇化发展的体制和政策障碍,引导农村劳动力合理流动。
2003年1月5日	《关于做好农民进城务工就业管理和服务工作的通知》	取消歧视、限制农民进城务工就业的各种规定,实现城乡人员就业条件一视同仁,并逐步实现城乡统筹就业;建立健全工资支付监控制度,重点查处用人单位拖欠、克扣农民工工资等违法行为;切实保障农民工子女接受义务教育的权利。
2003年9月17日	《关于进一步做好进城务工就业农民子女义务教育工作的意见》	将进城务工就业农民子女义务教育纳入城市社会事业发展计划和城市基础设施建设规划,安排保障经费,合理核定教职工编制。发挥公办中小学的接收主渠道作用,加强对社会力量所办学校的扶持和管理。
2003年9月18日	《2003—2010年全国农民工培训规划》	开展"阳光工程",分两阶段对不同规模农村劳动力开展转移就业前的引导性培训、职业技能培训和岗位培训。
2003年10月14日	《关于完善社会主义市场经济体制若干问题的决定》	大力发展县域经济,积极拓展农村就业空间,取消对农民进城就业的限制性规定。逐步统一城乡劳动力市场,形成城乡劳动者平等就业的制度。深化户籍制度改革,引导农村富余劳动力平稳有序转移。加快城镇化进程,在城市有稳定职业和住所的农业人口可按当地规定在就业地或居住地登记户籍。
2003年12月31日	《关于促进农民增加收入若干政策的意见》	进城就业的农民工已经成为产业工人的重要组成部分。

续表

时间	政策文件	主要内容
2004年12月27日	《关于进一步做好改善农民进城就业环境工作的通知》	取消专为农民工设置的登记项目，实行暂住证一证管理。城市各级公共职业介绍机构要免费向农民工开放，进一步解决拖欠农民工工资问题。
2004年12月31日	《关于进一步加强农村工作提高农业综合生产能力若干政策的意见》	搞好农民转业转岗培训工作，扩大农村劳动力转移培训阳光工程实施规模，加快农村劳动力转移。各级财政要大幅度增加农民职业技能培训投入，提高培训的实用性和资金的使用效率。
2005年10月11日	《关于制定国民经济和社会发展第十一个五年规划的建议》	促进城镇化健康发展。坚持大中小城市和小城镇协调发展。建立健全与城镇化健康发展相适应的财税、征地、行政管理和公共服务等制度，完善户籍和流动人口管理办法。
2005年12月31日	《关于推进社会主义新农村建设的若干意见》	扩大农村劳动力转移培训阳光工程实施规模，增强农民转产转岗就业的能力。加快建立政府扶助、面向市场、多元办学的培训机制，发展农村职业教育和成人教育。
2006年1月31日	《关于解决农民工问题的若干意见》	解决农民工工资偏低和拖欠问题。依法规范农民工劳动管理。积极稳妥地解决农民工社会保障问题。健全维护农民工权益的保障机制。促进农村劳动力就地就近转移就业。逐步建立城乡统一的劳动力市场和公平竞争的就业制度。
2007年1月29日	《关于积极发展现代农业扎实推进社会主义新农村建设的若干意见》	加强农民转移就业培训和权益保护。加大劳动力转移就业培训支持力度，完善培训机制。进一步完善农民外出就业的制度保障。做好农民工就业的公共服务工作，加快解决农民工的子女上学、工伤、医疗和养老保障等问题。
2007年8月30日	《中华人民共和国就业促进法》	农村劳动者进城就业享有与城镇劳动者平等的劳动权利，不得对农村劳动者进城就业设置歧视性限制。
2007年12月31日	《关于切实加强农业基础建设进一步促进农业发展农民增收的若干意见》	加强小城镇基础设施建设。探索在城镇有稳定职业和固定居所的农民登记为城市居民的办法。建立农民工工资正常增长和支付保障机制。健全农民工社会保障制度，加快制定与现行制度相衔接的农民工养老保险办法，扩大工伤、医疗保险覆盖范围。

续表

时间	政策文件	主要内容
2009年12月31日	《关于加大统筹城乡发展力度进一步夯实农业农村发展基础的若干意见》	完善促进创业带动就业的政策措施,将农民工返乡创业和农民就地就近创业纳入政策扶持范围。健全农民工社会保障制度,深入开展工伤保险全覆盖行动,加强职业病防治和农民工健康服务。落实以公办学校为主、以输入地为主解决好农民工子女入学问题的政策,关心农村留守儿童。深化户籍制度改革,促进符合条件的农业转移人口在城镇落户并享有与当地城镇居民同等的权益。多渠道多形式改善农民工居住条件。采取有针对性的措施,着力解决新生代农民工问题。
2011年9月11日	《关于印发〈人力资源和社会保障信息化建设"十二五"规划〉的通知》	统筹城乡全面推进,需要在信息化建设上为城乡各项人力资源和社会保障业务提供一体化的支持;跨地区就业、社会保险关系转续和待遇享受等业务的普遍开展,需要信息系统在全国范围内统筹部署并更加注重地区间协调发展。
2012年2月8日	《关于批转促进就业规划(2011—2015年)的通知》	消除流动就业的制度壁垒,创造有利的政策环境,进一步完善职业培训、就业服务、劳动维权"三位一体"的工作机制,推进农业富余劳动力进城务工和稳定转移;适应城镇化加速发展的趋势,加快建设小城镇,发展县域经济,发展乡镇企业和非农产业,为农业富余劳动力开辟更多的生产和就业门路。
2013年11月15日	《关于全面深化改革若干重大问题的决定》	健全体制机制,形成以工促农、以城带乡、工农互惠、城乡一体的新型工业城乡关系,让广大人民平等参与现代化进程、共同分享现代化成果。
2014年2月21日	《关于建立统一的城乡居民基本养老保险制度的意见》	年满16周岁(不含在校学生),非国家机关和事业单位工作人员及不属于职工基本养老保险制度的城乡居民,可以在户籍地参加城乡居民养老保险。

续表

时间	政策文件	主要内容
2015年6月17日	《关于支持农民工等人员返乡创业的意见》	加强统筹谋划，健全体制机制，整合创业资源，完善扶持政策，优化创业环境，以人力资本、社会资本的提升、扩散、共享为纽带，加快建立多层次多样化的返乡创业格局，全面激发农民工等人员返乡创业热情，创造更多就地就近就业机会，加快输出地新型工业化、城镇化进程，全面汇入大众创业、万众创新热潮，加快培育经济社会发展新动力，催生民生改善、经济结构调整和社会和谐稳定新动能。
2016年9月30日	《关于进一步做好为农民工服务工作的意见》	到2020年，转移农业劳动力总量继续增加，每年开展农民工职业技能培训2000万人次，农民工综合素质显著提高、劳动条件明显改善、工资基本无拖欠并稳定增长、参加社会保险全覆盖，引导约1亿人在中西部地区就近城镇化，努力实现1亿左右农业转移人口和其他常住人口在城镇落户，未落户的也能享受城镇基本公共服务，农民工群体逐步融入城镇，为实现农民工市民化目标打下坚实基础。

资料来源：经笔者加工整理所得。

通过对表 2-1 所示政策文件和措施的梳理，笔者认为，随着中国社会政治体制的变革、经济发展形势的变化，政府对人口和劳动力流动的社会经济政策可以划分为四个阶段：严格控制阶段（1984 年之前）；防范式管制阶段（1984—1992 年）；允许与鼓励阶段（1993—2001 年）；逐步规范阶段（2002 年至今）。但是截至目前在人口和劳动力流动的权益维护与福利提升方面还存在一定不足，仍然凸显很多问题。其中最为突出的是每一阶段均蕴藏着对城市的保护、减少外来人口和劳动力对城市的冲击以及减少外来人口和劳动力给城市带来的负向效应等，与此同时相伴随的是以牺牲欠发达地区的发展、牺牲农村和外流人口和劳动力的福利为代价。下文重点探讨每一阶段人口和劳动力流动社会经济政策的政策导向以及其演化的内在机制，并分析其所带来的社会效应与经济效应。

2.2 我国流动人口政策演进的内在机制及其效应分析

2.2.1 严格控制阶段（1984年之前）：计划经济烙印依然存在

在这一阶段，城市保护主旨突出、计划经济烙印依然存在构成我国流动人口政策的典型特征。具体来说，政府对自身调控社会经济的方向做了较为重大的调整，在对农村的管理上，开始承认并尊重农民物质利益的独立性和经营上的自主权，也由于生产上的自由调动了大部分农民的积极性，农村生产力的大幅提高，从而形成了农村富余劳动力，农村人口和劳动力的转移成为可能。例如，1983年的中央文件中有这样的规定："在农村允许资金、技术、劳动力一定程度的流动和多种方式的结合。"但是，在20世纪80年代初的文件中，对农村人口流入城镇并未完全支持，例如，1980年下发的《进一步做好城镇劳动就业工作的通知》要求："对农村剩余劳动力进行吸收，控制农村人口盲目流入大中城市。"不仅如此，随后政府颁布的一系列文件都表明，限制农村人口流入城镇、转为非农业户口更是困难，以户籍制度为核心的城乡二元体制稳固，人口流动依然受到严格控制。如"严格控制农村劳动力流入城镇"（1981年10月）；"严格控制农村劳动力进城做工和农业人口转为非农业人口"（1981年12月），也就是说，在当时由于家庭联产承包责任制的实行，农业劳动力从集体公社中解放出来，可以相对自由地选择所从事的专业活动，如农民可以从事养殖业、饲料工业、建筑建材业等，但是对劳动力流动的空间，政府做了较为严格的限制。这些限制源于当时总体的社会经济政治体制。在那一时期，虽然改革的步伐开始迈开，但计划经济的影响依然较重，政府从体制政策到各项管理制度与规章，都较严格地限制农村人口和劳动力向城市的转移，因此并未出现成规模的、跨区域的劳动力流动。这也就决定了这一阶段的社会经济政策不仅严格限制了人口和劳动力的大规模流动，而且也制约了人口和劳动力流动所应发挥的社会效应与经济效应。当然，不可否认的是，这一政策在当时无论是对农村还是城镇的社会经济管理与生产秩序的稳定都有一定的积极作用。

2.2.2 防范式管制阶段（1984—1992年）：城市偏向明显

在1984年进行改革开放的大背景下，尽管国家开始逐步放宽对人口流动的限制，但并未鼓励人口流动，而且防范大规模人口流入城市的思想占主导，政策的城市偏向性突出，这就决定了该阶段人口流动规模较为有限。政府允许农民自理口粮进入城镇务工经商，进入的地点多为乡镇企业和小城镇，以"离乡不离土"为主要特征，商品要素市场也得到迅速发展，流动的主体主要是当地的农民工，促进了流动人口的产生和壮大。与此同时，流动人口的增长带来了流动人口管理上的巨大挑战，政府开始适当调控和有序引导人口流动。到了20世纪90年代，随着粮食统购统销政策的终止，农民或者说所有中国境内的流动人口，开始大规模进入城市寻求发展。部分省区市陆续出台了一些相关政策法规，对流动人口进行管理。这一时期流动人口政策主要有两个特征：一是允许自然有序流动，不提倡盲目流动，且提倡就近流动；二是政府要对流动规模、流动方向等进行有效管理，流动要在社会稳定的大前提下进行。

从这一时期开始，农民自发流入发达地区，尤其是珠三角地区。从20世纪80年代中期开始，外资、港资大量进入珠三角地区开办企业，当地乡镇企业也异军突起，对劳动力的需求迅速扩大，当地人口和劳动力无法满足其需求；而在欠发达地区的广大农村，通过家庭联产承包责任制从土地上解放出来的大量农村人口和劳动力需要找到脱贫致富的路径。一方面是旺盛的劳动力需求，另一方面是离乡淘金的强烈欲望，恰恰构成一对良性的市场供需关系。但是，当时政府对这一趋向并没有采取鼓励的态度，也没有为农民工的流动提供相关的法律与政策保障，而是采取多种方式与政策限制劳动力的远距离流动，在这一阶段的政策文件中"离土不离乡""严格控制农民工外出"等政策措施高频率出现，甚至对流入地有这样的规定："企业招用工人，应当在城镇招收。需要从农村招收工人时，除国家规定的以外，必须报经省、自治区、直辖市人民政府批准。"如此管制方式，依然带有明显的计划经济特征，其基本的政策导向是，"严格控制大城市的规模，合理发展中等城市和小城市，以乡镇企业为依托建设一批布局合理、交通方便、具有地方特色的新型乡镇"（1990年）；"争取在农村第一产业内部多吸纳一些劳动力"（1991

年)。可见,政府当时对农村人口和劳动力采取种种限制,其初衷并不在于限制人口和劳动力的流动——政府并不反对农村人口向乡镇、小城市的流动——而在于控制大城市的规模,缓解大城市的压力。这是政府城市偏向的具体表现之一。我国的城市偏向政策在这一时期的政策文件中体现得较为明显。

这一时期的政策效应也恰恰体现在"发达地区与城市偏向政策"这一层面,即一方面,默认了欠发达地区以及农村劳动力向本地区的乡镇、小城市的近距离流动,使得人口和劳动力流动带动社会经济的倍增与乘数效应在局部范围起到作用;另一方面,又通过限制人口和劳动力大规模向发达地区与大中城市的流动,充分保护大中城市以及本地居民的利益,与此同时,也限制了人口和劳动力要素自由流动所应有的经济拉动效应。

2.2.3 允许与鼓励阶段(1993—2001年):城市社会问题意识凸显

在这一阶段,尽管开始由之前的防范式管制,转向允许与鼓励流动,进而带来人口和劳动力流动由以往的有限流动转向逐步的成规模流动,但是因政策转向及人口和劳动力的大规模流动给城市所带来的社会问题开始显现,因此这一阶段的"鼓励"更多的是对流出地人口外流的鼓励,而不是流入地对人口流入的鼓励,这也就决定了该阶段仍然带有一定的限制特征。1992年邓小平同志"南方谈话"后,沿海地区以突飞猛进的速度开始发展,工业化与城市化高速推进,对劳动力的需求进一步增加;与此同时,珠三角地区、长三角地区与其他内陆地区的经济差距迅速拉大,吸引着欠发达地区劳动力源源不断地流入。可以说,在当时由农村向城市、由欠发达地区向发达地区的人口和劳动力流动已成为大势所趋且势不可当。在1993年的政策文件中,对于农村劳动力问题,有"鼓励农业劳动力的跨地区流动"的表述,这是中共中央第一次以文件的形式正面肯定了地区间劳动力流动的行为,尤其与外流劳动力对发达地区和城市的显著贡献具有紧密联系。同年11月,《关于建立社会主义市场经济体制若干问题的决定》又一次强调"鼓励和引导农村剩余劳动力逐步向非农产业转移和地区间的有序流动"。在此政策前提下,政府开始着力规范劳动力市场,建立劳动力流动的市场机制,"发展多种就业形式，运用经济手段调节就业结构，形成用人单位和劳动者双向选择、合理流动的就业机制"，并提出要对劳动力流动强化管理、组织和服务（1993年）。这一时期，相关地方政府积极响应中央政策，建立了一系列针对劳动力流动的制度与政策，例如，省际劳动力协作制度的建立，广东、广西、湖南、四川等省区建立了"九省区劳动协作网"，协调劳动力流动问题，在一定程度上实现了省际劳动力有序流动。同时，随着农民工的大规模流动，一系列的社会问题开始出现，为克服这些问题，统一的流动人口就业证和暂住证制度开始实行，然而在整顿的名义下劳动力流动成本也大大相应提高，具体体现在针对外流劳动力的相关税费名目繁多方面。

从相关政策文件中可以看出，在这一时期，中央政府对人口和劳动力流动采取的政策不再是"堵"，而是"疏"。相比以往，尽管政府在这方面的政策有所推进，但依然折射出长期以来较浓的计划经济色彩。笔者认为，农民工问题最早引起国家重视，与众多学界与政界所认为的外流劳动力对城市居民就业与福利的外在冲击、每年春节前后大量农民工返乡过年与返岗工作给交通带来的极大压力以及对铁路沿线城市治安造成的极大冲击具有重要联系，而当时外流劳动力的工资、福利待遇等方面改善与提高的紧迫性和重要性还未得到充分考察。

这一时期国家对农民工外流的管理还是带有一定限制性的，目的是做到合理有序的流动，其政策的出发点依然是维护城市的利益，而非农民工的权益。例如，1993年，中共十四届三中全会提出要鼓励和引导农村剩余劳动力向非农产业转移和地区间有序流动。广大农民得益于政策的支持与认可，纷纷外出，引发"民工潮"。对这一问题，社会经济政策相对力度较大，甚至不排除有一定的限制措施，如1994年11月，国务院加强对春节期间的"民工潮"管理与疏导工作，其中包括：一是要求60%的农民春节不回家，留在就业地区过年；二是要求所有的用人单位在春节后一个月内不准招工；三是农村人口和劳动力跨省流动要实行严格的就业证制度（李爱，2006）。很明显，在这一过程中，政府考虑到了沿海地区经济发展的需要，却因为考虑到社会秩序的稳定降低了农民工的福利——在一定程度上不仅没有分担劳动力外流成本，反而提高了流动成本，传统春节不能回家与亲人团聚的心理成本便是例证，更何况外流劳动力截至目前在流动过程中综合流动成本较高的情况下，工资、福利等方面还并未有较大跟进。

所以说政府在这一时期开始规范劳动力市场，促进劳动力的有序、规范流动也同样是从城市的立场出发的，劳动力流动现象是作为一个重大的"社会问题"被提出的，有关流动过程中的工资、工作条件、福利、社会保障等方面并未被纳入政策视野。

尽管在这一阶段，人口和劳动力大规模流动带来一定的社会问题以及其他相关的负向效应，然而值得肯定的是，在这一阶段，劳动力流动已由"限制""默认"转向政策上的"允许"，与此同时，大规模流动对经济增长与经济发展的拉动效应已经初见端倪，尤其是对发达地区的快速增长更是功不可没。

2.2.4 逐步规范阶段（2002年至今）：权利意识开始回归

从21世纪初开始，中央政府对人口和劳动力流动的政策有所优化。例如，2002年中共十六大报告认可了人口和劳动力流动并肯定了其贡献，指出"农村富余劳动力向非农产业和城镇转移，是工业化和现代化的必然趋势，要消除不利于城镇化发展的体制和政策障碍，引导农村劳动力合理流动"[①]。由此，外流劳动力在发达地区权益的保护问题、各项社会福利的保障问题等理论探讨被提上日程，在实践层面也取得了一定的进展，具体表现在：对农民进城务工的不合理限制被逐步取消，乱收费被逐步清理，简单粗暴清退农民工的做法被纠正，拖欠和克扣农民工工资的问题引起中央重视，农民工子女入学接受义务教育的问题开始解决，对农民工的就业培训工作也开始展开，养老保险、工伤保险以及其他原来与农民无关的社会保障都被纳入了农民工福利的范畴。2010年初，农民工养老保险"实现跨地区顺畅转续，保障参保人员权益"的话题被提上日程，人力资源和社会保障部表示，"有关农民工城乡养老衔接政策一定会出台"[②]。2008年颁布的《中华人民共和国就业促进法》规

---

① 江泽民：《全面建设小康社会，开创中国特色社会主义新局面——在中国共产党第十六次代表大会上的报告》，《学习与研究》2002年第12期，第4—24页。
② 《胡晓义：有关农民工城乡养老衔接政策一定会出台》，中华人民共和国中央人民政府网站，http://www.gov.cn/zxft/ft193/content_1503514.htm，2010年1月5日。

定："农村劳动者进城就业享有与城镇劳动者平等的劳动权利，不得对农村劳动者进城就业设置歧视性限制。"这就以法律形式确立了农民工与城镇劳动者的平等权利，同时也从另一侧面肯定了过去很长一段时间以来存在的歧视农民工的现象。

可见，政府对农村人口和劳动力流动已经由过去的"控制""限制""管理"转向了"服务"，这一趋势是可喜的，与社会政治日益民主、公平的趋势相一致。进入 21 世纪后，新生代农民工日趋成为外流劳动力的主体，并呈现差异化特征：20 世纪 80 年代、90 年代初期以及中期的打工者单纯以挣钱谋生为目的，但挣钱谋生并不构成多为"80 后"甚至"90 后"的新生代农民工的唯一目的，甚至也不构成主要目的，相反，现代的生活方式、先进的生活理念、舒适的工作环境、被尊重被承认的感觉以及发展机会决定了其流动动因。在 2008 年出现的金融危机中，大量农民工提前返乡、危机过后大量企业招工不顺就是一个明证：危机爆发时，企业纷纷降低工资、大量裁员、排斥农民工，以致大量农民工提前返乡；当危机得到缓解时，很多企业招不到工人，原因在于大量农民工留在户籍地工作——农民工用自己的双脚做出了选择。

在这一新的社会形势下，中央政府与流入地政府都必须考虑农民工的权益问题。所以制定了一系列与农民工相关的政策。例如，2008 年 1 月中共中央提出"探索在城镇有稳定职业和固定居所的农民登记为城市居民的办法"；2009 年中央经济工作会议前所未有地开始强调城镇化，并明确提出"放宽中小城镇户籍限制"，把解决符合条件的农业转移人口逐步在城镇就业和落户作为推进城镇化的重要任务。这是中央层面首次提出放宽中小城市和城镇户籍，此前石家庄等不少地方推出过购房入户等政策。2012 年国务院在促进就业规划中则更进一步强调实施更有利于就业和劳动力流动的财政保障政策、税收优惠政策、金融支持政策、对外贸易政策等，推进农业富余劳动力转移就业。

对此，北京大学法学院教授王锡锌认为，放宽城乡户籍限制，打破城乡之间的隔阂，降低城乡二元之间流动的门槛，这与户籍制度改革的基本原则是一脉相承的。但户籍改革，最重要的还是在于如何对待附着在户籍上的福利等社会公共资源。通过买房来实现户籍转移这种方式，没有平衡福利，反而强化了城市户籍的含金量（胡芳洁，2010）。

笔者认为，长期以来，一方面，政府通过户籍强化了城乡工资、福利等方面的典型差异；另一方面，当前的"买房入户"实质上是给户籍明码标价，在无形中提高了户籍的门槛与含金量，使得"外地人"成为城市居民（即内生化）的愿望越来越成为奢望，因为它将负载了社会福利的城市户籍市场化、货币化了，这中间的受益者可能是房地产商，也可能是地方政府相关部门，但不是期盼着有一本城市户口簿的外来人口和劳动力，这更进一步加剧了城市居民与外来劳动力的不平等。从长远来看，这样的政策倾向一方面可能在一定程度上阻碍中国经济的发展和城市化进程的推进，另一方面也损害了大量无力购买城市住房的普通外来劳动者的利益。

所以，在笔者看来，政府对农民工的政策虽然在开始朝着"福利"的方向走，然而正是这一系列政策的出台一方面彰显了政府对民生和福利的重视，另一方面也表明外流劳动力的工资、福利、社会保障等方面长期以来的缺失，说明了这种推进仍然处于在探索中缓慢前行的阶段。要真正解决外流劳动力福利问题、解决农村问题，还任重道远。值得肯定的是，在这一阶段，劳动力流动对宏观经济的持续稳定增长，尤其是对东部沿海地区的快速增长与飞跃式发展产生了十分巨大的贡献。有学者指出过去30年尤其是中国加入WTO之后经济持续高速增长，不仅直接来源于劳动力及其流动，而且间接来源于人口红利，即人力资本贡献度高达45%[①]；此外，彭连清（2008）通过建立东部地区非农部门的生产函数，就区际劳动力流动对东部地区经济增长贡献率的实证研究表明：进入21世纪以来，区际劳动力流动更为活跃，人口和劳动力流入对东部地区非农产值增长的年均贡献率达8.24%。

近年来，尤其是2015年和2016年，中央政策开始聚焦鼓励人口和劳动力的返乡创业，并通过返乡创业带动欠发达地区和农村更多的就业，而且在这一系列政策举措中，间接隐藏着在流出地的区域内部实现就地城镇化的政策内涵。具体而言，促进人口流动尤其是农民工就业创业的政策包括以下内容：引导农民工有序外出就业、鼓励农民工就地就近转

---

① 《蔡昉：三十年经济发展人力资本贡献度占45%》，http://www.techweb.com.cn/commerce/2010-01-14/518906.shtml，2010年1月14日。

移就业、扶持农民工返乡创业。进一步清理针对农民工就业的户籍限制等歧视性规定，保障城乡劳动者平等就业权利。实现就业信息全国联网，为农民工提供免费的就业信息服务。完善城乡均等的公共就业服务体系，有针对性地为农民工提供政策咨询、职业指导、职业介绍等公共就业服务。加强农民工输出输入地劳务对接，输出地可在本地农民工相对集中的输入地设立服务工作站点，输入地应给予支持。组织开展农民工就业服务"春风行动"，加强农村劳动力转移就业工作示范县建设。大力发展服务业特别是家庭服务业和中小微企业，开发适合农民工的就业岗位，建设减免收费的农贸市场和餐饮摊位，满足市民生活需求和促进农民工就业。积极支持农产品产地初加工、休闲农业发展，引导有市场、有效益的劳动密集型产业优先向中西部转移，吸纳从东部返乡和就近转移的农民工就业。将农民工纳入创业政策扶持范围，运用财政支持、创业投资引导和创业培训、政策性金融服务、小额担保贷款和贴息、生产经营场地和创业孵化基地等扶持政策，促进农民工创业。做好老少边穷地区、牧区、库区、渔区农牧渔民转移就业工作和农民工境外就业服务工作。

截至2020年6月，全国341个试点地区返乡创业人员已达到近200万人，带动700余万名就业人口；在试点地区带动下，全国返乡创业人员已超过800万人，带动约3000万人就业。返乡创业、就近就业逐步成为农村经济的发展重心。在此过程中，实现了人才回归、技术回乡和资金回流。这在很大程度上与近年来返乡创业政策的助推密不可分。2019年1月中共中央、国务院《关于坚持农业农村优先发展做好"三农"工作的若干意见》提出："支持乡村创新创业。鼓励外出农民工、高校毕业生、退伍军人、城市各类人才返乡下乡创新创业，支持建立多种形式的创业支撑服务平台，完善乡村创新创业支持服务体系。"这一政策不仅将为包括外出务工人员在内的各类人员返乡创业提供支撑平台，而且将在乡村进一步建构完善的服务体系。在此基础上，2019年2月农业农村部等七部门联合印发的《国家质量兴农战略规划（2018—2022年）》明确指出："推动全面建立职业农民制度，强化政策激励，引导有志青年加入职业农民队伍，鼓励大学生、返乡农民工质量兴农建设。"这一规划通过鼓励外出务工人员返乡创业，用流动过程中获得的先进技术、熟练技能、前沿理念等带动农业和农村的快速发展。2020年1月，国家发改委等19个部门联合印发《关于推动返乡入乡创业高质量发展的意见》，提出："经过3—5年努力，工作协同、政策协调的机制更加顺畅，支持返乡入乡创业的政策体系更加完善，返乡入乡创业环境进一步优化，市场主体活力进一步迸发，产业转移承接能力进一步增强，带动就业能力进一步提升。"2020年6月，农业农村部等9个部门下发《关于深入实施农村创新创业带头人培育行动的意见》，该意见指出："创新创业是乡村产业振兴的重要动能，人才是创新创业的核心要素。农村创新创业带头人饱含乡土情怀、具有超前眼光、充满创业激情、富有奉献精神，是带动农村经济发展和农民就业增收的乡村企业家。"在此基础上，明确了："到2025年，农村创新创业环境明显改善，创新创业层次显著提升，创新创业队伍不断壮大，乡村产业发展动能更加强劲。农村创新创业带头人达到100万以上，农业重点县的行政村基本实现全覆盖。"在上述政策的推动下，近年来农村涌现了一批农业经理人、农业带头人、返乡投资人、返乡大学生与技术人员等。

2.3 对我国流动人口政策演进的进一步思考

中国人口和劳动力从农村流向城市、从欠发达地区流向发达地区源于三股力量的推动：一是发达地区对劳动力的大量需求；二是欠发达地区外流劳动力预期收益的改善；三是政府政策的作用。这三股力量的合力共同建构了中国劳动力流动的态势与格局。其中，政府政策是一个非常重要的因素，从上述分析可以看出，无论是早期的限制，还是后期的鼓励，政府干预行为与政策的作用都较为明显。

与此同时，通过研究，笔者发现在中国人口和劳动力流动的社会经济政策的制定方面，政府政策的制定常常滞后于微观主体的自发行动——正如家庭联产承包责任制首先由农民自发组织试验后来才由政府统一推广实行一样，20世纪80年代初政府控制农民工流动的政策源于家庭联产承包责任制之后已经有很多农民外出经商、务工；20世纪80年代中后期到90年代初的防范式管制源于首先发展起来的珠三角地区吸引了大量外地农民工；1993年到20世纪末对劳动力市场的规范则源于农民工流动带来的城市问题、社会问题,进入21世纪以来农民工民生问题、福利问题被重视原因在于新生代农民工民主意识和权利意识的强化。

对此,笔者有如下思考:长期以来,为什么在农村、农民与农业问题上政府的决策相对滞后,甚至有悖于微观主体自发的市场化行为?解释恐怕很容易归结到一点,即中国长期以来的政策一直偏向城市与发达地区,而这种偏向常常以农村和欠发达地区的付出或被忽视为代价,即便到了现在也是如此,改革开放带来的成果到最后才可能惠及农村——正如真正实现免费义务教育的最后地区是农村一样。究竟为什么本身教育资源就较为丰富与优越的城市要比农村更先实现?这很难从微观和中观视角得到诠释,很大程度上要归因于政府的城市偏向政策。

然而,值得肯定的是,我国流动人口政策已逐步通过多渠道、多方位、多形式保障流动人口的合法权益,包括消除对流动人口的歧视与不平等限制、解决工资拖欠、建立工伤保险和医疗保险制度、做好流动人口子女义务教育等。在此程中,流动人口与城市居民福利和待遇的差异呈减低趋势并趋于同等化,发展机会也逐步均等。在此基础上,中央政府进一步要求地方政府将流动人口服务和管理纳入当地经济社会发展的长期规划和年度计划,并逐步建立和完善流动人口公共服务体系,推动流动人口有序市民化,进而实现城乡发展一体化。与此同时,近年来,中央还加大流动人口尤其是农民工返乡创业的政策支持,如提供创业培训、简化市场准入、优化创业环境、加大财政扶持、改善金融服务、强调技术支撑等,不仅与全国范围的"大众创业、万众创新"相契合,而且与乡村振兴战略一脉相承。

对此,笔者认为,尽管城乡一体化程度逐步加快,但从长远来看,随着新型城镇化和乡村振兴战略的推进,城镇和农村之间将不可避免地面临劳动要素和人力资源的竞争,以往由农村向城镇的单向流动模式即劳动力转移刚性将发生更大程度的改变。这一趋势将对我国流动人口政策的进一步创新、完善与优化提出更高的要求。值得强调的是,未来的流动人口政策在很大程度上将更加凸显以人为本、更为开放、更为注重多方位的社会融合,并探索与国家经济和社会发展需求相匹配的、完备的社会流动政策体系。在这一背景下,流动人口的流动权、就业权、社会保障和福利权益以及发展权等将得到全方位的保护。

亨廷顿（Huntington，1989）认为：“现代化带来的一个至关重要的政治后果是城乡差距”。笔者认为，其之所以把城乡差距理解为一种"政治后果"，是因为许多发展中国家的政府在推进现代化的过程中都采取了城市偏向（urban preoccupation）政策，也就是说，城市的现代化与乡村的落后，发达地区的迅猛发展与欠发达地区的"贫困陷阱"，这种城乡与地区差距的拉大在很大程度上是政策使然，恰恰正是其带来了城乡与地区之间经济、社会状况的霄壤之别。

在人口和劳动力流动方面，随着大量农民工自发地从欠发达地区涌入发达地区，从促进社会稳定与协调发展的角度出发，中央政府不得不正视这一"问题"，开始关注和保障民生，为此提出了坚持小城镇建设的政策导向。这一政策导向从1984年一直持续到现在，到2009年，中央经济工作会议依然提出"要积极推进城镇化，当前要把重点放在加强中小城市和小城镇发展上。要把解决符合条件的农业转移人口逐步在城镇就业和落户作为推进城镇化的重要任务，放宽中小城市和城镇户籍限制。"

笔者认为，小城镇导向在一定程度上是对大城市的"保护"，也就是说在降低小城镇、中小城市户籍门槛的同时，无形中提高了大城市的门槛，缓解了大城市在公共基础设施建设、基本社会保障方面的压力，确保了大城市与发达地区的公共资源不被外来劳动力所挤占，确保了发达地区和城市居民的福利独占。如果这一问题不得到重视，将无法从根本上推进全国范围内的城镇化进程，势必造成城乡与地区间的进一步两极分化。近年来，加快建设社会主义新农村以及推进城镇化进程的若干政策与措施中已经蕴含了这一政策含义，而且在未来的政策实践中将逐步得到强化，这也必将促进劳动力微观主体更加合理的流动，与此同时，流动主体福利将进一步提升，城乡间、地区间的差距将不断缩小，劳动力流动潜在的宏观经济效应将更加凸显。

在此基础上，笔者将在第3章聚焦长三角地区流动人口政策的演化脉络及其所产生的社会经济效应进行分析研究。

第 3 章 长三角地区流动人口政策演化脉络及其效应研究

伴随中国改革开放 40 多年来经济的高速增长和城市化进程的加快,人口流动规模逐渐扩大,同 2000 年的第五次人口普查相比,2014 年末流动人口增加近 1.33 亿人①,年均增长率约为 5.9%。长三角地区作为人口流动核心集聚区域,其流动人口数占全国总数的比重较大,是中国人口流动情况的"指南针"。在影响人口流动的诸多因素中,政策起到了非常关键的作用,尤其在政府主导更为明显的中国,政策在人口流动过程中的影响更为微妙(樊士德,2013),地区性政策的影响也不例外。

基于此,本章重点对长三角地区流动人口总体现状、特征化事实以及长三角地区人口流动政策进行研究,其人口流动政策演化脉络如何?为何做出这样的制度安排?其内在机制是什么?又给人口流动和经济增长带来了什么影响?这一系列问题构成了本章的逻辑出发点和落脚点。

3.1 长三角地区流动人口政策研究现状

人口流动政策无论在发达国家还是在发展中国家都受到普遍关注。在国外,一些学者注重对人口流动政策的总体研究,如 Knight 和 Lina(1999)通过建立模型论证扭曲的城乡政策是造成城乡差距的原因;Huo Weidong 等(2006)认为政府决策是影响劳动力流动的重要因素,应该提供更多、更适合的政策引导劳动力合理流动;Huang Ping 和 Frank N. Pieke(2005)将研究视角聚焦于劳动力流入后对该地区产生的积极影响,分析各个时期颁布的政策,表明劳动力流动不仅对发达地区,同时对欠发达地区也有积极意义,建议继续加速现代化进程。另一些学者直

---

① 第五次和第六次《全国人口普查统计公报》;《中华人民共和国 2014 年国民经济和社会发展统计公报》。

接聚焦于中国人口流动的具体政策，他们认为一旦取消相关限制人口流动的政策如户籍制度，目前的收入不平等就能够得到解决（Whalley & Zhang, 2004, 2007; Cai, 2003; Hertel & Zhai, 2006）。

在国内，目前关于中国人口流动政策的研究主要集中在两个方面。

一方面，聚焦于宏观层面的研究。一些学者通过社会网络法和产业结构研究法研究人口流动网络形成的影响机制（王珏等，2014；周丽萍，2013），这种方法虽然比较新颖，但是忽略了人口流动政策的重要性。以李毅飞和易凌（2009）为代表的学者却注意到社会保障政策的重要性，进而从立法的角度对社会保障公平提出一定建议，而对其他方面诸如医疗、随迁子女教育等政策却未详细分析。部分学者对于人口流动的研究从其对局部的影响分析延伸到对政策脉络的梳理，将中华人民共和国成立以来人口流动的政策变迁分成了四大阶段，研究人口流动政策横跨周期较长（柳彦，2006）。不过对于相关政策的分类太过于笼统，比如把1983—2000年的政策统称为鼓励和控制并存阶段，忽视了1992年以前，人口流动政策如"离土不离乡"更偏向城市发展。还有一些学者缩短人口流动政策梳理周期，细化政策内容分析（宋洪远等，2002；樊士德，2013；陈妍，2013）。

另一方面，则侧重于地方政府的分析。杨川丹（2011）研究地方政府的人口流动政策，分析了在就业、医疗和社保三方面的政策及其缺陷，这一研究更体现了地方政策的特殊性。黄匡时和王书慧（2009）以北京为例，探讨了其人口流动政策的演变过程，并进行了相应的阶段划分。

上述研究虽然加强了我们对人口流动政策重要性的认识，然而，在笔者的研究视野中，就现阶段而言，国内、国外对人口流动政策的研究仍然存在不足，比如分析政策效果较多而以政策演化脉络梳理为视角来探讨的研究较少。这些都有待于我们进行更深入的探讨。

3.2 长三角地区人口流动现状与特征化事实

在对长三角地区人口流动政策演化脉络进行梳理之前，本节从长三角地区流动人口的基本特征、收支情况和居住就业情况等三个方面对长三角地区流动人口的总体现状与特征化事实进行剖析与梳理。这里使用中华人民共和国国家卫生和计划生育委员会2011—2015年中国流动人口动态监测调查数据①，这是全国性、综合性、连续性的大型社会调查项目，按照随机原则在全国31个省区市和新疆生产建设兵团流动人口较为集中的流入地抽取样本，开展抽样调查。调查对象是在流入地居住一个月以上、非本区（县、市）户口的15—59周岁流入人口②。本节如不做特别说明，数据均来源于中华人民共和国国家卫生和计划生育委员会2011—2015年各年的中国流动人口动态监测调查数据。

3.2.1 长三角地区流动人口基本特征

这里分别从流动范围、户籍特征、受教育情况、年龄特征、性别特征和流动原因等角度分别探究长三角地区流动人口的基本特征。

（1）流动范围

从流动范围或流动距离来看，2011—2015年，在相对占比方面，长三角地区流动人口中跨省流动占主导，省内跨市流动次之，市内跨县占比最低，与此同时，从三个流动范围的变化趋势来看，跨省流动呈现先上升后下降的态势，省内跨市则呈现先下降后上升的走势，而市内跨县流动则变化不大。

如图3-1所示，长三角地区在这一时期约有85%的跨省流动人口，但是跨省流动人口占比总体呈现先上升然后缓慢下降的态势，从2011年的84.77%上升到2012年的88.72%，然后又下降到2015年的83.28%；而省内跨市的流动人口占比保持在9%—14%，尽管有一定波动但总体较为平稳，呈现先下降后上升的走势，由2011年的13.47%波动上升到2015年的13.51%；市内跨县流动占比最低，基本稳定在1.5%—3.5%，在这一时期变动最小，这说明采用市内跨县流动的稳定性相对较强。

（2）户籍特征

这里为了分析的方便，对于长三角地区流动人口户籍特征的分析，仅以2015年为例，具体分别从长三角地区流动人口的户籍地分布、户籍

---

① 国家科技基础条件平台——国家地球系统科学数据中心共享服务平台，http://www.geodata.cn。

② 2015年的调查对象为在流入地居住一个月以上，非本区（县、市）户口的15周岁及以上流入人口。

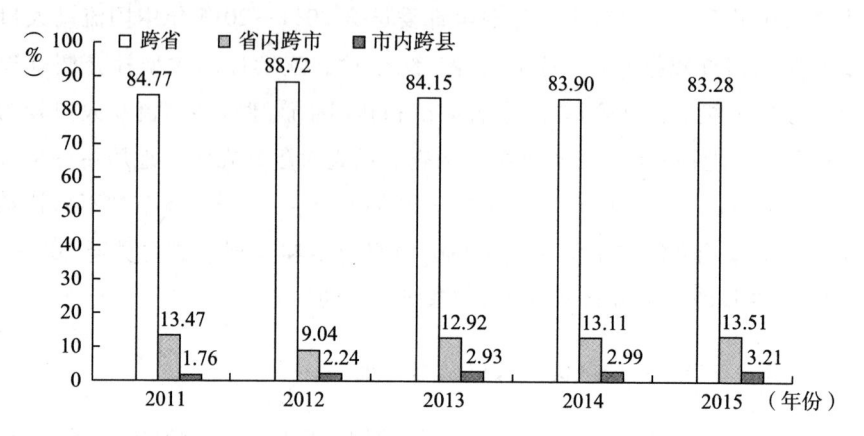

图 3-1　2011—2015 年长三角地区流动人口流动范围

资料来源：中华人民共和国国家卫生和计划生育委员会 2011—2015 年各年的中国流动人口动态监测调查数据。

地属于长三角地区的流动范围、户口性质等三个方面展开。

①长三角地区流动人口户籍地分布

在江苏省的所有流动人口中，江苏户籍人口占比最高，达到 34.56%，其次是安徽（25.38%），再次是河南（7.68%），四川位居第四（5.47%）；在上海市的所有流动人口中，安徽户籍人口占比最高，达到 29.27%，其次是江苏（15.35%），再次为河南（9.44%），四川同样排第四位（7.12%）；在浙江省的所有流动人口中，与上海市相同，安徽户籍人口占比最高，达到 18.94%，其次是贵州（11.42%），再次是浙江（10.96%），江西排第四位（10.58%），具体如图 3-2 所示。

②户籍属于长三角地区流动人口的流动范围

仍然以 2015 年为例，户籍属于长三角地区流动人口的流动范围的情况具体如下：首先，江苏户籍的流动人口在江苏省内流动的比例占到了 58.31%，而在上海和浙江流动的比例分别占到了 17.25% 和 4.92%（见图 3-3 和表 3-1），也就是说江苏省户籍人口更为偏向省内流动；其次，上海户籍的流动人口流入江苏和浙江的分别为 16.28% 和 17.44%，比例相差不大，上海户籍的人口流向浙江的比例高于流向江苏的比例；最后，浙江户籍的流动人口在浙江省内部流动的比例占到了 34.32%，在上海和江苏流动的比例分别占到了 9.11% 和 6.49%，尽管对于浙江而言，其流动人口省内流动的比例也较高，与江苏流动人口相同，比较偏向省内流动，但是相比江苏要低约24个百分点。

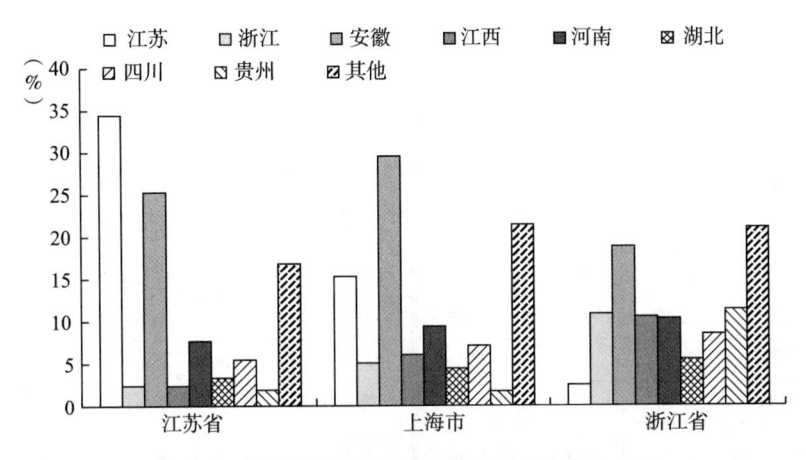

图3-2　2015年长三角地区流动人口户籍地分布

资料来源：中华人民共和国国家卫生和计划生育委员会2015年中国流动人口动态监测调查数据。

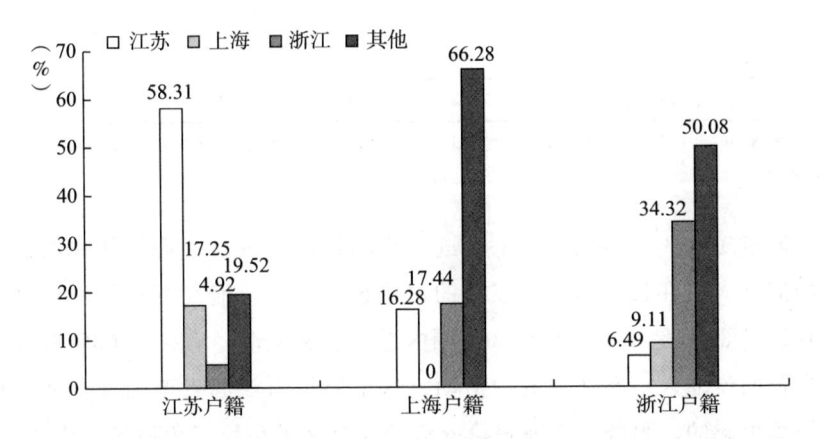

图3-3　2015年户籍属于长三角地区流动人口的流动范围

资料来源：中华人民共和国国家卫生和计划生育委员会2015年中国流动人口动态监测调查数据。

表3-1　2015年户籍属于长三角地区的人口流动范围

单位：%

省份	上海户籍	江苏户籍	浙江户籍	省份	上海户籍	江苏户籍	浙江户籍
安徽	2.33	0.51	1.39	辽宁	5.81	0.7	1.52
北京	11.63	2.22	3.09	内蒙古	1.16	0.24	0.4

续表

省份	上海户籍	江苏户籍	浙江户籍	省份	上海户籍	江苏户籍	浙江户籍
福建	1.16	0.45	1.52	宁夏	0	0.44	1.36
甘肃	1.16	1.36	3.78	青海	0	1.42	2.28
广东	4.65	0.6	1.61	山东	0	0.45	1.43
广西	3.49	0.18	2.08	山西	1.16	0.98	2.51
贵州	2.33	0.25	1.63	陕西	1.16	0.6	2.21
海南	4.65	0.39	0.81	上海	0	17.25	9.11
河北	3.49	1.6	3.83	四川	1.16	0.51	1.34
河南	3.49	0.56	2.8	天津	1.16	1.04	2.68
黑龙江	1.16	0.21	0.56	西藏	0	0.41	0.4
湖北	0	0.58	1.41	新疆生产建设兵团	2.33	0.3	0.16
湖南	0	0.39	1.16	新疆维吾尔自治区	5.81	1.24	1.43
吉林	1.16	0.41	0.67	云南	0	0.51	2.3
江苏	16.28	58.31	6.49	浙江	17.44	4.92	34.32
江西	3.49	0.62	2.62	重庆	2.33	0.34	1.1

资料来源：中华人民共和国国家卫生和计划生育委员会 2011—2015 中国流动人口动态监测调查数据。

通过对图3-3和表3-1更进一步的比较发现，上海户籍和浙江户籍的流动人口在长三角地区以外的占比超过一半，而江苏户籍的流动人口有超过80%是在长三角地区范围内进行区域流动，有接近60%的江苏省户籍的流动人口在江苏省内流动，这主要是由江苏省苏南和苏北发展不均衡引起的。另外，上海户籍的流动人口除了在长三角地区之中流动，还有11.63%的流动人口流入北京。

③长三角地区流动人口户口性质

在长三角地区的流动人口中，农业户口在"两省一市"中占据了主要部分。江苏农业户口性质的流动人口占比为87.55%，上海的占比为74.11%，浙江的占比高达92.55%。其中，浙江农业户口占比最高，江苏次之，上海最低，而在非农业户口中，上海非农业户口的占比均高于江苏和浙江，具体如图3-4所示。

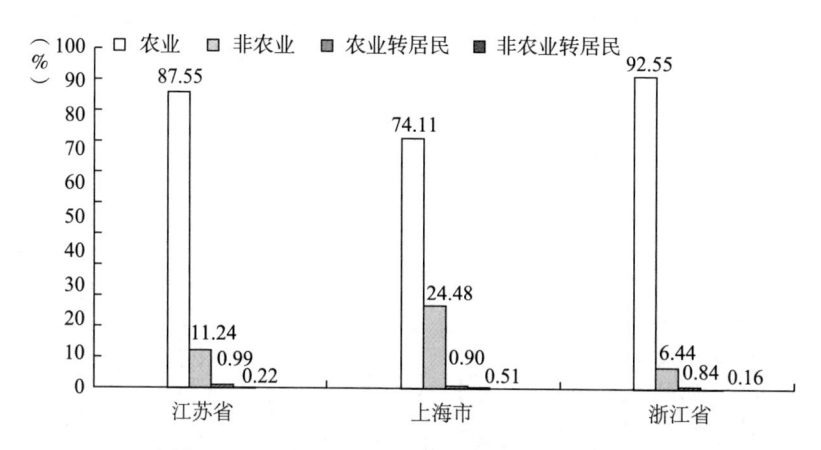

图 3-4　2015 年长三角地区流动人口户口性质

资料来源：中华人民共和国国家卫生和计划生育委员会 2015 年中国流动人口动态监测调查数据。

（3）受教育情况

2011—2015 年，在长三角地区的流入人口中，超过一半的受教育程度为初中，其次为小学、高中和大学专科。其中，受教育程度为高中的流动人口在 2013—2015 年逐年上升，具体如图 3-5 所示。

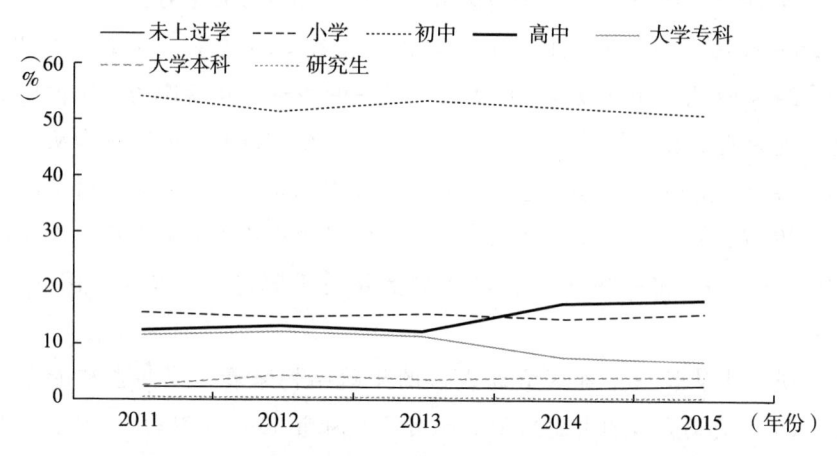

图 3-5　2011—2015 年长三角地区流动人口受教育程度

资料来源：中华人民共和国国家卫生和计划生育委员会 2011—2015 中国流动人口动态监测调查数据。

图 3-6 反映了 2015 年每一类受教育程度的流动人口在长三角地区"两省一市"中各自的占比情况。随着受教育程度的提高，江苏省和浙

江省的流动人口数量呈下降趋势，而上海市流动人口数量的占比与受教育程度基本呈正比。可以判断，上海市比较偏向引进高层次人才，而江苏省和浙江省外来人口的学历普遍偏低，更多从事简单劳动。

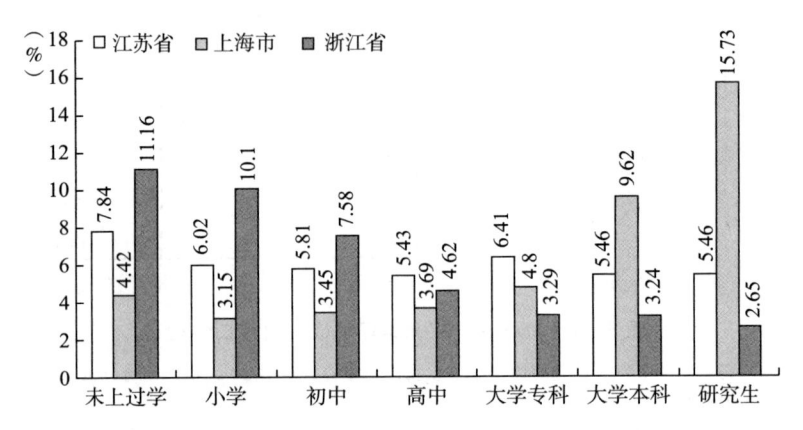

图 3-6　2015 年各类受教育程度人群在各地流动人口中的占比

资料来源：中华人民共和国国家卫生和计划生育委员会 2011—2015 年中国流动人口动态监测调查数据。

（4）年龄特征

从 2011—2015 年长三角地区流动人口的年龄分布来看，占比最高的为 25—29 岁这一年龄段的人口，基本保持在 20% 左右；而 20—24 岁、30—34 岁这两个年龄段的人口次之；55—59 岁这一年龄段的人口占比最低。这说明在长三角地区流动人口中以年轻人口为主。更进一步从这一期间各个年龄段占比的变化趋势来看，2011—2015 年，流动人口年龄在 25—29 岁、45—59 岁的劳动人口数量总体呈现逐步上升的态势，而年龄在 15—24 岁、35—39 岁的流动人口数量有下降趋势，具体如图 3-7 所示。

进一步从长三角地区流动人口的年龄结构来看，江苏省和浙江省 15—29 岁流动人口的占比高于上海市，上海市 30—39 岁和 55 岁及以上流动人口的占比高于江苏省和浙江省，具体如图 3-8 所示。

（5）性别特征

2011—2015 年，长三角地区流动人口中的男性多于女性，尤其是 2013—2015 年，男性和女性流动人口之比相差 10 以上，甚至在 2014 年男性和女性流动人口之比达到 128.82，具体如图 3-9 所示。

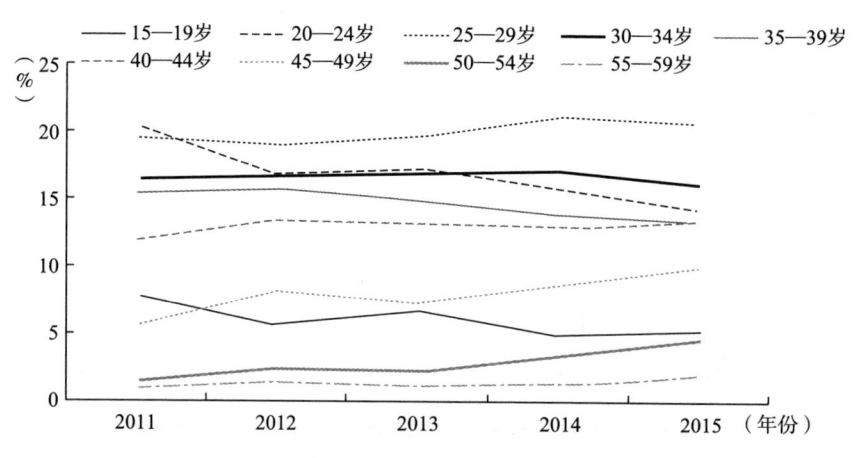

图 3-7　2011—2015 年长三角地区流动人口的年龄变化趋势

资料来源：中华人民共和国国家卫生和计划生育委员会 2011—2015 中国流动人口动态监测调查数据。

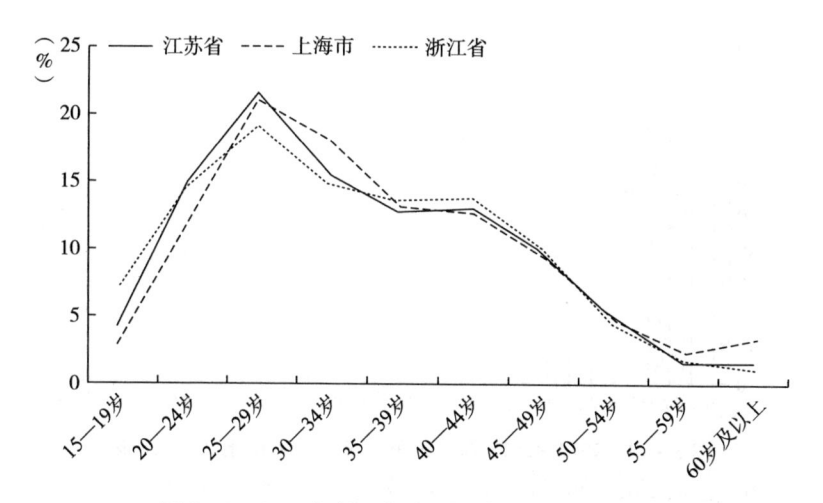

图 3-8　2015 年长三角地区流动人口的年龄结构

资料来源：中华人民共和国国家卫生和计划生育委员会 2011—2015 中国流动人口动态监测调查数据。

（6）流动动因

从 2013—2015 年长三角地区流动人口选择流动的内在动因来看，以务工经商为主，其次是家属随迁。而且务工经商的占比逐年降低，家属随迁的占比逐年上升，具体如图 3-10 所示。

综上所述，从流动范围或流动距离来看，长三角地区流动人口中绝

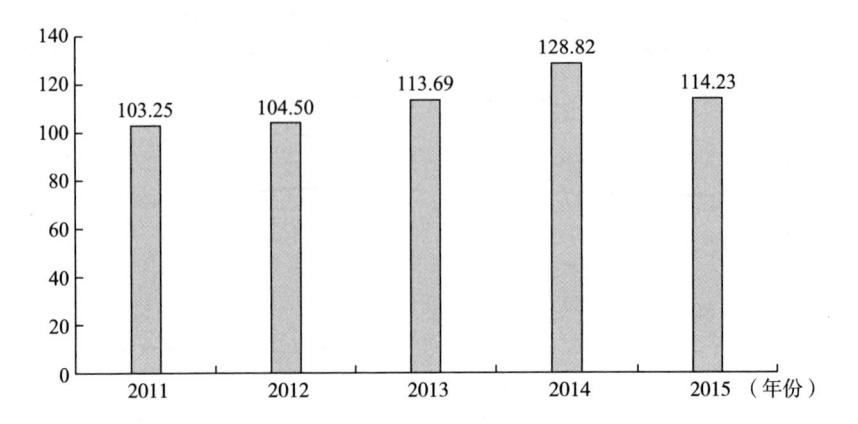

图 3-9　2011—2015 年长三角地区流动人口男女之比

注：女性为 100。

资料来源：中华人民共和国国家卫生和计划生育委员会 2011—2015 中国流动人口动态监测调查数据。

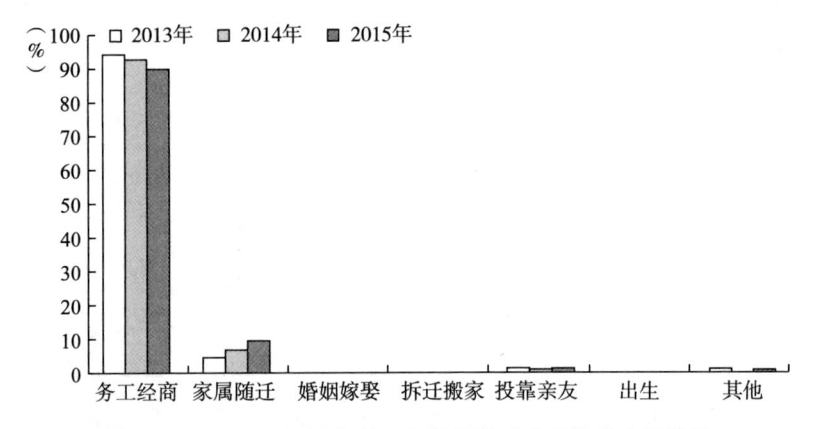

图 3-10　2013—2015 年长三角地区流动人口流动主要动因

注：其中，2013—2015 年流动人口流动动因为"婚姻嫁娶"的比例分别为 0.24%、0.16% 和 0.22%，"拆迁搬家"的比例分别为 0.03%、0.02% 和 0.1%，"出生"的比例分别为 0.04%、0.05% 和 0.1%。

资料来源：中华人民共和国国家卫生和计划生育委员会 2013—2015 年中国流动人口动态监测调查数据。

大多数为跨省流动，除长三角地区内部"两省一市"之间的跨省（市）流动之外，户籍地在安徽、河南、四川等省份的流动人口相对其他省份更多。其中，上海户籍和浙江户籍的流动人口在长三角地区以外流动的占比超过一半，而江苏户籍的流动人口有超过 80% 是在长三角地区范围内流动。从长三角地区流动人口户籍性质来看，大部分都是农业户口。

从长三角地区流动人口的受教育程度来看，超过一半的受教育程度为初中，受教育程度为小学、高中和大学专科位居其次；更进一步从长三角地区的区域内部来看，江苏省和浙江省的流动人口学历普遍偏低，而上海市流动人口的学历偏高。从长三角地区流动人口的性别来看，男性流动人口数量多于女性；从长三角地区流动人口选择流动的内在动因来看，务工经商构成了人口流动的主要原因。

3.2.2 长三角地区流动人口收支情况

下面进一步从时间和空间内部两个维度对长三角地区流动人口收支情况进行分析：一是2011—2015年长三角地区流动人口家庭本地月均收支变化趋势；二是2015年长三角地区内部流动人口家庭本地月均收支情况。

（1）长三角地区流动人口家庭本地月均收支变化趋势

一方面，长三角地区流动人口家庭本地月均收入呈现上升的态势。具体来看，2011年长三角地区流动人口家庭[1]本地月均收入主要集中在2000—6000元，而2015年，长三角地区流动人口的家庭本地月均收入主要集中在4000—9000元。与此同时，2011—2015年，外来人口在长三角地区的家庭本地月均收入低于5000元的家庭占比呈下降趋势，而家庭本地月均收入高于6000元的家庭占比呈上升趋势。这反映了2011—2015年长三角地区流动人口家庭本地月均收入逐年增加的趋势，具体如图3-11所示。

另一方面，长三角地区流动人口家庭本地月均支出也呈上升态势。具体来看，2011年长三角地区流动人口家庭本地月均支出主要集中在1000—4000元，而2015年长三角地区流动人口家庭本地月均支出主要集中在2000—5000元。2011—2015年，长三角地区流动人口中，家庭本地月均支出小于2000元的占比逐年降低，而家庭本地月均支出大于3000元的家庭占比呈增长趋势。这反映了2011—2015年长三角地区流动人口支出逐年增加的趋势，具体如图3-12所示。

---

[1] "家庭"包括被抽样调查的流动人口本人、配偶以及子女（但不包括已婚分家的子女），下文如不做特别说明，与此相同，不再赘述。

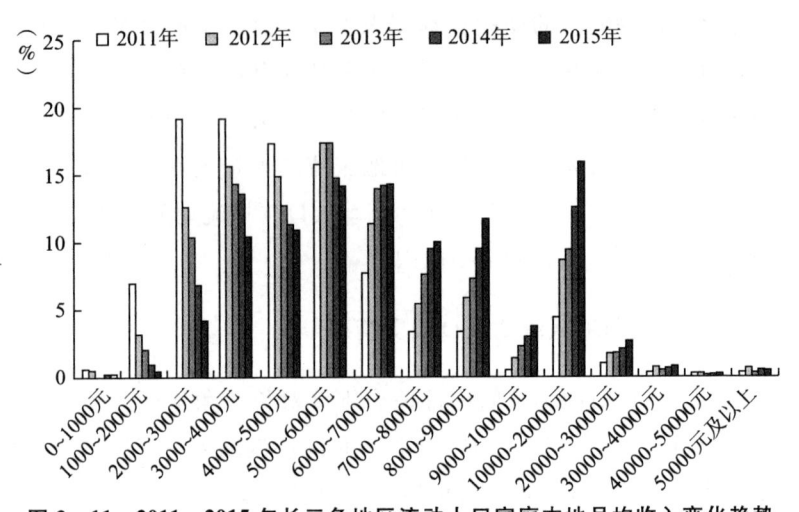

图 3-11 2011—2015 年长三角地区流动人口家庭本地月均收入变化趋势

资料来源：中华人民共和国国家卫生和计划生育委员会 2011—2015 中国流动人口动态监测调查数据。

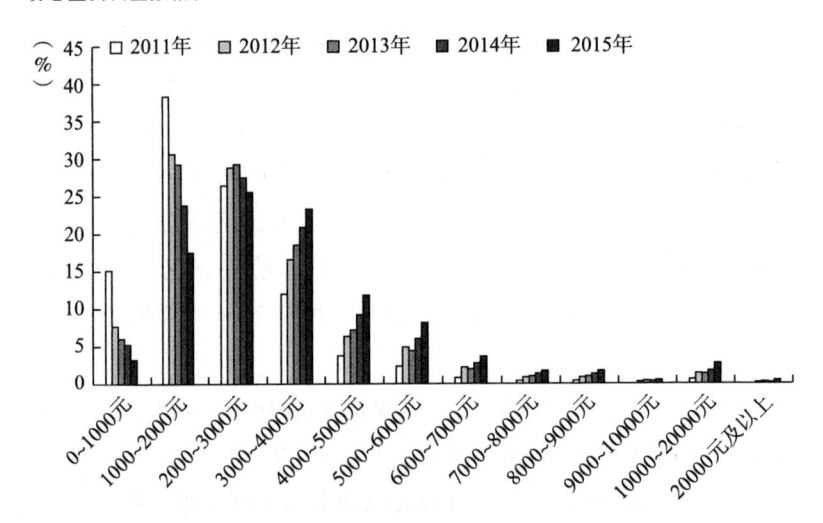

图 3-12 2011—2015 年长三角地区流动人口家庭本地月均支出变化趋势

资料来源：中华人民共和国国家卫生和计划生育委员会 2011—2015 中国流动人口动态监测调查数据。

（2）2015 年长三角地区内部流动人口家庭本地月均收支情况

仅以 2015 年为例，在长三角地区范围内，江苏省和浙江省的流动人口中家庭本地月均收入小于 8000 元的人口占比均高于上海市流动人口家庭本地月均收入小于 8000 元的人数占比；上海市流动人口中家庭本地月均收入在 8000 元及以上的人口占比大多高于江苏省和浙江省流动人口家庭本地月均收入在 8000 元及以上的人口占比。江苏省和浙江省的流动人口家庭本地月均收入在 5000—7000 元的人口占比较多，占比均约为 30%，而上海的流动人口中，家庭本地月均收入在 10000—30000 元的占比接近 30%，具体如图 3-13 所示。也就是说，在长三角地区中，上海市流动人口家庭本地月均收入总体要高于江苏省和浙江省。

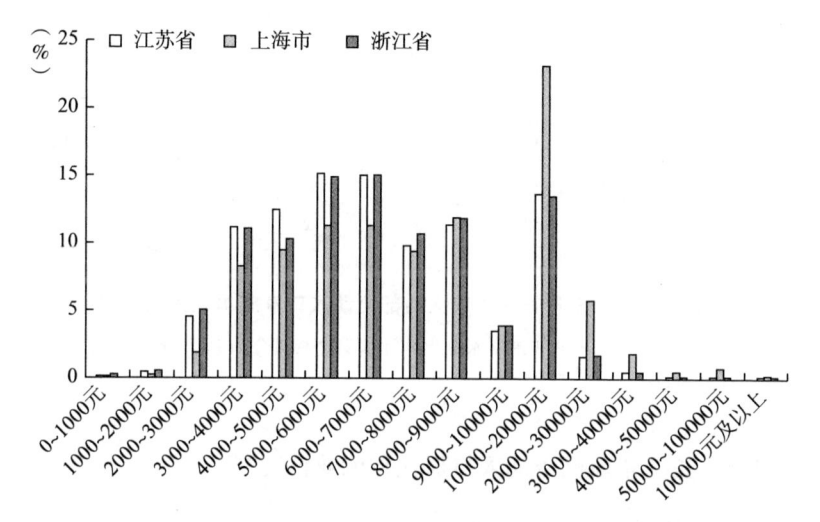

图 3-13　2015 年长三角地区内部流动人口家庭本地月均收入

资料来源：中华人民共和国国家卫生和计划生育委员会 2015 年中国流动人口动态监测调查数据。

进一步根据图 3-14 可知，江苏省和浙江省的流动人口家庭本地月均支出低于 4000 元的人口占比均高于上海流动人口家庭本地月均支出低于 4000 元的人口占比；上海市流动人口家庭本地月均收入在 4000 元及以上的人口占比大多高于江苏和浙江流动人口家庭本地月均收入在 4000 元及以上的人口占比。江苏省和浙江省的流动人口家庭本地月均支出在 1000—4000 元的人口占比较多，占比均约为 60%，而上海市的流入人口中，家庭本地月均支出在 2000—6000 元的占比约为 60%。也就是说，在长三角地区中，不仅上海市流动人口家庭本地月均收入高于江苏省和浙江省，而且其家庭本地月均支出也高于江苏省和浙江省。

综上所述，长三角地区整个区域范围的流动人口家庭本地月均收入和支出呈现上升的态势，而且上海市流动人口的家庭本地月均收入和支出普遍高于其他两个省份。

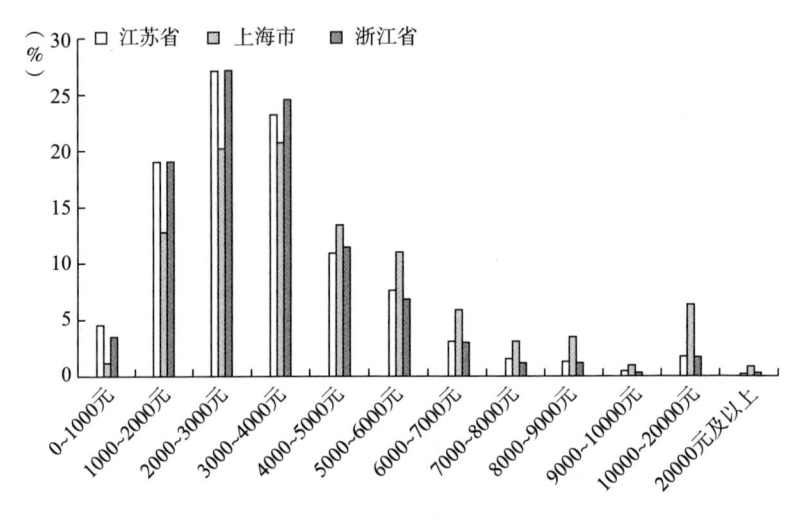

图 3 - 14 2015 年长三角地区内部流动人口家庭本地月均支出

资料来源：中华人民共和国国家卫生和计划生育委员会 2015 年中国流动人口动态监测调查数据。

3.2.3 长三角地区流动人口居住和就业情况

本部分进一步从长三角地区流动人口家庭成员的居住地和就业情况两个方面分析长三角地区流动人口的主要特征。

（1）长三角地区流动人口家庭成员居住地情况

在长三角地区中，被抽样调查的流动人口的配偶和子女（但不包括已婚分家的子女）2012 年、2013 年和 2015 年的居住地情况如图 3 - 15 所示。近年来，在长三角地区流动人口中，有 70% 左右的流动人口的家庭成员居住在本地，25% 左右的流动人口的家庭成员居住在户籍地，而且其家庭成员居住地均较为稳定。

（2）就业情况

①单位性质

图 3 - 16 反映了 2011—2015 年长三角地区流动人口的就业单位性质。可以发现，在这一时期，流动人口为个体工商户的占比近 30%，在私营企业工作占比约为 45%。此外，港澳台独资企业和中外合资企业也吸收了部分流动人口。

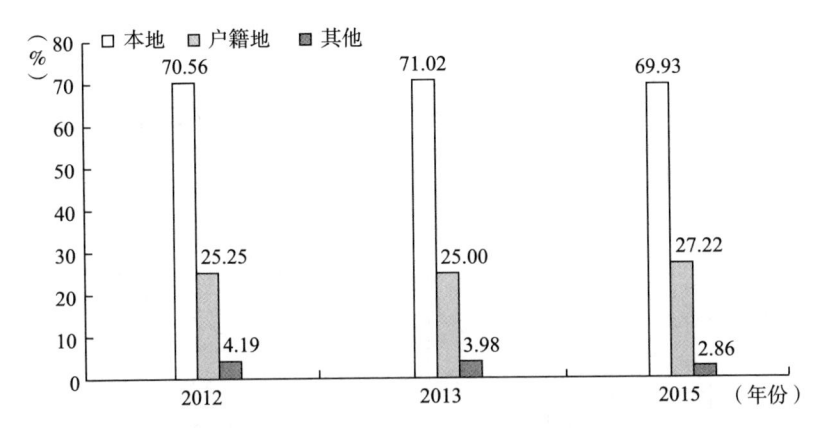

图 3-15　长三角地区流动人口家庭成员居住地状况

注：2011 年和 2014 年的数据缺失。

资料来源：中华人民共和国国家卫生和计划生育委员会 2012 年、2013 年和 2015 年中国流动人口动态监测调查数据。

图 3-16　2011—2015 年长三角地区流动人口就业单位性质情况

资料来源：中华人民共和国国家卫生和计划生育委员会 2011—2015 中国流动人口动态监测调查数据。

②工作状况

如图 3-17 所示，在长三角地区流动人口中，2011—2015 年长三角地区 90% 左右的流动人口实现了就业，而 10% 左右的流动人口未就业，其中 2015 年长三角地区流动人口就业比例最低，仅为 86.93%。

进一步就长三角地区流动人口的就业行业来看，2011—2013 年约

45%的流动人口从事制造业，有超过10%的流动人口从事批发零售业，约10%的流动人口从事住宿餐饮业，不到10%的流动人口从事社会服务工作，还有7%左右的流动人口从事建筑业，具体如图3-18所示。

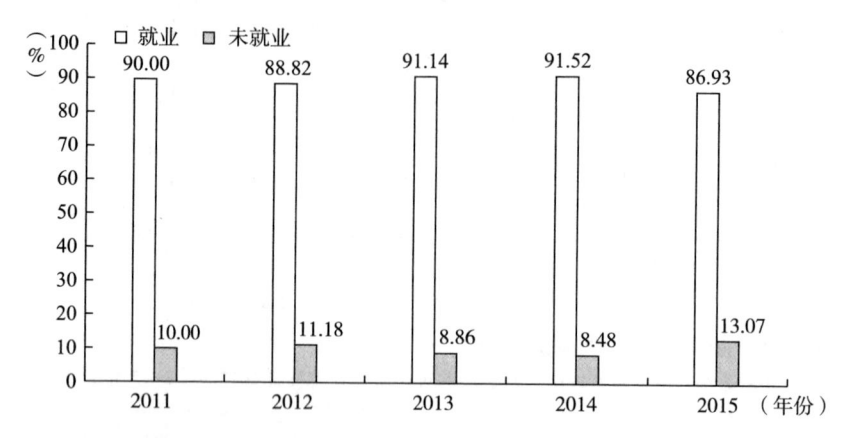

图3-17　2011—2015年长三角地区流动人口就业情况

资料来源：中华人民共和国国家卫生和计划生育委员会2011—2015中国流动人口动态监测调查数据。

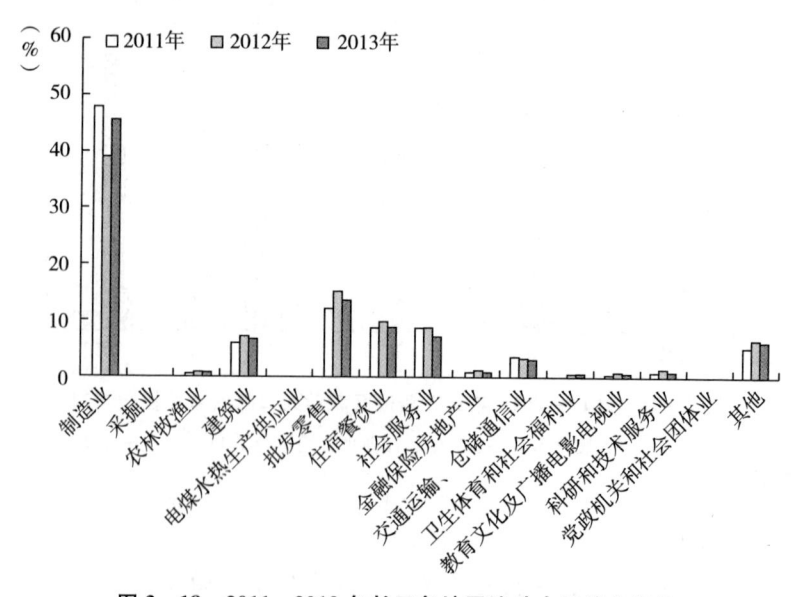

图3-18　2011—2013年长三角地区流动人口就业行业

注：因2014年和2015年行业分类与前3年并不一致，不便于统计分析，故笔者未对这两年进行分析。

资料来源：中华人民共和国国家卫生和计划生育委员会2011—2013中国流动人口动态监测调查数据。

综上所述，长三角地区流动人口中，有70%左右流动人口的配偶和子女与其一起流动，也就是实现家庭化流动中的举家流动模式；75%左右的流动人口是个体工商户或者在私营企业实现就业；约45%的流动人口从事制造业，还有部分流动人口从事批发零售业和住宿餐饮业。

3.3 长三角地区流动人口政策的演化路径

长三角地区因其重要的经济地位，很可能成为其他地区尤其是相对欠发达地区后续政策制定和优化的风向标。研究该地区的流动人口政策，不仅可以窥视其政策演进的主要脉络以及固有政策安排的内在机制和机理，而且可以为全国其他地区提供经验借鉴。因为行政方面尤其是政策的制定和实施既具有各自的独立性，在众多内容上又具有同质性。因此，通过对长三角地区内部各省市的流动人口政策的考察，梳理整个长三角地区流动人口政策的演进脉络，尤其剖析内容上同质的部分，才能更深入地理解整个地区每一阶段政策的内涵以及内在演化过程。

3.3.1 江苏："扎马步"式的改革

笔者通过梳理有关人口流动的政策[①]发现，由于早期地方没有颁布独立政策，只能按照中央政策实施，使得各地区区位优势并不明显。随着长三角地区工业化的发展，在促进经济增长的同时也加快了城市化步伐，工业化、城市化必然需要大量劳动力，因此地方为了提升经济优势出台了与流动人口相关的政策，劳动力被长三角地区飞速发展的经济及有利于自身的政策所吸引愿意流入该地区。这里首先对长三角地区的代表性省份——江苏省进行重点梳理，其具体的演化脉络如表3-2所示。

---

① 为了保持省内政策一致性，所选政策都由省级及以上机构发布，不存在地市级政策。

表 3-2 江苏省流动人口政策的演化路径

时间	政策文件	主要内容
1994年10月23日	《江苏省人才流动管理暂行条例》	在优先保证国家重点建设工程和重大科研项目人才需要的前提下，鼓励和支持人才向急需的地区和单位，向工农业生产第一线，向更能发挥作用的岗位流动。
1999年6月18日	《江苏省劳动力市场管理条例》	地方各级人民政府应当加强对劳动力市场的指导和调控，制定扩大就业的政策措施，促进劳动力有序流动和劳动力资源合理配置。
2001年10月25日	《江苏省职业技能培训事业"十五"发展计划》	城市化进程的加快已经使全省非农产业人口大量增加，农业剩余劳动力职业转移的数量庞大；对农村劳动力转移的培训，有条件的地方可根据培训对象采取"先培训，后就业，再收费"等多种灵活的收费方法。
2002年1月4日	《江苏省第二期"百镇（乡）百万"农村劳动力开发就业培训计划》	帮助转移就业的农村劳动者了解农村劳动力流动就业的政策、法规，注重加强安全生产、劳动保护、劳动安全知识的培训，提高他们依法维护自身劳动权益的能力。积极指导乡镇劳动保障服务机构结合当地农村经济发展的特点开展培训工作，引导农村剩余劳动力向二、三产业转移。继续做好省内南北劳动力交流工作，加快劳动力市场三化建设，将经过培训的农村劳动力资源信息纳入劳动力市场信息网，通过信息导向，引导农村劳动力按需流动。
2004年7月22日	《关于加强跨省劳务输出工作有关问题的通知》	多渠道扩大农村劳动力转移就业：一、加强对跨省劳务输出工作的组织领导；二、大力加强劳务工作派出机构建设；三、进一步明确劳务工作派出机构的职责任务；四、切实加强对劳务工作派出机构的管理和指导；五、劳务输入地区劳动保障部门要积极支持劳务输出省份劳务工作派出机构开展工作。
2005年7月15日	《关于做好农村初、高中毕业未能升学劳动力转移就业工作的通知》	一、把农村初、高中毕业未能升学劳动力转移就业纳入农村劳务输出整体规划，统筹安排实施；二、开展就业登记，掌握农村初、高中毕业未能升学劳动力资源状况；三、加强职业技能培训，提高就业能力；四、加大职业指导力度，转变就业观念；五、加强就业服务和管理，维护合法权益；六、密切南北协作，组织对口转移；七、加强组织领导，确保工作落实。

续表

时间	政策文件	主要内容
2006年8月11日	《江苏省农民工工作领导小组2006年工作要点》	认真贯彻省关于城镇养老保险关系跨统筹地区转移接续相关规定，确保流动就业的农民工养老保险关系及时转移接续。逐步实行城乡平等的就业制度。统筹城乡就业，改革城乡分割的就业管理体制，建立城乡统一、平等竞争的劳动力市场，逐步形成社会主义市场经济条件下促进农村劳动力转移就业的机制。
2007年2月7日	《关于印发张连珍副书记在省农村劳务输出工作协调小组全体成员会议上的讲话的通知》	认真贯彻中央和省关于"三农"工作的各项决策部署，坚定信心，扎实工作，大力推进农村劳动力转移就业，为促进农民增收，为实现"全面达小康、建设新江苏"目标做出更大的贡献。
2010年9月14日	《江苏省中长期人才发展规划纲要（2010—2020年）》	引导人才向沿海、苏北和基层流动政策。围绕沿海开发的重点产业，在创新创业平台建设、各类项目申报等方面制定优惠政策，引导人才向沿海地区流动。积极引导和鼓励高校毕业生到基层创业就业、到村（社区）任职。加大"苏北急需人才引进专项资金"的投入力度，逐年递增。
2011年11月21日	《关于开展农民工工作督察的通知》	切实解决农民工工资拖欠、打击非法用工、提高农民工劳动合同签订率、加强农民工职业技能培训、保障农民工子女平等接受义务教育、改善农民工居住条件、加强农民工综合服务中心等方面工作。
2014年8月20日	《转发〈人力资源社会保障部关于实施"全民参保登记计划"的通知〉的通知》	我省实施全民参保登记计划的总体思路是：围绕"全民参保"目标，主动作为、部门联动，试点先行、逐步推开，因地制宜、确保覆盖，努力做到查不漏户，户不漏人，人不漏项。在全民参保登记试点阶段，各地应充分考虑现有户籍人口、常住人口、就业人口数据及社会保险参保数据质量情况，因地制宜、统筹兼顾，积极探索符合当地实际的全民参保登记业务模式。
2016年12月6日	《关于落实发展新理念深入实施农业现代化工程建设"强富美高"新农村的意见》	完善城乡平等的就业制度和公共就业服务体系，健全城乡一体的职业培训补贴制度和就业援助制度，落实农民工工资支付保障长效机制。实施新生代农民工职业技能提升计划，开展农村贫困家庭子女、未升学初高中

续表

时间	政策文件	主要内容
		毕业生、农民工、退役军人免费接受基本职业技能培训行动，引导农村转移就业劳动者按需培训、适岗提升。完善农民工参保和社保关系转移接续政策，畅通参保人员双向流动通道，依法维护农民工合法权益。大力发展特色县域经济，农村二、三产业和特色小城镇，引导农民在家门口创业就业，支持农民工返乡创业。实施居住证制度和省辖市范围内本地居民户口通迁制度，推进基本公共服务常住人口全覆盖，引导农民向城镇合理转移。落实和完善农民工随迁子女在当地参加中考、高考政策。切实维护进城落户农民的土地承包经营权、宅基地使用权、集体收益分配权，支持引导其依法自愿有偿转让上述权益。

资料来源：笔者加工整理所得。

20世纪90年代之前，江苏几乎没有与劳动力流动相关的政策，当时劳动力的流动主要遵循国家对人口流动政策的指导。20世纪90年代，尤其是1992年邓小平"南方谈话"后，长三角地区实现了飞跃式发展。作为东部经济大省，江苏省开始制定适合自己的政策来吸引工业化和城市化所需要的劳动力，不过，其中还是略有区别的。1999年，使用"促进劳动力有序流动"，到了2001年还出现了"指导和调控"的字眼，说明当时地方政府对流动人口的主观能动性认识不足，劳动力流动只是政府对闲置劳动力资源配置的方式，没有认识到劳动力流动的积极影响，限制思想明显。随着经济的发展，劳动力流动的积极效果逐渐被认识：如2006年的文件直接写明"快速推进农村劳动力转移，培训是'重中之重'"，与此同时，所用表述发生了较为显著的变化，已经由1999年的"促进"改为"快速推进"，体现了政府认识到劳动力资源潜在价值，通过加强培训促进劳动力转移；2007年以后的政策，已经不仅仅停留在对劳动力进行职业技能培训，更加注重对农民工子女平等义务教育、居住条件等福利水平的提高。在2014年的《全民参保登记计划》，更将全民涵盖户籍人口、就业人口和常住人口，可见地方政府对流动人口公平的问题已经越来越重视。但目前来看，政府对劳动力的福利方面的关注程度依然不够，在许多保障性制度方面仍然有明显的城乡之分。

位于长三角地区的江苏省南京市是仅次于上海市的第二大区域中心城市，同时作为江苏省的省会城市，其经济发展较快，对外来劳动力需求旺盛。目前南京市的流动人口在200万人以上，缓解了其劳动力结构性短缺矛盾，为城市的发展做出了极大贡献。南京市于1999年制定了《南京市外来劳动力劳动管理规定》，其中规定："用人单位应当严格控制使用外来劳动力，优先使用本市城镇劳动力。用人单位未经批准，不得擅自招用外来劳动力。"由此可见，南京市对外来劳动力实行了分类控制，在招用行业、工种上分成"可以使用、限制使用和禁止使用"劳动力。这实际上是一种差异化就业制度，相比南京市本地的城市居民，无城市户籍的外来劳动力在就业政策上受到了很多限制，剥夺了他们许多就业机会，从而使得南京市流动的人口就业处于一种不公平的地位。之后南京市关于劳动力流动就业政策方面发生了积极的变化，如2002年南京市劳动部门取消了针对外来农民工的7项收费，废除了分类对其从事行业工种的限制，由此逐步降低甚至撤销了对流动人口就业的门槛。但这些措施的进一步贯彻落实还是需要一段较长的时间，尽管南京市大多数农民工已经不用盲目流动，但是还远远未达到充分就业的程度，即就业的市场化、社会化程度还不是很高。

3.3.2 浙江："大跨步"式的改革

江苏省的政策改变不仅对江苏本省有影响，也对邻省有示范作用。与江苏省相邻的浙江省，是长三角地区对于人口流动改革力度最大的省份，1995年浙江省还在大力推行暂住登记措施，随着城市化进程步伐的加快，对劳动力的需求越来越大，相关的社会矛盾愈加突出，这使得浙江省对人口流动的政策改革步伐大大加快，具体见表3-3。

表3-3 浙江省流动人口政策与措施演化路径

时间	政策文件	主要内容
1995年5月9日	《浙江省暂住人口管理条例》	在暂住地拟居住3天以上的人员，除第七条第三款规定的情况外，应当在到达暂住地3天内按本条例规定，申报暂住登记。

续表

时间	政策文件	主要内容
2005年4月26日	《坚持以人为本 树立和落实科学发展观推进我省劳动保障事业的可持续发展——在2005年全省劳动和社会保障工作会议上的讲话》	加强农村转移劳动力跨地区就业管理和服务，大力发展有组织的劳动力输出。取消农村人口流动就业证卡管理，参照当地现行城镇劳动力就业管理办法实行管理和服务。进一步改善农民进城务工环境，把进城农民纳入公共就业服务范围。根据农民工就业流动性强的特点，研究制定适合他们特点的社会保障办法。
2011年6月28日	《浙江省人力资源和社会保障厅关于缓解就业结构性短缺问题的若干意见》	积极采取措施，推动解决农民工特别是新生代农民工在住房、医疗、教育、社会保障、文化生活、权益保护等方面平等享受城市公共服务，稳定已在城镇就业的农民工队伍。研究采取房租补助、信贷支持、提供便利服务等措施，支持企业到农村发展，鼓励企业吸纳本地农村富余劳动力；促进农业富余劳动力就近就地转移，建立一支稳定的、本地化的产业工人队伍。
2012年5月2日	《浙江省就业和社会保障发展"十二五"规划》	劳动力素质提升工程：开展百万农村劳动力转移就业培训，实施"金蓝领"培训项目，每年派遣100名技工赴国外培训；企业用工帮扶工程。开展企业用工摸底调查，建立春节期间农村劳动力流动监测和信息发布制度；加强职业技能培训：努力实现"培训一人、就业一人"和"就业一人、培训一人"的目标。
2016年6月7日	《中共浙江省委、浙江省人民政府关于进一步加强和改进对农村进城务工人员服务和管理的若干意见》	逐步实行城乡平等的就业制度。加快推进城乡统筹就业，实行城乡就业统筹管理。进一步改善农民工进城就业环境，清理有关农民工进城就业的政策，取消针对农民工进城就业的歧视性规定、不合理收费和不合理限制。农民工进城务工和从事经营活动，凭本人居民身份证即可进入劳动力市场求职和办理各种相关手续。除法律法规有规定外，任何地方和部门不得设置与农民工进城就业或从事经营活动相关的行政审批、行政收费、登记等项目。

资料来源：笔者加工整理所得。

从表3-3中可以看出，浙江省在1995年对于拟居住达3天以上的人员，要求申报暂住登记，足以表明当时对人口流动管理的严格程度。

随着经济的发展，为了满足本省企业越来越强烈的劳动力需求，政府先后颁布了一系列措施：取消农村人口流动就业证卡管理，探索实施"劳务签约、订单输出"的方式。这些都表明浙江省政府对待流入劳动力态度方面的转变：从限制人口流入到采取积极措施。由于外来人口与本地居民在社会福利等方面存在差别，使得他们的城市融合度一直不高，政府对此相继采取政策：推动解决农民工特别是新生代农民工在住房、医疗、教育、社会保障、文化生活、权益保护等方面平等享受城市公共服务，稳定已在城镇就业的农民工队伍。这些表明政府正在重视外来人员对社会福利公平性的诉求以及他们与当地的融合度，有利于本地社会稳定和经济发展。

3.3.3 上海："蹒跚"式的改革

上海市在长三角地区处于核心地位，可以说上海市政策的改变影响着长三角地区的发展进程。自 1983 年国务院成立上海经济区以来，将上海、连云港、南通等港口城市批示为沿海开放城市，长三角地区的集聚效应逐渐体现。在这之中，上海市人口流动政策对于其他省份的经济区有着更大的影响。上海市人口流动政策与措施演化路径具体如表 3-4 所示。

表 3-4 上海市人口流动政策与措施演化路径

时间	政策文件	主要内容
1994 年 6 月 6 日	《关于本市单位使用和聘用外地劳动力缴纳外地劳动力务工管理费问题的暂行规定》	缴纳务工管理费适用范围凡本市行政区域内的国家机关、社会团体、企业（包括国有、集体、股份、联营、外商投资、私营、乡镇和其他企业）事业单位、部队所属单位和个体工商户（以下统称单位）使用、聘用外地劳动力的都须缴纳务工管理费。
2001 年 3 月 9 日	《关于进一步加强本市外来人员就业管理的意见》	五大工种（岗位）已经使用外来人员的，如果尚未申领"上海市外来人员就业证"（以下简称"就业证"）的，应立即予以清退。已经申领"就业证"的，"就业证"有效期在 2001 年 6 月 30 日之前的，有效期满予以清退；有效期超过 6 月底的，均截止到 6 月 30 日，并予以清退。

续表

时间	政策文件	主要内容
2001年3月9日	《关于进一步加强本市外来人员就业管理的意见》	加强外来人员就业管理，做好台账，建立外来人员就业管理统计制度。
2004年6月10日	《关于进一步加强在沪建筑施工企业外来从业人员综合保险工作的若干规定》	有《就业登记手册》的外来从业人员可以在项目之间流动，劳务分包交易市场应当及时在《就业登记手册》上做好人员流动情况记录。
2009年12月15日	《关于加强本市医院外来护工管理的通知》	属于留驻医院或由护工中介机构介绍而由病家聘请的外来护工，可以由护工本人按规定参加社会保险，其参保费用由收取管理费的机构补贴80%左右，护工本人承担的比例应当掌握在20%左右，具体双方商定。
2011年2月22日	《关于2011年进一步做好农民工技能培训工作的通知》	在全市农民工培训的总体目标框架下，根据区域产业结构和功能定位，确定培训数量和职业（工种），制订全年培训计划；农民工补贴培训所需费用由政府和企业共同承担，政府补贴费用主要从中央补助就业专项资金中列支，企业培训费用可按规定从企业的职工教育经费列支。农民工每年可参加一次补贴培训。
2013年6月20日	《上海市人力资源和社会保障事业发展"十二五"规划》	按照"保大病、保当期"的原则，合理确定农民工参加基本医疗保险的费率和待遇水平；重点解决农民工工资支付、妇女权益保护、职业中介违规等问题。
2014年2月24日	《城乡基本养老保险制度衔接暂行办法》	本市在城乡养老保险制度之间搭建了统一的平台，有助于实现人口的流动性、社会保障的可持续性以及制度的公平性，促进社会和谐稳定。
2016年8月25日	《关于本市全面治理拖欠农民工工资问题的实施意见》	明确企业工资支付和清偿主体责任。要依法将工资支付给农民工本人，严禁将工资发放给不具备用工主体资格的组织和个人。发生拖欠农民工工资问题的，由招用农民工的企业承担直接清偿主体责任。在工程建设领域，建设单位负责确保工程款按时结算和支付，施工总包企业对所承包工程项目的农民工工资支付负总责，分包企业对所招用农民工的工资支付负直接责任。监理单位要负责监督施工企业落实实名制管理、工资支付台账、工资专户、人工费支付台账等制度。积极推进施工总包企业和分包企业实现按月支付工资，推行委托银行直接向农民工个人银

续表

时间	政策文件	主要内容
		行卡发放工资制度。施工总包和分包企业不得以工程款未到位等为由克扣或拖欠农民工工资。建设单位或施工总包企业未按照合同约定及时支付工程款或存在工程款支付结算纠纷，致使分包企业拖欠农民工工资的，由建设单位或施工总包企业以未结清的工程款为限先行垫付农民工工资。建设单位或施工总包企业将工程违法发包、转包或违法分包致使拖欠农民工工资的，由建设单位或施工总包企业承担清偿责任。

资料来源：为笔者加工整理所得。

从表3-4我们可以明显看出，上海市对人口流动的限制性大于江苏省和浙江省。1992年以后，江苏省、浙江省都放宽政策吸引劳动力，而上海市在1994年发布的《关于本市单位使用和聘用外地劳动力缴纳外地劳动力务工管理费问题的暂行规定》仍然规定，使用、聘用外地劳动力的都须缴纳务工管理费。2004年，上海市对人口流动的限制依然明显，通过《就业登记手册》管理劳动力，2011年，浙江省已经着重解决流入劳动力社会福利问题，上海市刚提供农民工每年一次的补贴培训。2013年上海市"十二五"规划提出确定农民工参加基本医疗保险的水平，解决其工资支付等问题。到了2014年，已经提出城乡养老保险制度衔接，即城乡居保和职工养老保险（无论是本市还是跨省份）储存额可以互相转移，解决了外来务工人员的养老保险衔接性问题。究其原因不难发现，上海市是中国的经济中心，人口密度居世界前列，大量外来人口摊销了本地居民的社会福利，公共物品的非排他性和非竞争性决定了一旦参与人过多，社会福利的边际效应将递减。2016年更进一步明确规定企业的工资支付和清偿主体责任，具体文件规定："要依法将工资支付给农民工本人，严禁将工资发放给不具备用工主体资格的组织和个人。发生拖欠农民工工资问题的，由招用农民工的企业承担直接清偿主体责任。"

3.3.4 长三角地区流动人口政策一体化趋势

王培安指出，"长三角地区是我国综合实力最强的区域，也是重要的流动人口集聚区，在国家改革开放和现代化建设全局中具有重要的战略地位和带动作用"①，预示了长三角地区将朝着区域一体化的方向发展。因此，政策的一体化将成为新的趋势。2008年国务院发布的《关于进一步推进长江三角洲地区改革开放和经济社会发展的指导意见》，提出了加快长三角地区一体化建设的要求，例如，在计划生育方面部署的"三年三步走"，更是细分了各省市目标和长三角地区目标。进一步在长三角地区人口和计划生育第二次联席会议上，重点讨论了《关于加快推进流动人口服务管理体制创新促进长江三角洲地区一体化发展的指导意见》，并就人口和计划生育的信息一体化、生育政策趋同、流动人口计划生育服务管理一体化三个课题分别进行研究。上述表明，我们在关注长三角地区差异化的同时，也考虑到区域经济一体化这一趋势，经济一体化必然要求政策的同质化。笔者认为，长三角地区"两省一市"的政策差异性将越来越小，政策同质性将从人口政策逐渐扩展到各个领域，政策一体化趋势正在形成。

3.4 长三角地区流动人口政策的内在机制及效应分析

3.4.1 政策制定的谨慎期（1978—1991年）：以有限流动为主

1991年以前，长三角地区的经济形态与全国情况基本无异。劳动力流动和人口迁移在1953年以后就变得异常困难，其原因在于，中国从20世纪50年代开始效仿苏联的重工业优先的发展战略，尽管当时投入大量资金，但所创造的就业岗位非常有限，一方面为了防止城市居民失业，另一方面也防止农村人口分享城市补贴，因此通过户籍制度对农村人口流动进行限制（林毅夫，2012）。20世纪70年代末期，我国农村经济体制开始改革，原先农村的潜在劳动力开始涌现，而城市工资水平相对较低、工作强度较大、工作环境较差的岗位出现劳动力缺口，这就使得人口流动成为可能（周毅，1998）。尽管如此，新创造出来的就业岗位依然优先满足城市居民，吸收城市剩余劳动力。因此，这一时期受到计划

---

① 2009年4月25—26日，国家人口计生委副主任王培安在"长三角地区人口和计划生育第二次联席会议"上的讲话。

经济的影响比较明显，中央文件中"离土不离乡"的字眼依然可见。我们可以看出，虽然政府已经看到流动人口带来的益处，即可以把农村富余的劳动力转移到缺乏劳动力的城市，促进城市发展。但是，受到计划经济时期思想的影响依然很深，对外来劳动力是否会冲击当地就业有所担心，从而在政策制定上比较谨慎，对于农村劳动力流向城市的限制依然明显。

3.4.2 政策制定的摇摆期（1992—2001年）：以加强培训为主

1992年，邓小平的"南方谈话"，在讨论计划和市场谁是调节经济的手段时，指出"不管黑猫白猫，捉到老鼠就是好猫"，表明了计划和市场都是调节经济的手段，计划不代表社会主义，市场也不是资本主义的专属，这个讲话解放了人民思想，成为中国经济腾飞的关键。早在1985年，国务院已经批准长三角地区、珠三角地区和闽南三角洲为沿海经济开发区，尽管如此，由于思想观念解放不彻底，当时的经济发展依然比较缓慢。1992年，邓小平的"南方谈话"郑重申明了要"加快改革步伐，集中力量把经济建设搞上去"，开创了"中国特色社会主义市场经济体制"，回答了争论已久的计划和市场的关系，坚定了改革开放的信心。之后，各个经济特区进入经济飞速发展的时期，城市化进程大大加快，此时城市劳动力已经无法满足工业化的需要，劳动力缺口逐渐变大。在这种背景下，长三角地区纷纷放松对劳动力流入的限制。上海市在1994年就放宽了单位聘用劳动力的限制，写明只要单位聘用外地劳工时缴纳务工管理费即可；江苏省也在1997年提出"鼓励和支持人才向急需的地区和单位，向工农业生产第一线，向更能发挥作用的岗位流动"。一方面，政府放宽了对劳动力流动的限制；另一方面，在江苏省1999年颁布的《江苏省劳动力市场管理条例》中对劳动力市场出现了"指导和调控"的表述。

这些政策的放宽说明了长三角地区已经认识到城市化建设必然需要大量外来劳动力这一不争的事实。受到中央全面统筹城乡和区域平衡发展的影响，逐渐以积极的心态看待劳动力流动。相继出台对农村劳动力培训的政策，使得农民可以尽快掌握技能，融入城市生活。对流动人口而言，尽管在福利方面受到歧视，但随着流动劳动力规模的逐渐扩大，在城市打工的收入远高于家乡，弥补福利方面的缺憾；对流入地而言，大量劳动力流入可以解决城市脏活、累活无人干的现象，弥补当地岗位的缺口，促进当地经济发展；甚至对流出地而言，外出打工的劳动力缓解了本地区劳动力的就业压力，打工寄回家的钱在一定程度上也促进了本地经济的发展。

然而，在上述三者的博弈过程中，流入地政府居于主导地位，这就决定了政策倾向于以城市建设为主导，人口流动在政府的调控之下，上海的"务工管理费"就是这种政策下的产物。流入地方政府控制流入人口数量，因为一旦人口过多，将导致本市居民社会服务水平下降，也将导致政府对于流动人口的管理困难。同时，劳动力供给方受到户籍制度的限制，严重制约了在城市扎根的积极性，使得流动人口像候鸟一样一年年周而复始地流动，成为所在城市掌握些许技能的边缘人（蔡昉，2014）。

3.4.3 政策制定的普惠期（2002年至今）：以公平福利为主

2002年以后，中央对人口流动政策改变，地方政府也开始重视对人口流动政策的调整。最明显的就是对关于流动人口户籍制方面的改革。1985年《深圳经济特区暂住人员户口管理暂行规定》首次提出了"暂住证"的概念，后来被推广至全国。随着经济的不断发展，更多进城务工人员越来越意识到自己权利的重要性，也迫使地方政府进行改革。江苏省在2002年发布的《江苏省政府批转省公安厅关于进一步深化户籍管理制度改革意见的通知》中写明：要建立城乡统一的户口登记管理制度，取消进城人口计划指标管理，取消"农转非"制度，废止非农业人口迁入许可证，实行户口迁移条件准入制，取消对申请迁入城市投靠亲属的条件限制。这使得劳动力进入江苏省的门槛大大降低。2009年，实行暂住证省内"一证通"的规定，使得劳动力资源可以在江苏省无障碍流通。不过，暂住证依然把外来人口与本市人口区别开来，使得外来人员对于流入地没有归属感，多地开始提出废除暂住证。2004年《上海市居住证暂行规定》出台"境内来沪人员应当根据国家有关规定办理居住登记，符合本规定要求的可以申领居住证"的政策开始了外来人员成为本市居民的时代。2009年和2013年，浙江省和江苏省相继颁布了居住证相关政策。2015年,国家已经发布政策,将全面取消暂住证,使用居住证,体现了人民的地位越来越高,对百姓福利水平的关注越来越多。

此外,其他配套政策也在不断完善。以江苏省的教育为例,1992年政策借读的学生,需要父母单位证明和学籍证明等,经过教育主管部门批准才可借读。1999年,只需借读的学校审核,教育主管部门盖章、备案即可完成借读手续。这一时期借读手续已经简化,但由于不享受当地政府的教育政策,教育费用自付,外来务工人员的经济压力比较大。在2004年的政策中"坚持流入地政府负责、全日制公办中小学接纳为主的原则,流动人口子女义务教育工作由流入地政府全面负责",以及"对接收进城务工就业农民子女的公办学校按规定安排相应经费,对接收进城务工就业农民子女较多的学校给予适当补助",大大减少了外来人员的教育费用,义务教育阶段基本与本地居民相同。为了鼓励外来人员子女接受高等教育,2013年,江苏省为了应对参加高考人数下降的问题,对需要在本地参加高考的随迁子女父母的社保开始实行零门槛。

从一系列态度转变可以看出,政府对于人口流动在向积极的态度转变。这些政策大大改善了流动人口的权益,使他们能享受更多的社会福利。我们也要看到,公共资源的不合理分配仍然没有得到完全解决,农民工子女的教育问题依然严峻;将注意力放在取消户籍制度时,不能忽略更深层的问题,即城乡基本公共服务均等化问题。最初优先发展东部地区,有利的社会资源大多流入东部地区,农村资源供给城市。而当东部地区发展起来后,农民工进城打工再次为城市做出贡献时,却享受不到本该属于他们的福利待遇和社会资源。同时,我们在关注长三角地区内在差异性的同时,不能忽视区域经济一体化的趋势,政策也将朝着一体化的方向发展。由于长三角地区各省市颁布的政策有时间差,这就造成了外来劳动力会在长三角地区内部各省市之间流动,造成区域内部对劳动力资源的竞争。因此,政策只有朝着一体化的方向发展,让各区域发挥自己的区位性比较优势,理性的劳动力必然会"用脚投票",选择更适合工作的地区,避免出现一些区域招工难而另一些区域就业难的窘境。因此,当务之急应该努力打破城乡二元体制,实现社会福利制度一体化,即社会保障在区域内无障碍转移,相关的福利根据居住地的福利水平而定,让农民工无论在农村还是城市,无论身处何地,都可以享受相应的福利。

3.5 对长三角地区流动人口政策一体化的展望与反思

通过对上述长三角地区人口流动政策的梳理总结出以下结论。一方面，长三角地区政策总体趋势呈现以"以限制流动为主"到"注重培训"，再到"注重社会公平与福利"的演变趋势；另一方面，从具体的省域视角以及省域间的横向比较来看，江苏省人口流动政策呈现典型的"扎马步"式改革，主要是从限制到加强对劳动力转移的培训和帮扶，再到注重流入劳动力福利问题的总体演化特征；而对于浙江省而言，尽管政策演化路径和趋势与江苏大体一致，但是浙江省对于人口流动政策的改革速度明显快于苏、沪，类似于"大踏步"的形式；而上海市虽然作为其中经济最发达的地区，但是为了避免大量劳动力涌入而造成社会不稳定，对于人口流动管制更为严格，称为"蹒跚式"改革。在关注差异性的同时，也要关注区域经济一体化所带来的政策同质性，因此未来区域政策一体化将成为趋势。

从长三角地区总体的人口流动政策内在机制而言，主要分为三个阶段：政策制定的试水期，效应不显著；政策制定的倾斜期，向正效应转变；政策制定的普惠期，正效应显著。这一演化历程表明政府对流动人口的态度在向积极方向转变，政策在逐渐倾向于改善流动人口权益，促进社会福利公平。

基于对长三角地区流动人口政策的演化脉络与影响研究发现，笔者认为，目前流动人口政策尽管相比 20 世纪 90 年代有显著的改进与调整，但仍具有局限性，主要体现在：一方面，人口流动的政策颁布存在滞后性，政府政策往往迟于流动人口产生的问题；另一方面，人口流动政策存在不完善性，比如在子女教育方面，相关的借读制度对流动人口融入当地不仅起到的促进流动作用有限，反而起到一定的阻碍作用。

因此，笔者认为长三角地区未来人口流动政策应做相应的政策安排和调整。就区域而言，首先，政策的制定要有前瞻性，应建立一整套对人口流动数据的监控与反馈机制；其次，为了减少地区内部政策的冲突与矛盾,"十三五"时期及以后更长时间里,政策应该朝着长三角区域一体化方向发展,即建立长三角区域一体化的全局框架;最后,社会福利公平问题依然不容小觑。公平问题日益受到关注,当今政策更应该倾向于提高劳动力的社会福利水平,这可以通过降低城市之间的门槛,使外来务工人员享受与同等社会福利得以完善,由此将能发挥劳动力资源更大的潜力。

就国家决策而言,首先,应依托"互联网+"背景,深化地区间劳动力流动数据共享机制,整合区域甚至全国的监测系统,为政策制定提供判断。同时,依托大数据分析,建立高效的就业信息查询系统,及时更新就业信息,以市场性需求为基石,引导劳动力合理流动;其次,转变对流动人口的定位,视流动人口为技术型人才的"后备军",加大就业培训款项投入,扩大职业技能培训范围,使流动人口向技术型人才转变;最后,更加注重地区间福利均衡,完善欠发达地区医疗、卫生、教育等设施,在促进长三角地区产业结构优化的同时,引导低端产业向中、西部地区转移,促进劳动力回流,反哺欠发达地区经济发展。

长三角地区政策不仅对整个经济区,而且对省内各县市及其他经济区也有借鉴意义。一方面,各地级市可以根据自身资源禀赋,减少甚至消除人口流动壁垒,实现区域内各要素自由流动,这也符合"十三五"规划中所指出的"促进劳动力在地区、行业、企业间自由流动"这一政策思路;另一方面,应加大农村劳动力创新、创业扶持力度,打造本地区产品品牌,利用B2C平台拓宽农产品销售渠道,缓解本地区劳动力过剩压力。对其他经济区而言,如长三角地区产业价值链分工的完整性,根据地区的区位优势进行产品研发、制造、营销等一系列布局,这都给珠三角、京津冀等地区提供很好的范本。目前政策仅限于长三角地区,随着相关政策的完善,将会逐步辐射到沿江七省两市所组成的泛长三角地区乃至全国其他地区。

本章主要对作为整体的长三角地区流动人口政策及其效应进行了剖析,在下一章,本书将进一步对长三角地区区域内部的不同省市之间的流动人口政策进行梳理和比较研究,以期对之有更为深入和细致的认识。

第4章 长三角地区不同省市流动人口政策比较研究

改革开放40多年来,中国经济持续保持年均约9.8%的高速增长,远远高于2.8%的世界平均水平。在这一过程中,人口流动规模与日俱增,流动方式及其内在结构也不断更替,构成了与其相伴随的特征化事实之一。而作为中国经济增长引擎的长三角地区,其人口净流入率的平均年增长率高达11%,远远高于全国3%的平均水平。那么,哪些因素导致了长三角地区人口流动规模如此之大?长三角地区的区域内部不同省份或城市人口流动政策之间有什么样的共性,又呈现什么样的差异化特征?这一系列问题构成了本章的逻辑出发点。

基于此,本章重点对长三角地区内部不同省份或城市流动人口政策的演化脉络,尤其是分户籍政策、随迁子女义务教育政策、引进人才政策等方面进行梳理和评价,而且基于全国人口流动政策的大背景,对不同省市间流动人口政策安排的一般性与特殊性进行探究。同时,在这一过程中,还重点对区域内的流动人口政策的共性和差异化特征进行比较,以期对长三角地区在新常态背景下实现包含人口、人力资本等要素资源的动态优化布局,乃至新一轮经济增长极的形成有所裨益。

4.1 长三角地区内部省市流动人口政策研究现状

正如第1章所述,有关流动人口政策的直接研究并不多见,虽然近年来在数量上有所增加,但大多聚焦于人口流动的内在动因、影响与城市化的政策方面,这也表明对于某地区内部的不同省市进行的比较研究更为鲜见。

从国外来看,相关研究大多集中在对流动人口的迁移动力和影响方面,而很少聚焦流动人口的政策研究。E. G. 莱文斯坦(E. G. Ravenstein)从人口学的角度进行研究,认为人口的迁移流动意味着生存和进步,而静止则意味着停滞和萧条;RR.塞尔和 G.德·琼则认为可采用性、价值、预期和诱因是迁移的四大动机。2000 年以后,国外学者逐渐开始关注中国的流动人口趋势。Lu Qi 等(2005)、Ingrid Nielsen 和 Russell Smyth(2006)分别就北京和江苏的流动人口对当地居民和就业率的影响进行了分析;Zhu Yu 和 Chen Wenzhe(2010)以福建省为例,得出女性、未婚者和受教育程度高的流动人口更趋向于在城市定居;Liao Banggu 和 Wong David W. S.(2015)则重点分析了中国流动人口的内在结构演化过程。

从国内来看,对于流动人口政策直接和间接的研究主要集中在两个方面。一方面,基于全国视角下的流动人口政策的宏观研究。这一层面的研究主要可以分为两个阶段。第一阶段为 2012 年以前,主要集中于对中国劳动力流动趋势的研究:高洪(2003)总结了人口流动主要是由农村剩余劳动力转移、城镇建设需要以及政策放宽和限制三大原因引起;蔡昉和都阳(2004)提出,对劳动力流动的合理调控,需要旨在疏导的制度改革,其中,都阳(2010)还提出了转折时期深化流动人口政策改革的具体措施;另有学者对中国劳动力的一般性和特殊性做了重点研究(樊士德,2011c)。第二阶段为 2012 年之后,研究方向开始转变到流动人口政策:熊光清(2012)提出了流动人口政策的演变是一个从限权到平权的动态过程;陈妍(2013)则对我国改革开放以来的流动人口政策进行梳理,提出多元决策主体导致非协调性,应提高流动人口政治参与度;在此基础之上,樊士德(2013)又对流动人口政策效应进行评估,认为重城市轻农村的政策导向延缓了城乡或地区差距缩小的进程。

另一方面,基于长三角地区内部代表性城市的微观研究。顾骏(2005)认为在上海现有的环境下,流动人口并未成为问题,而根本的问题在于如何管理流动人口,并指明了"总量控制"和"分设门槛"的可行性;还有学者也以上海为例并对其未来的流动人口政策主基调进行了探究,并提出应以居住证制度作为未来的突破口,并采取渐进改革的路径依赖方式(范丽琴,2008;张玮,2008;顾东升,2009);与此同时,叶继红(2009)以苏州为例,对其外来人口服务管理政策,和外来人口居住证制度的公共政策进行了研究。

综上所述,现有人口流动政策研究,主要聚焦全国人口流动政策,即使有区域性的研究,也未对区域内的不同省份进行比较研究;而对于长三角地区流动人口政策的研究主要集中于对整个长三角地区及其内部中心城市如上海市、苏州市等的集中梳理和分析,且主要集中在2010年以前,缺乏对于城市之间关于流动人口政策的对比研究和对近几年流动人口政策的梳理。基于此,本章将重点对长三角地区人口流动现状和中国流动人口政策演变脉络进行介绍和梳理,并重点对长三角地区内部省市流动人口政策演化进行对比和梳理。

4.2 长三角地区内部不同省市流动人口特征分析

改革开放以来,凭借其区位优势和政策优势,长三角地区GDP一直保持年均11%的增速,远远超过其他地区。其经济的快速发展导致了流入人口爆发式的增长。长三角地区流动人口数量随着当地经济的发展呈现增长趋势,如表4-1所示。

表4-1 长三角地区流动人口现状

单位:万人,%

年份	常住人口	户籍人口	常住人口增加数	户籍人口增加数	人口净流入率
2003	13903.09	13057.28	137.09	79.56	6.4
2004	14037.25	13135.66	134.16	78.38	6.4
2005	14198.07	13215.25	160.82	79.59	6.8
2006	14599.82	13315.23	401.75	99.98	9.6
2007	14842.71	13392.28	242.89	77.05	10.8
2008	15019.13	13467.52	176.42	75.24	11.5
2009	15196.55	13536.11	177.42	68.59	12.2
2010	15614.69	13626.84	418.14	90.73	14.5
2011	15719.26	13714.92	104.57	88.08	14.6
2012	15794.21	13779.75	74.59	64.83	14.6
2013	15852.64	13860.34	58.43	80.59	14.3
2014	15873.74	13927.26	21.10	66.92	13.9

资料来源:常住人口和户籍人口数来源于2003—2014年各省市统计年鉴,其中人口净流入率由笔者估算所得。

第4章 长三角地区不同省市流动人口政策比较研究

如表4-1所示,2003—2005年,长三角地区人口净流入率基本保持6.5%左右的平缓状态。2006年人口净流入率达到了9.6%,环比增长率最高。2007—2008年,受全球金融危机的影响,长三角地区常住人口增加数连续两年出现较大幅度的下降,但人口净流入率稳定在10.5%—11.5%。根据相关统计,2010年,上海世博会开幕吸引了约7000万游客进入上海,并向长三角地区扩散,7000万人口中约80%来自国内,这使得同年长三角地区的常住人口大幅增加,环比净增加418.14万人,人口净流入率大幅度增长了2.3个百分点,达到了14.5%。世博会之后,流动人口增量逐渐减少,人口净流入率也基本稳定在14.5%左右。

这里更进一步对长三角地区不同省市的流动人口规模等主要特征进行分析。事实上,常住人口和户籍人口之差并不能准确地度量和反映流动人口情况,故采用最为权威的人口普查和人口抽样调查数据进行分析。2000—2010年,长三角地区区域内部不同省市流动人口规模和主要特征如表4-2所示。

表4-2 2000—2010年长三角地区不同省市流动人口情况

单位:人,%

年份	省市	常住人口	作为常住地的流入人口	作为户籍地的流出人口	跨省市净流入人口	人口净流入率
2000	江苏省	73043577	2536889	1715634	821255	1.12
	浙江省	45930651	3688851	1482465	2206386	4.80
	上海市	16407734	3134922	142657	2992265	18.24
2005	江苏省	75530840	4272672	1801985	2470687	3.27
	浙江省	49491603	6258550	1242061	5016489	10.14
	上海市	17965725	4679313	141450	4537863	25.26
2010	江苏省	78660941	7379253	3058880	4320373	5.49
	浙江省	54426891	11823977	1853940	9970037	18.32
	上海市	23019196	8977000	250340	8726660	37.91

注:尽管表4-2中出现了2000年、2005年和2010年三个年份,但是实质上,三个年份分别反映的是江苏省、浙江省和上海市1995—2000年、2000—2005年、2005—2010年三个区间相应的流动人口的累计情况,而并非2000年、2005年和2010年各年的存量情况。内在依据在于:这里以2000年人口普查为例,根据2000年第五次人口普查表填写说明,长表数据资料部分的"从何地来本乡镇街道居住(R10)"项目被界定为"1995年11月以后迁入的人"。因此,笔者认为这里反映的是自1995年11月之后发生迁移的合计数或累计数,进而可以确定相应的区间为1995—2000年。2005年和2010年则以此类推,分别为2000—2005年和2005—2010年。

资料来源:笔者根据第五次人口普查、2005年全国1%抽样调查、第六次人口普查中的人口数、迁移数整理得到。

根据表 4-2 可以得到，2000—2010 年，长三角地区区域范围内的不同省市流动人口规模和主要特征如下。

首先，从不同省市作为常住地的流入人口情况来看，一方面，2000年、2005 年和 2010 年在流入规模方面，浙江省流入规模最大，上海市次之，江苏省最低。另一方面，在流入规模的变化趋势方面，每一个省市作为常住地的流入人口从时间上来看均呈现显著的递增态势，其中，江苏省从 2000 年的 2536889 人，增加到 2005 年的 4272672 人，增长了 68.42%，又增加到 2010 年的 7379253 人，相比 2005 年增长了 72.71%；浙江省从 2000 年的 3688851 人，增加到 2005 年的 6258550 人，增长了 69.66%，又增加到 2010 年的 11823977 人，相比 2005 年增长了 88.93%；上海市从 2000 年的 3134922 人，增加到 2005 年的 4679313 人，增长了 49.26%，又增加到 2010 年的 8977000 人，相比 2005 年增长了 91.84%。

其次，从不同省市作为户籍地的流出人口情况来看，一方面，在流出规模方面，江苏省流出规模最大，浙江省次之，上海市最低。另一方面，在流出规模的变化趋势方面，江苏省作为户籍地的流出人口从时间上来看呈现显著的递增态势，从 2000 年的 1715634 人，增加到 2005 年的 1801985 人，增长了 5.03%，又增加到 2010 年的 3058880 人，相比 2005 年增长了 69.75%。浙江省则呈现先减少后增加的趋势，从 2000 年的 1482465 人，减少到 2005 年的 1242061 人，降低了 16.22%，又增加到 2010 年的 1853940 人，相比 2005 年增长了 49.26%；上海市流出人口规模的变化趋势与浙江省较为相同，也呈现先减后增的态势，从 2000 年的 142657 人，减少到 2005 年的 141450 人，降低了 0.85%，又增加到 2010 年的 250340 人，相比 2005 年增长了 76.98%，与浙江省不同的是，上海市 2005 年的降幅相对较小，不到 1%，而 2010 年相比 2005 年的增幅又显著高于浙江省。

再次，从更为关键的不同省市的跨省市人口净流入情况来看，一方面，在净流入规模方面，2000 年上海市净流入规模最大，浙江省次之，江苏省最低；2005 年和 2010 年浙江省净流入规模最大，上海市次之，江苏省最低。另一方面，在净流入规模的变化趋势方面，每一个省市从时间上来看均呈现显著的递增态势，其中，江苏省从 2000 年的

821255 人，增加到 2005 年的 2470687 人，增长了 200.84%，又增加到 2010 年的 4320373 人，相比 2005 年增长了 74.87%，相对 2005 年的增长幅度有很大的降低。浙江省则从 2000 年的 2206386 人，增加到 2005 年的 5016489 人，增长了 127.36%，又增加到 2010 年的 9970037 人，相比 2005 年增长了 98.75%，相对增幅与江苏省相同，也呈现较大的降低；上海市从 2000 年的 2992265 人，增加到 2005 年的 4537863 人，增长了 51.65%，又增加到 2010 年的 8726660 人，相比 2005 年增长了 92.31%，与江苏省和浙江省不同的是相对增幅不仅没有降低，反倒呈现大幅度的提升。

最后，从最为重要的不同省市流动人口的人口净流入率情况来看，在每一年的人口净流入率方面，上海市人口净流入率最高，浙江省次之，江苏省最低，以 2010 年为例，上海市流动人口净流入率高达 37.91%，浙江省为 18.32%，而江苏省仅为 5.49%，说明上海市对于流动人口的拉力和引力更强，浙江省次之，江苏省吸力最低。在人口净流入率的变化趋势方面，每一个省市从时间上来看均呈现递增态势，其中，江苏省从 2000 年的 1.12%，增加到 2005 年的 3.27%，增长了 2.15 个百分点，又增加到 2010 年的 5.49%，相比 2005 年增长了 2.22 个百分点；浙江省则从 2000 年的 4.80%，增加到 2005 年的 10.14%，增长了 5.34 个百分点，又增加到 2010 年的 18.32%，相比 2005 年增长了 8.18 个百分点；上海市从 2000 年的 18.24%，增加到 2005 年的 25.26%，增长了 7.02 个百分点，又增加到 2010 年的 37.91%，相比 2005 年增长了 12.65 个百分点。

总体来看，流动人口规模庞大、多集中于经济发展较快城市是长三角地区人口流动的主要特征。通过上述的比较发现，长三角地区区域内部不同省市之间的流动人口既有相同之处，又存在差异化特征。为何长三角地区不同省市流动人口呈现上述这些差异化特征，显然，流动人口政策构成其中的重要影响因素。因此，对长三角地区来说，面对如此庞大的流动人口基数以及不同省市差异化的流动特征，研究其政府的相关流动人口政策与实施情况并进行不同省市之间的政策比较就显得尤为重要。

4.3 长三角地区不同省市流动人口政策演化对比梳理

首先需要说明的是，由于长三角地区流动人口内部结构复杂、总量庞大且具有地区差异性，笔者在此对上海市、浙江省和江苏省的流动人口政策演化脉络进行梳理、对比和研究。本章除了对长三角地区区域内部不同省市的流动人口政策进行比较之外，与上一章长三角地区流动人口整体政策相比考察更为具体的差异化之处，还体现在对区域内部不同省市的流动人口政策进行解构，重点从流动人口政策中的户籍政策、随迁子女义务教育政策、人才引进政策三个更为具体的方面分专题进行归纳与比较。

4.3.1 户籍政策方面

(1) 政策演化脉络分析

从1958年标志着我国现代户籍制度正式确立的《中华人民共和国户口登记条例》到2001年下发的《关于推进小城镇户籍管理制度改革的意见》，各地紧随中央纷纷制定了相关改革政策以顺应其户籍政策不断放开的趋势。长三角地区以上海市为先驱，其他省市以自身发展状况为基础，分别制定了相应的户籍管理措施和办法，具体如表4-3和4-4所示。

表4-3 上海市户籍管理政策演化脉络

时间	政策名称	主要内容
1984年 11月28日	《上海市外来人口寄住户口管理试行办法》	经区、县人民政府或市政府各委、办、局批准的外来骨干，安装施工人员等可申请，且遵循"市中心区从严，新区、郊县从宽；一般企业从严，知识密集型和技术密集型企业从宽"原则。
1988年 6月17日	《上海市暂住人口管理规定》	来沪从事经营活动的，在沪暂住三日以上的需办理暂住证；申报暂（寄）住登记的人员，必须持有效的合法证件，向居住地公安派出所或指定的单位办理。

续表

时间	政策名称	主要内容
1993年12月23日	《上海市蓝印户口管理暂行规定》	在本市投资或被本市单位聘用的外省市来沪人员，具备规定的条件，经公安机关批准登记，在户口凭证上加盖蓝色印章表示的户籍关系。
1998年10月26日	《上海市蓝印户口管理暂行规定（修正）》	相比1993年的规定的范围以外，购买商品住宅的来沪人员也可申请蓝印户口本。
1998年	《上海市外来人才工作寄住证实施办法》	被本市及在沪用人单位聘用到专业技术岗位或者管理岗位上工作，无本市常住户籍的外省市专业技术人员或者管理人员，可申请"工作寄住证"。
1999年5月20日	《上海市吸引国内优秀人才来沪工作实施办法》	凡本市经济和社会发展所需要的国内优秀人才均可在沪自主择业。用人单位同意录用或聘用的，由用人单位申请引进。
2002年4月30日	《引进人才实行〈上海市居住证〉制度暂行规定》	具有本科以上学历或者特殊才能的国内外人员，以不改变其户籍或者国籍的形式来本市工作或者创业的，可以依据本规定申领"居住证"。
2004年8月30日	《上海市居住证暂行规定》	有效期分为1年、3年和5年；"居住证"的持有人符合一定条件的，可以申请转办本市常住户口。
2006年11月	《关于做好农民工工作的实施意见》	落实农民工基本劳动标准，建立"欠薪欠保"问题的处置和防范机制；切实为农民工提供相关公共服务；推进实施居住证制度，加强综合调控和管理。
2009年2月23日	《持有〈上海市居住证〉人员申办本市常住户口试行办法实施细则》	按照权利与义务相对等的原则，实行年度总量控制、按照条件受理、依次轮候办理。坚持政策公开、标准统一、程序规范、办理方便。
2014年4月15日	《上海市引进人才申办本市常住户口试行办法》	适用于在本市行政区域内注册的用人单位引进本市紧缺急需的国内优秀人才。
2016年4月25日	《关于进一步推进本市户籍制度改革的若干意见》	到2020年，上海全市常住人口规模控制在2500万以内，人口结构更加合理，人口素质进一步提升，人口布局进一步优化。本世纪以来，上海常住人口激增800多万，从2000年1608万人，增加到2014年底的2425.68万人。这其中，户籍常住人口1429.26万人，外来常住人口996.42万人。

资料来源：经笔者加工整理所得。

表 4-4 江苏和浙江两省户籍管理政策演化脉络

时间	主要政策	政策内容
1984年10月13日	《关于农民进入集镇落户问题的通知》	凡申请到集镇务工、经商、办服务业的农民和家属,在集镇有固定住所,有经营能力,或在乡镇企事业单位长期务工的,公安部门应发予"自理口粮户口簿",且地方政府要为他们建房、买房、租房提供方便,建房用地要按照国家有关规定和集镇建设规划办理。
1985年7月13日	《关于城镇暂住人口管理的规定》	健全城市人口暂住管理制度;建立集镇暂住人口登记管理制度;暂住人口需要租赁房屋,需凭原单位或常住户口所在地乡镇人民政府的证明。
1992年8月	《关于实行当地有效城镇居民户口制度的通知》	实行当地有效城镇户口制度,范围是小城镇、经济特区、经济开发区等,对象是外商亲属、投资者、被征地的农民。
1995年5月9日	《浙江省暂住人口管理条例》	暂住人口,是指离开常住户口所在地,到其他市区、乡镇暂时居住的人员。 暂住人员的合法权益受法律保护,任何单位和个人不得侵犯。 领取"暂住证",应当向发证机关缴纳证件工本费;务工、经商的,应当缴纳暂住人口治安管理费。证件工本费和暂住人口治安管理费的标准,由省物价、财政部门核定。
1997年5月20日	《小城镇户籍管理制度改革试点方案》	选择少量经济和社会发展水平较高、财政有盈余、城镇基础设施建设等具有一定基础、在当地具有一定代表性的小城镇,先期进行两年的户籍管理制度改革试点,然后在总结经验的基础上,分期、分批推开。 下列农村户口的人员,在小城镇已有合法稳定的非农职业或者已有稳定的生活来源,而且在有了合法固定的住所后居住已满两年的,可以办理城镇常住户口:(一)从农村到小城镇务工或者兴办第二产业、第三产业的人员;(二)小城镇的机关、团体、企业、事业单位聘用的管理人员、专业技术人员;(三)在小城镇购买了商品房或者已有合法自建房的居民。上述人员的共同居住的直系亲属,可以随迁办理城镇常住户口。
1998年6月23日	《关于解决当前户口管理工作中几个突出问题的意见》	实行婴儿落户随父随母自愿;放宽解决夫妻分居问题的户口政策;男性超过60周岁、女性超过55周岁,身边无子女需到城市投靠子女的公民,可以在该城市落户;在城市投资、兴办实业、购买商品房的公民及随其

续表

时间	主要政策	政策内容
		共同居住的直系亲属,凡在城市有合法固定的住所、合法稳定的职业或者生活来源,已居住一定年限并符合当地政府有关规定的,可准予在该城市落户。
2002年2月5日	《浙江省人民政府办公厅转发省公安厅关于进一步深化户籍管理制度改革意见的通知》	县(市)及以下地区统一实行按居住地登记户口的管理制度,凡有合法固定住所、稳定职业或生活来源的公民,均可根据本人意愿在常住地申报登记常住户口。男女双方婚姻关系依法确立后,夫妻一方可将户口迁至配偶常住户口所在地;未成年子女可随父或随母在常住地申报登记常住户口;与成年子女共同居住生活并符合当地规定入户条件的老年人,可将户口迁至被投靠子女常住户口所在地。进一步降低公民在大中城市购房、投资、纳税落户的标准。凡在大中城市工作并居住,具有一定学历(或国家承认的同等学历)、专业技术职务、拥有发明专利的人员及其共同居住生活的配偶和未成年子女,可准予在该城市落户。
2002年11月22日	《江苏省人民政府批转省公安厅关于进一步深化户籍管理制度改革意见的通知》	建立城乡统一的户口登记管理制度,在全省范围内取消农业户口、非农业户口、地方城镇户口、蓝印户口、自理口粮户口等各种户口性质,按照实际居住地登记户口,统称为"居民户口";取消进城人口计划指标管理;实行有利于吸引资金和人才的城市户口迁移政策;取消对申请迁入城市投靠亲属的条件限制;改革大、中专院校学生户口迁移办法;进一步下放户口审批权限。
2006年8月28日	《浙江省人民政府关于解决农民工问题的实施意见》	依法将农民工纳入工伤保险范围;切实做好农民工医疗保障工作;探索适合农民工特点的养老保险办法;保障农民工子女平等接受义务教育;多渠道改善农民工居住条件;继续深化户籍管理制度改革。
2009年6月3日	《浙江省流动人口居住登记条例》	规范流动人口居住登记,加强流动人口服务管理,保障流动人口合法权益,促进经济社会协调发展。流动人口同时符合下列条件的,可以申领"浙江省居住证":(一)持有"浙江省临时居住证",连续居住满三年;(二)有固定住所;(三)有稳定工作;(四)居住地县级

续表

时间	主要政策	政策内容
		以上人民政府规定的其他条件。根据居住地县级以上人民政府的规定，属于投资创业或者引进人才的流动人口，申领"浙江省居住证"可以不受前款规定限制。
2013年10月31日	《江苏省流动人口居住管理办法（试行）》	县级以上人民政府应当加强领导，协调有关部门做好对流动人口的管理服务工作，将其纳入经济社会发展总体规划，逐步实现基本公共服务均等化。 流动人口申领居住证，应当提交下列材料： （一）居民身份证或者其他有效身份证件； （二）居住证明。包括房屋所有权证、购房合同、房屋租赁合同、用人单位出具的住宿证明等。
2015年12月11日	《苏州市流动人口积分管理办法》	设置积分指标体系，对符合条件的人员，根据其个人情况、诚信记录、实际贡献和社会融合度等转化为相应的分值，积分达到一定分值，可以享受户籍准入、子女入学等公共服务。
2016年6月7日	《中共浙江省委、浙江省人民政府关于进一步加强和改进对农村进城务工人员服务和管理的若干意见》	探索建立公平、规范、统一的省内户口迁移制度。逐步和有条件地解决长期在城市就业和居住农民工的户籍问题。对农民工中的劳动模范、先进工作者和高级技工、技师以及其他有突出贡献者，应优先准予落户。继续扩大城乡统一的户籍管理制度改革试点，通过完善政策、改革管理和调整城乡识别标识，完善户籍管理和相关的配套制度。改革农民工登记管理办法，加快相关立法修改，逐步在全省范围内取消暂住证制度，实行居住证制度。

资料来源：经笔者加工整理所得。

（2）共同点分析

由表4-3和表4-4可以得出，长三角地区的户籍管理制度从总体进程上来看呈现一个逐步放松的演进过程。从20世纪80年代的严格限制到90年代的逐渐放开，再到如今颁布的具有服务性质的条款，反映出上海市、江苏省、浙江省三地政府对于外来人口户籍政策由管理转向管理与服务并重，再到管理与服务并重下的服务意识越来越凸显的总趋势已逐渐形成。值得强调的是，在不同省市的户籍管理政策和措施更迭过程中，各地政府逐步减弱传统对外来人口进行管制的单一思维，而服务意识得到了普遍增强。

（3）差异化特征

在改革开放初期，尤其是20世纪80年代，上海市作为首批对外开放的沿海城市之一，经济得到了巨大的发展。其不断推进的市政建设吸引了大量的农村剩余劳动力，而逐渐增加的人口和劳动力的流入给上海市的流动人口管理带来了前所未有的冲击，因此，上海市政府颁布了暂住证等一系列政策，扎紧人口流入关卡，严格控制外来人口落户。而江苏省和浙江省由于在这一时期开放度相比上海市低，流动人口总量极小，依然统一实行国家颁布的《关于城镇人口管理的规定》等相关政策。

20世纪90年代，上海市为了吸引外来人才颁布了多项政策法规文件，为放宽较为严格的户口限制，开始实施柔性的人才流动制度，并逐步进行完善，进而为外来人才转办上海市常住户口提供了通道。在这一时期，所推行的人才寄住证制度尽管服务对象多为流动人口中的高技能、高学历等高层次人才，但是政策演进过程中渐渐凸显政策的服务导向。而同时期的江苏省和浙江省，由于发展速度远不及上海，人才集聚效应微弱，除了施行国家颁布的相关户籍政策以外，并未颁布其他管理办法。

进入21世纪以后，上海市经济继续保持稳定增长，实施科教兴市、构筑人才新高地成为上海新一轮发展的重要战略。为了进一步吸引大量高端人才落户上海，不管是之前出台的积分落户政策还是2014年4月颁布的《上海市引进人才申办本市常住户口试行办法》规定，无不体现出上海市实施人才优势带动经济发展的战略目标；而江苏省近10年来凭借其较高的区域经济发展水平和产业优势，迅速成为长三角地区继上海之后第二大人口流入地区，为了缓解人口管理压力，从当地实际出发，实行了《江苏省政府批转省公安厅关于进一步深化户籍管理制度改革意见的通知》等一系列政策法规以控制人口流入的规模和速度。浙江省的情况与江苏省类似，政策的制定也都是以控制外来人口流入总量为主要目标。目前，江苏省和浙江省的户籍管理政策在一定程度上是上海市20世纪80—90年代户籍管理政策的复制，只是由于地区发展程度的差异，在时间上有所滞后。

4.3.2 随迁子女义务教育政策方面

2006年修订的《中华人民共和国义务教育法》，首次以法律的形式保障流动人口子女在流入地平等接受义务教育的权利，到2008年实现城乡义务教育学杂费全免，再到2015年农民工子女"就近入学"政策。在此背景下，我国流动人口随迁子女受教育状况得到了极大改善，上海市、江苏省和浙江省流动人口随迁子女义务教育具体政策演化过程如表4-5和表4-6所示。

表4-5 上海市流动人口随迁子女义务教育政策演化

时间	政策名称	主要内容
1998年3月15日	《上海市外来流动人口中适龄儿童、少年就学暂行办法》	在本市全日制中小学借读的条件是：1. 具有本暂行办法第二、三条规定的有关证明。2. 父母或其他监护人具有在本市的暂住证、就业证或聘用合同。3. 具有《上海市中小学学籍管理办法》规定的关于借读的有关证明。
2004年2月10日	《关于切实做好进城务工就业农民子女义务教育工作的意见》	进城务工就业农民子女义务教育工作要贯彻"以流入地政府管理为主、以全日制公办中小学就读为主"的原则。 凡持有流出地政府开具的证明，证实其确属进城务工就业农民，并由本市有关部门和单位证明其确实在本市务工就业、有合法固定住所并居住满一定时间的，可到暂住地所属区（县）教育部门或乡镇政府为其子女提出接受义务教育的就学申请。 支持社会力量举办以接受进城务工就业农民子女为主的学校，并将其纳入本市民办学校管理范围。 努力减轻进城务工就业农民子女教育费用的负担，切实维护进城务工就业农民子女在学校的权益。
2004年7月1日	《关于进一步加强本市以接收进城务工就业农民子女为主学校管理工作的意见》	帮助进城务工就业农民比较集中的地区解决其子女享有接受义务教育权利。
2008年8月18日	《关于做好本市农民工同住子女学前教育工作的若干意见》	进一步规范学前教育管理，促进农民工同住子女学校改善办学条件，满足农民工子女接受学前教育的需要。

续表

时间	政策名称	主要内容
2008年9月8日	《关于继续做好本市农民工同住子女进入义务教育阶段公办学校就读免借读费工作的意见》	本市农民工同住子女享受进入义务教育阶段公办学校就读免借读费政策，必须提供父母的农民身份证明、上海市居住证或就业证明。 进入义务教育阶段公办学校就读的学生，凡符合上述条件，经区县教育行政部门确认后，可以免借读费。
2010年1月27日	《关于加强以招收农民工同住子女为主的民办小学规范管理的若干意见》	逐步改善本市以招收农民工同住子女为主的民办小学的办学条件，健全学校财务管理，加强师资队伍建设，规范教育教学常规管理。 各相关区县要将以招收农民工同住子女为主的民办小学列入区域教育事业发展规划，列入区县教育行政部门业务管理体系，定期研究这类学校出现的新情况、新问题，切实加强管理、指导与服务。 各相关区县要将以招收农民工同住子女为主的民办小学纳入本区县义务教育经费保障范围，逐步增加财政投入，加大扶持力度。
2012年12月27日	《进城务工人员随迁子女接受义务教育后在沪参加升学考试工作方案》	以《上海市居住证管理办法》为依据，有梯度地为进城务工人员随迁子女提供接受义务教育后的公共教育服务。
2016年2月1日	《关于2016年本市义务教育阶段学校招生入学工作的实施意见》	2016年，优化完善进城务工人员适龄随迁子女接受义务教育的条件：适龄儿童须持有效期内"上海市临时居住证"，父母一方须持有效期内"上海市居住证"；或者父母一方持有效期内"上海市临时居住证"满3年（从首次发证日起至2016年6月30日），且连续3年（从首次登记日起至2016年6月30日）在街镇社区事务受理服务中心办妥灵活就业登记。2016年，区县教育局受理随迁子女办理入学手续截止日为6月30日。 随迁子女入学，小学阶段以进入公办学校为主，部分地区公办教育资源紧缺的，可统筹安排进入政府委托的民办小学就读。

资料来源：经笔者加工整理所得。

表 4-6　江苏和浙江两省流动人口随迁子女义务教育政策演化

时间	政策名称	主要内容
2002 年 2 月	《苏州市进城务工就业农民子女就学管理办法》	将农民工子女接受义务教育纳入社会事业发展规划，积极承担外来务工子女接受义务教育的职责。
2004 年 9 月 7 日	《江苏省教育厅、省机构编制委员会办公室、省公安厅等关于进一步做好流动人口子女义务教育工作的意见的通知》	坚持流入地政府负责，全日制公办中小学接纳的原则，流动人口子女义务教育工作由流入地政府全面负责。 采取措施，切实减轻进城务工就业农民子女教育费用负担。
2004 年 10 月 9 日	《宁波市人民政府办公厅关于切实做好进城务工就业农民子女义务教育工作的实施意见》	明确以流入地政府管理为主的工作职责。 进城务工就业农民子女具备以下条件的，可到暂住地所属县（市）、区教育行政部门或镇（乡、街道）统筹安排的学校提出接受义务教育的就学申请。（一）持有流出地政府开具的证明，证实其父母或其他法定监护人确属宁波市外进城务工就业农民；（二）父母或其他法定监护人在我市工作，依法取得"暂住证"并暂住 1 年以上；（三）父母无违反计划生育政策，并且持有当年度"流动人口婚育证明"。 充分发挥全日制公办中小学接收进城务工就业农民子女入学的主渠道作用。 加强对以接收进城务工就业农民子女为主的社会力量办学的扶持和管理。 建立进城务工就业农民子女接受义务教育的经费筹措保障机制。 切实减轻教育费用负担，维护进城务工就业农民子女在校权益。
2004 年 11 月 16 日	《浙江省人民政府办公厅关于进一步做好义务教育阶段流动儿童少年就学管理工作的意见》	加强对以接收流动儿童少年为主的社会力量办学的扶持和管理；加强对流动儿童少年就学情况的动态管理；建立流动儿童少年接受义务教育的经费筹措保障机制。
2012 年 12 月 28 日	《浙江省人民政府办公厅转发省教育厅、省发改委、省公安厅、省人社厅关于做好外省籍进城务工人员随迁子女接受义务教育后在我省参加升学考试工作的实施意见》	合理制定随迁子女升学考试的基本条件；切实做好随迁子女升学考试的保障工作。

续表

时间	政策名称	主要内容
2016年3月31日	《浙江省流动人口居住登记条例（修订）》	及时完善入学政策和改进积分入学管理。对已经落户浙江省的随迁子女，各地必须实行与当地户籍儿童、少年一样的义务教育入学政策，按照就近入学原则，安排其进入义务教育阶段公办学校就读。对已申领居住证的随迁子女，浙江各地将根据当地实际和教育资源情况，推行与本地居住证积分管理制度相配套的积分入学政策和措施。各地教育行政部门要主动商请有关部门提供流动人口申请入学的积分情况，并及时公布义务教育阶段公办学校新生学位数。按积分高低排名拟定准入学校和拟录取名单进行公示，公示期不少于5个工作日。

资料来源：经笔者加工整理所得。

（1）共同点分析

农民工子女的教育问题是与当地的户籍管理政策息息相关的。农民工的子女没有流入地的户籍，而各地的义务教育经费是由各地政府财政支出的，致使农民工子女无法享受到这项"相关法律"与"制度"挂钩规定的公共产品。但是，随着长三角地区经济的飞速发展，政治体制的不断完善，上海市、江苏省、浙江省三地的农民工子女教育政策也在不断健全中，整体呈现趋好的形势。

（2）差异化特征

其一，时间上的先后。随着工业化和城市化进程的不断推进，上海市的经济在改革开放最初的几年内一直保持着两位数的年增长率，相对于浙江省和江苏省来说，形成了较为明显的区域性经济差异。经济上的差异和相关方面意识的缺乏间接导致了浙江省和江苏省教育投入经费上的短缺，制定相关教育政策的时间也相对滞后。上海市早在1998年前后就出台了关于进城务工人员子女接受教育的政策，并在此方面给予高度重视。江苏省和浙江省则在2002年才开始制定政策，整体发展速度缓慢。

其二，体系上的健全程度。由于上海市对于农民工子女教育问题关注较早，政策制定也根据当地实际发展情况进行了不断调整，关注范围也由最初农民工子女的义务教育阶段扩大到以后的升学考试阶段，逐渐形成了一个较为完备的政策体系。江苏省和浙江省由于起步较晚，执行的大部分是国家颁布的宏观政策，省内各市的相关政策也参差不齐，且并未联系实际情况，造成了两省政策执行力度不强，发展缓慢。

4.3.3 人才引进政策方面

除了普通流动人口政策之外，长三角地区各省市也十分重视作为流动人口重要组成部分的高层次人才政策的制定与完善。改革开放以来，各地纷纷颁布人才政策以吸引高端人才流入。当然，在这一人才竞争的过程中，作为中国经济发展的"前哨战"，长三角地区对于人才政策的制定也较为谨慎，具体如表4-7、表4-8和表4-9所示①。

表4-7 上海市引进人才政策演化脉络

年份	文件名称	主要内容
1984	《关于本市从外地调入专业技术干部暂行办法》	首次在政策上明确规定可以从外地选调急缺人才，突破了人才引进政策的限制。
1992	《上海市引进人才实行工作寄住证的暂行办法》	外省技术人员来沪工作，可以不迁户口，办理"工作寄住证"，但持证人员不能享受和上海本地市民一样的待遇。申请"工作寄住证"的外省市专业技术人员和管理人员，应具备以下条件：（1）有中级以上专业技术职称或紧缺、急需专业的具有学士以上学位的专业技术人员以及具有较丰富实践经验的管理人员；（2）年龄男性一般不超过五十周岁，女性一般不超过四十五周岁；（3）身体健康。
1994	《关于进一步做好本市从外省调入专业技术人员和管理人员工作的意见》	确立了"两高一低"（高学历，高职称，低年龄）的政策目标。
1999	《上海市吸引国内优秀人才来沪工作实施办法》	首次提出凡是上海社会经济发展需要的人才均可引进，进一步放宽人才落户的条件。

---

① 需要说明的是，在表4-7、表4-8和表4-9中，因部分政策文件的具体颁布时间并未检索到，故这里统一给出具体年份。本书的其他地方如不做特别说明，原因相同，不再赘述。

续表

年份	文件名称	主要内容
2000	《上海市引进人才工作证实施办法》	持有"引进人才工作证"的人员，享受下列待遇：1. 在同一个用人单位连续工作三年以上（含三年）、业绩突出、该单位要求为其办理行政关系转移及户口迁移手续的，可以按有关规定申请办理调动手续。2. 在沪工作期间，由用人单位到本市社会保险机构或者委托承办单位为其办理养老保险的投保事项。养老保险的接转与计发，由市劳动和社会保障局按本市有关规定办理。3. 因公负伤，可以享受用人单位职工同等医疗福利待遇；非因公负伤或者患病，其医疗福利待遇由用人单位与个人协商，并在聘用（劳动）合同书中做出详细约定。4. 可以按本市有关规定申请评定专业技术职务任职资格。5. 其子女可按本市有关规定申请在本市就学。
2005	《上海市浦江人才计划管理办法》	浦江计划主要资助近期回国来沪工作和创业的海外留学人员及团队，主要资助对象为：1. 应聘来本市从事自然科学、社会科学研究和工作的留学人员及团队；2. 在本市创办企业的留学人员及团队；3. 来本市讲学或进行咨询的留学人员及团队；4. 其他本市特殊急需的留学人员及团队。申请者必须符合以下基本条件：1. 申请者必须通过人事局的留学人员资格认定；2. 新近回国来沪工作或创业不超过2年；3. 必须具有本市户籍或持有有效期1年（含）以上的"上海市居住证"；应邀来本市讲学或进行咨询的留学人员除外；4. 申请当年1月1日年龄未满50周岁；5. 申请者申请项目的执行年限必须在申请者与所在单位签订的工作合同有效期内。
2007	《关于实施〈上海中长期科学和技术发展规划纲要（2006—2020）〉若干人才配套政策的操作办法》	支持领军人才和创新团队建设；加快集聚海外优秀人才；支持企事业单位培养和吸纳创新人才，包括引导各类人才向重点领域集聚，加大高新技术成果转化人才引进，加大人才资助力度以及强化应用导向，完善专业技术职务评聘制度。
2010	《上海市关于实施海外高层人才引进计划的意见》	大力实施上海高端人才，搭建海外高层次人才创新创业平台，探索建立国际高层次人才资源开发新模式，努力把上海建设成为最具创新力、最具竞争力、最具吸引力和最具影响力的国际人才高地之一。提供更加完善的特定生活待遇，涵盖居留和出入境、落户、社会保险、住房、通关、医疗保障、子女入学等方面。

续表

年份	文件名称	主要内容
2011	《上海市人才发展"十二五"规划》	到2015年，上海人才发展的总体目标是：以建设浦东国际人才创新试验区为发力点，集聚造就一批世界级高层次人才，充分发挥各类人才在支撑和引领经济社会发展中的关键作用，为上海建成集聚能力强、辐射领域广的国际人才高地和世界创新创业最活跃的地区之一奠定基础，为进入世界人才强国行列的国家战略发挥先导作用。 以三个千人计划为统领，统筹推进人才队伍整体开发：加快实施海外高层次人才引进千人计划；大力实施创新型科技领军千人计划；大力实施首席技师千人计划；大力推进重点领域人才开发。
2016	《关于进一步深化人才发展体制机制改革加快推进具有全球影响力的科技创新中心建设的实施意见》	鼓励大型企事业单位、产业园区利用自用存量工业用地建设人才公寓等配套设施，其建筑面积占项目总建筑面积的比例由7%提高到不超过15%；在上海部分三甲医院实施国际医疗保险结算服务；在海外人才集中的区域增设外籍人员子女学校。
2018	《上海加快实施人才高峰工程行动方案》	聚焦国家战略需求和战略目标，明确13个集聚造就高峰人才的重点领域：宇宙起源与天体观测、光子科学与技术、生命科学与生物医药、集成电路与计算科学、脑科学与人工智能、航空航天、船舶与海洋工程、量子科学、高端装备与智能制造、新能源、新材料、物联网、大数据。 建立国际通行的遴选机制；打造具有国际竞争力的事业发展平台；实施国际通行的工作体制。

资料来源：经笔者加工整理所得。

表4-8 江苏省引进人才政策演化脉络

年份	政策名称	主要内容
1994	《江苏省人才流动管理暂行条例》	遵循"集中统一，归口管理"的原则，管理和指导人才流动工作，培育和发展人才市场。
1999	《江苏省引进优秀人才工作实施办法》	凡是本省经济和社会发展所需要的各类优秀人才均可在江苏自主择业。
1999	《中共江苏省委、江苏省人民政府关于加强人才资源开发工作的若干意见》	进一步调整和完善人才引进政策，全方位地吸纳优秀人才。加大国内人才的引进力度，积极开展境外人才（智力）引进工作。
1999	《江苏省人才资源开发"十五"计划》	完善适应社会主义市场经济的人才管理体制；大力调整人才分布结构；加速高层次人才资源的开发；加快人才资源开发的市进程。

续表

年份	政策名称	主要内容
1999	《江苏省引进海外高层次留学人员的若干规定》	开发海外高层次留学人才资源，建立海外高级人才信息库，吸引海外高层次人才为江苏服务。
2001	《中共江苏省委、江苏省人民政府关于进一步加强高层次人才队伍建设的意见》	加强高层次人才培养基地建设；强化各类高学历人才的培养；加大博士后流动站建设力度；扩大高层次人才对外合作交流。
2003	《中共江苏省委、江苏省人民政府关于进一步加强人才队伍建设的决定》	加强党政人才队伍建设；加强企业经营管理人才队伍建设；加强专业技术人才队伍建设；重点培养青年专业技术人才；建立健全继续教育体系。
2004	《江苏省委办公厅、省政府办公厅关于加强苏北地区人才队伍建设的意见》	及时发布苏北五市急需人才专业目录，有针对性地从国内外引进人才和智力。
2006	《中共江苏省委、江苏省人民政府关于加强高层次创业创新人才队伍建设的意见》	着力加大高层次创业创新人才培养力度；积极引进海内外高层次创业创新人才；努力营造高层次创业创新人才成长的良好环境。
2009	《中共泰州市委、泰州市人民政府关于进一步吸引和用好优秀人才的若干规定》	积极引进优秀人才；用好现有优秀人才；加大人才开发资金投入。
2010	《"百名创业创新领军人才引进计划"实施细则》	引进对象条件为创业领军人才和创新领军人才；年度确定为引进对象者可享受资金资助。
2011	《江苏省海外高层次人才居住证制度暂行办法》	来江苏工作、创业的非本省户籍海外高层次人才可依据本办法"居住证"。

资料来源：经笔者加工整理所得。

表4-9 浙江省引进人才政策演化脉络

年份	政策名称	主要内容
1999	《浙江省大力引进国内外人才的若干规定》	鼓励国内外人才以各种方式参加现代化建设。国内外人才可以采取调动、兼职、咨询、讲学、科研和技术合作、技术入股、投资兴办企业等形式，来浙江省长期工作或短期服务。 引进人才的重点对象高层次人才和急缺人才，具体包括：在国内外学术技术领域处于领先水平的学术技术带头人和优秀拔尖人才；取得硕士、博士学位或具有高级职称的专业技术人才；懂技术、善经营管理的复合型高级人才；高新技术产业、主导产业、新兴产业、重点工程等领域急需的具有大学本

续表

年份	政策名称	主要内容
		科以上学历的专业技术人才和经营管理人才；我省紧缺的具有本科以上学历、45 岁以下的人才；拥有专利、发明或专有技术并属国内先进水平的人才；其他具有特殊才能或重大贡献的人才。 调入浙江工作的各类人才，经当地政府人事部门批准后，直接到公安机关办理迁移、落户手续，其配偶、未婚子女可随调随迁。子女是应届大中专毕业生的，可在我省就业。引进省外学术技术带头人和优秀拔尖人才，其家属子女随调随迁人数不受限制。
2001	《浙江省人民政府关于引进海外高层次留学人才的意见》	积极鼓励引进海外高层次留学人才，建立引进海外高层次留学人才"绿色通道"；从优确定海外高层次留学人才的基本待遇；营造有利于海外高层次留学人才创业的良好环境。
2002	《中共嘉兴市委办公室、嘉兴市人民政府转发市委组织部、市人事局〈关于进一步做好党政机关高学历人才引进培养和使用工作的意见〉的通知》	注重把好高学历人才的素质关；注意解决高学历人才的后顾之忧；加强对高学历人才的培养锻炼；加强对高学历人才的教育管理。
2006	《浙江省"十一五"人才发展规划》	提升党政人才的执政能力；提升企业经营管理人才的竞争能力；提升专业技术人才的创新能力；提升技能人才的实践能力；提升农村实用人才的致富创业能力。
2007	《浙江省"钱江人才计划"管理办法（试行）》	主要择优资助近期回国来浙江工作和创业的海外留学人员及团队。主要资助对象为：（一）来浙江从事科技创业的留学人员及团队；（二）应聘来浙江从事自然科学、社会科学研究和工作的留学人员及团队；（三）来浙江讲学或进行咨询服务的留学人员及团队；（四）其他特殊急需引进的留学人员及团队。
2008	《中共衢州市委、衢州市人民政府关于引进海内外领军型创业人才的意见》	本意见所指的引进对象是：具有在海内外大型企业或知名高校、科研机构关键岗位从事研发和管理工作（学士学位在海外工作 5 年以上，硕士学位在海外或国内工作 3 年以上，博士学位在海外或国内工作 1 年以上）经历，在氟硅新型材料、装备制造业、生物医药、电子信息等产业中，带项目、带技术、带资金（自带资金 100 万元人民币以上）来衢州创办科技型企业的创业领军人才及其创新团队。并要求符合下列条件中的一个条件：（一）拥

续表

年份	政策名称	主要内容
		有在国内外某一学科或技术领域的高新科研成果，并具有自主知识产权和广阔的市场开发前景；（二）拥有在国际领先或能够填补国内空白项目的核心技术，并具有自主知识产权和市场潜力，可进行产业化生产；（三）拥有可形成衢州市新的具有良好发展前景产业的重大项目；（四）能引领衢州市优先发展产业和重点产业的快速发展。
2011	《浙江省高技能人才队伍建设三年行动计划（2011—2013年）》	扩大高技能人才规模；提升高技能人才素质；建设高技能人才培养平台；基本形成高技能人才引进、培养、使用的良好环境。
2011	《浙江省人力资源和社会保障厅关于加大人才培养引进力度支持浙商创业创新的若干意见》	培养创新型浙江企业家；壮大浙商企业创新创业人才队伍；落实浙商企业人才税收等优惠政策；回归浙商人才可破格晋升相应职称；认真做好回归浙商的社会保险工作；为回归浙商企业高层次人才提供人才驿站。
2014	《浙江省海外高层次人才引进服务窗口暂行办法》	为海外高层次人才提供服务的专门窗口及有关引进工作的政策咨询。
2016	《浙江省人才发展"十三五"规划》	坚持创新发展理念，培养集聚高层次创业创新人才。紧紧围绕率先建成创新型省份这一目标，突出"高精尖缺"导向，实施重大人才工程，努力发现、培养和引进一批领军型人才和团队。坚持协调发展理念，推进人才资源整体开发。着眼优化人才发展战略布局，全面推进不同领域、层次、区域人才资源开发，在人才协调发展中优化资源配置、增强发展后劲、提升整体水平。坚持绿色发展理念，为持续发展增添人才动力。坚持"绿水青山就是金山银山"的重要思想，以建设"两美"浙江为统领，加强绿色人才供给，为构建绿色屏障、推进绿色生产、推行绿色生活提供强有力的人才支撑。坚持开放发展理念，不断提高人才国际化水平。主动服务"一带一路"、长江经济带、长三角城市群规划等国家战略，借助承办G20杭州峰会、世界互联网大会等有利契机，用好国际国内两种资源，加快人才国际化步伐，打造国际化人才高地。坚持共享发展理念，加强社会发展重点领域人才供给。推动人才横向和纵向流动，实现人才均衡配置和资源共享，不断满足人民群众的教育文化、医疗卫生等民生需求，为全省人民共同迈入高水平全面小康奠定人才基础。

资料来源：经笔者加工整理所得。

（1）共同点分析

江苏省、浙江省和上海市的人才引进政策自改革开放以来虽几经调整和修改，但为本地区推进经济社会发展和改革开放提供人才支撑的出发点和落脚点的原则始终是一致的。从历史上看，每一时期的人才政策都是紧紧围绕当时的重大经济发展战略决策来制定的，并以此来适应不断变化的经济环境对人才的需要。

（2）差异化特征

首先，从人才引进的时间点来看，从1984年至今，上海市陆续出台了一整套的人才引进政策，2000年以前主要针对国内技术和管理方面的人才，发展工业、制造业，振兴本地经济。进入21世纪以后，政策对象则开始对准海外高端科技人才，同时加大了引进力度以支持上海经济的转型。江苏省在1999—2001年连续出台了近10项人才政策，而后每年都有相关政策陆续出台，虽然时间相对上海市有所滞后，但政府高度重视，特别是近几年大力引进高层次创新创业人才，为江苏省的经济发展注入了活力。浙江省相对上海市和江苏省来说，政策制定起步较晚，引进力度相对较弱，政策出台也出现几次断点，且引进人才的地点主要集中于发达城市如杭州、宁波等。

其次，从人才引进的方式来看，上海市通过定期更新《上海海外高层次人才需求目录》和海外高层次人才信息库等来发布信息和引进人才，同时，充分发挥人才服务机构、社会团体和各类行业协会、海外联络办事机构、海外合作单位的宣传作用，吸引海外高端人才来沪；江苏省主要通过针对不同时期经济社会发展的需要制定人才战略，不断对人才政策中的引进对象、引进条件进行微调，以期最大限度地利用外来高层次人才发展本地经济；浙江省则主要通过阶段性出台政策，如"钱江人才计划"、《浙江省高技能人才队伍建设三年行动计划（2011—2013年）》等积极引进海外相关人才。

最后，从人才引进的支持政策来看，各省市主要通过安家补助、生活津贴、子女教育等优惠政策给予外来人才以支持。然而，上海市近年来率先将人才建设目标由"人才高地"提升为"人才高峰"，由"国内人才高地"提升为"国际人才高地"，不仅连续推出"万名海外留学人才集聚工程""人才高峰工程""浦江人才计划"等引智工程，而且在人才引进的待遇方面相比江苏省和浙江省力度更大，范围更广，还涉及居留和出入境、落户、社会保险、住房、通关、医疗保障等方面。

4.4 本章小结

本章通过对长三角地区区域内不同省市的流动人口政策的比较研究发现，这一区域内流动人口政策虽整体处于从限权到平权的演变过程之中，但其政策之间仍存在明显的差异性，且其差异性主要受以下因素影响。

第一，经济发展程度的差异。经济发展的程度直接决定当地政府的财政收入，而财政收入是大部分公共产品的主要资金来源，决定着外来务工人员的生活是否有保障，其子女是否能同等地接受义务教育，也间接决定着相关流动政策能否顺利实施。上海市经济实力雄厚，故其外来人口子女教育政策、农民工社会保障政策等福利政策无论是时间上还是体系健全程度上都优于浙江省和江苏省。

第二，人口流动模式的不同。这里不妨细化到长三角地区整个区域内部的各个城市层面上来进行比较，上海和苏州分别是长三角地区人口流入第一和第二大城市，而南通是一个人口流出大市。庞大的人口流入量导致上海和苏州对于户籍管理政策中流动人口落户的标准更为严苛，而南通农村劳动力的大量流出导致了"民工荒"，为了吸引农民工回乡，政府出台了一系列福利政策以减缓人口流出速度。

第三，产业结构的变化。随着上海自贸区的建立，其GDP中第三产业所占的比重也越来越大，这意味着上海市更为迫切地需要制定特色化人才服务政策以适应当地产业结构的转变，促进经济转型，故其近几年的引进人才政策主要以高端专业人才引进为主体；江苏省和浙江省近十几年经济发展迅速，但其人才政策更多的还是停留在人才引进上，虽然也有相关的人才激励政策，但依然缺乏个性化的人才服务，主要原因在于浙江省和江苏省相当一部分城市仍以第一、第二产业为主导。

因此，各地区制定流动人口政策时一定要以下面五点为依托：一是控制总量，实现在合理范围内人口的有序流动；二是吸引人才，改善投资环境，提高城市总体竞争力；三是以外养外，减轻政府财政压力，提高基层人员参与度；四是加强管理，建立完备的流动人口管理制度；五是解决结构性失业问题，提高本市就业率。

同时，近年来，随着长三角地区经贸、投资、政治体制、基础设施建设等方面的合作不断加强，同城效应愈发显现，这一效应势必造成长三角地区内部不同省市之间的人口更加频繁地流动。因此，流动人口政策的制定在遵循各地实际发展状况的同时，应更加注意一致性和联动性，以帮助缩小城市之间的贫富差距，以富带贫，以强助弱，使整个长三角地区经济均衡协调发展。

笔者认为，户籍政策、医疗保险政策、流动人口随迁子女义务教育的相关政策等构成了流动人口政策的主要内容，而且直接关系到流动人口自身的社会福利。因此，在接下来的三章即第5章、第6章和第7章中，笔者将分别从长三角地区流动人口的户籍政策、医疗保险政策和随迁子女义务教育政策三个方面进行专题式的深入梳理、评价和分析。

第 5 章 长三角地区流动人口户籍政策评估与改革路径

在地区间、城乡间、部门间抑或产业间的大规模流动的进程中，流入地政府的户籍政策扮演了十分重要的角色。那么，户籍政策在人口流动过程中带来了什么样的影响？对长三角地区而言，户籍政策演化脉络何在？未来又将呈现什么样的趋势或格局？这一系列问题构成了本章的逻辑出发点和落脚点。

基于此，本章选取户籍政策①为研究对象，重点对长三角地区流动人口政策中更为具体的户籍政策的演化脉络及其所产生的社会经济效应和影响进行评价，这构成了本章与其他部分差异化的聚焦点。本章结构安排为：第一节描述流动人口户籍政策的研究现状；第二节对长三角地区流动人口户籍政策演化脉络进行梳理；第三节基于户籍政策演化脉络的剖析，对长三角地区区域内部"两省一市"流动人口户籍政策进行比较研究；第四节则对长三角地区流动人口户籍政策改革方向进行了前瞻。

5.1 流动人口户籍政策研究现状

在笔者的研究视野中，当前国内外有关流动人口户籍制度政策的相关研究主要聚焦于对户籍政策内容的研究、对户籍制度方面的政策调整及评价研究和对流动人口户籍制度发展变迁的研究三个方面，具体如下。

首先，聚焦流动人口户籍政策的研究。在国外，Shields 等（1989）认为户籍制度所决定的不同的户口类型代表了个人工作能力水平、就业地位，从而决定了其享受的社会福利。基于"城市公共物品制度"（Ur-

---

① 本章这里所指的流动人口政策主要包括户籍政策、医疗保险、社会保障、随迁子女义务教育、工伤赔偿、住房政策等，而本章为何首先选取户籍政策，原因在于：笔者认为户籍取得与否是直接关系到背后所附载的一系列社会福利能否在本地居民与外来居民之间实现均等的核心要件。

ban Public Goods Regime）的概念，Solinger（1999）指出中国的城市公共物品的供给主要由户籍制度所决定。在国内，蔡昉和王德文（1999）围绕农村劳动力流动的动机和政府政策改革的推动，提出中国的户籍制度改革结合了"自下而上"和"自上而下"两种方式，并认为政府的改革动机更重要。

其次，侧重对户籍制度方面的政策调整及影响评价研究。国内的一些学者认为中华人民共和国成立之初为发展重工业而实行的城乡二元户籍制度以及配套制度曾在很大程度上阻碍了劳动力的流动，比如排他性的就业、社会保障及福利制度（蔡昉、都阳和王美艳，2001）。在国外也有学者聚焦中国户籍制度的影响和效应研究，如 Whalley 和 Zhang（2004）通过实证模拟发现，如若中国户籍制度取消，长期以来的收入不平等将全部被熨平。而 Fei-Ling Wang（2005）运用社会分层理论（Social Stratification Theory）比较了中国、巴西和印度三国的户籍制度，发现中国的户籍制度排他性和制度化明显，但其成本低而效率高；在户籍制度的变迁过程中，市场机制的分配功能逐渐地显现出来。

最后，对流动人口户籍制度发展变迁也有所关注。在微观层面，王文录（2003）、白莹（2009）分别以石家庄和天津为研究对象，对其流动人口户籍制度发展过程中的经验教训进行了总结；此外，彭小辉等（2012）则基于人口老龄化的视角，对上海的城乡户籍一体化改革进行了研究。而在宏观层面，Dwight Perkins 和 Shahid Yusuf（1984）基于对1949年后中国农村经济社会的发展历程的研究，认为户籍制度对我国人口及土地的管理和控制具有关键性作用。Tiejun Cheng 和 Mark Selden（1994）通过对中国社会"空间等级形态"结构形成原因的探究，发现户籍制度逐步成为国家配置人口和资源的典型手段。王美艳和蔡昉（2008）分析了户籍制度建立、维系的制度原因及其改革的历程，认为户籍改革要从多方面着手，如与户籍制度配套的改革、建立可携带的社会保障制度、消除公共服务的城乡差距等。另外，汪立鑫等（2010）也认为地方政府所设定的户籍门槛与其对当地市民福利增长的重视程度正相关，并认为户籍制度改革需要推进全国范围内的社会保障统筹与教育机会及资源的公平分配。

总的来看，尽管上述研究为本章对长三角地区流动人口政策中更为具体的户籍政策的专题式深度考察提供了丰富多元的视角,但还存在以下不足:一方面,尽管有户籍制度方面的研究,但相关研究大都集中在全国,基本停留在宏观层面上,或是从微观视角选取有代表性的城市,研究流动人口户籍制度发展过程中存在的问题,而对有关区域的中观层面尚缺乏足够的学术关注;另一方面,现有研究基本为间接研究,而非针对户籍制度或政策的直接深入的研究。

基于此,本章从长三角地区这一区域的中观视角切入,重点对改革开放以来江苏省、浙江省和上海市(即"两省一市")流动人口户籍制度演化脉络及其相应的政策范式与效应进行系统化探究。鉴于长三角地区是具有多重概念意义的特殊区域,因此,本章聚焦长三角地区"两省一市"政府的户籍制度演化脉络及其相应的效应评价研究,以期能提出有一定操作性的政策建议,并弥补现有相关研究的不足。

5.2 长三角地区流动人口户籍政策的演化脉络

从客观上说,在推动长三角地区一体化、深化城市化的进程中,与行政界线分割相关联的制度安排导致了区域内生产要素自由流动的人为障碍的产生,这凸显了政府在推进长三角地区的区域经济协调发展过程中提供制度保障的必要性和紧迫性,即苏浙沪两省一市政府需要政策上的协调与沟通以创造良好的政策环境。长三角地区内部不同地方政府之间亟须共同探索突破"户口壁垒"的新型户籍管理制度,达到户籍制度上的突破,扫除长三角地区城乡一体化中所遇到的政策障碍,促进城乡共同发展。

从实践层面来看,户籍政策是一个国家或地区用来规制流动人口社会运动及融合过程的管理措施。而基于对长三角地区的区域统筹发展规划的研究表明,为保证宏观政策对区域发展的有效推动,需要地方政府间的合作制度和综合调控,这取决于区域内各地方政府在中央政府与流动人口微观主体之间落实政策的实践化水平。

对于长三角地区而言,对人口和劳动力流动问题的认识是在改革开放以来长三角地区创造自身经济发展的奇迹过程中,由于市场经济体制的发展,大规模的人口流动加剧之后而重视起来;而且,在劳动力流动的同时农村人户分离现象严重,人口自由流动难度很大,与传统单一僵硬的户籍制度之间的矛盾形势越来越严峻,并且值得注意的是,转移劳动力对长三角地区的区域经济增长效应及贡献程度不容忽视。那么,为适应新变化,长三角地区各地方政府对劳动力流动采取了什么样的户籍政策措施?在统筹区域一体化"提速"进入户籍制度接轨和转型发展阶段,户籍制度是如何从一个中观视角进行协调与完善的?其系统机制如何?在全国的示范引领效应又如何?这一系列问题需要引起重点关注。

改革开放以来,劳动力资源由低生产率部门向高生产率部门的重新配置对我国GDP增长贡献了重要力量。有测算表明,劳动力流动对近年来中国GDP增长的贡献为16.3%(Lees,1997;陆根尧,2002);从劳动力流动对中国经济增长的推动率来看,尽管非"强正效应",但2000—2005年和2006—2011年两个时期内整体推动率仍分别达到0.84%和0.12%(樊士德,2014)。此外,还有学者研究发现,长三角地区的劳动力迁移强度与其经济发展水平呈显著正相关关系(杨上广等,2010)。因此,长三角地区在正视人口流动与户籍制度之间矛盾所引发的一系列社会问题的同时,更不应忽视人口流动所带来的经济贡献,各地区政府有必要在区域户籍制度方面,建立促进地区资源配置公平合理的相关经济社会配套优惠政策,保障其权益与贡献对等,进而化解农村户口与城镇户口之间经济地位不平等的矛盾。有专家指出,2014年若完成户籍制度相关改革,那么2014—2020年户籍改革红利对GDP增速的拉动作用将达到平均每年1%左右,而对GDP总体的贡献率将达到5%[①]。

然而,通过分析,笔者认为,长期以来,长三角地区的地方政府在中观经济政策的制定上以及行政协调时凸显出两大倾向:其一,地区间开放程度不够;其二,户籍不仅对普通劳动力限制严格,对高层次人才引进同样户籍壁垒森严。地方政府在户籍上的差异导致城市居民在教育、就业、住房、子女教育、社会保障、福利、政治等方面的权利享有上优于流动人口和劳动力。基于此,一系列的限制性措施出现,其中包括企业在招聘时明确表示只招收本地户口的人员、农民工工资远低于从事同种工作的本城市户口工人、对非本地户口子女加收各种费用及在升学方

---

① 《户籍改革释放二次人口红利 不只是换一个户口本》,《上海证券报》2014年8月5日。

面有诸多限制等。

基于中央政府对流动人口所采取的宏观户籍政策的导向，长三角地区内部不同省市地方政府在不同的时代背景要求下对外来劳动力所采取的户籍政策也存在着显著的差异。为此，根据长三角地区流动人口户籍政策的演化以及中央政府的宏观导向，笔者对改革开放以来长三角地区相关政府部门制定的主要规定及措施进行梳理，以探析其演化脉络，从而研究其对劳动力市场以及长三角地区的整体效应。

5.2.1 严格控制阶段（1984—1992年）：严格管制基础上的松动

这一阶段最主要的特征是由改革开放初期实行严格的人口管制，开始转向政策的逐步松动，但是在这一过程中严格管制占主导，换言之，这一阶段的政策松动也是建立在"严格管制"基础之上的。具体说来，1984年国务院发布的《关于农民进入集镇落户问题的通知》开始允许农民不受地区限制地流动。紧接着进城务工人员比例上升，流动人口逐渐集聚长三角地区，对城市经济的社会影响越来越大，长三角地区政府开始对外来人口进行登记、发证管理，流动人口的户籍问题逐渐被纳入政策议程。尽管劳动力由最初的默许流动到允许流动支撑了长三角地区经济的快速发展，然而由于外来劳动力带来的一系列社会问题，比如大量农村剩余劳动力的流入给长三角地区城市的流动人口管理带来前所未有的冲击等，这个阶段户籍制度的"松动"是建立在"严格管制"的基础上的，从而长三角地区的户籍制度是在这个"控制"模式的框架内逐步开始调整控制。直接体现在《关于农民进入集镇落户问题的通知》之中，这一通知规定，"凡申请到集镇务工、经商、办服务业的农民和家属，在集镇有固定住所，有经营能力，或在乡镇企事业单位长期务工的，公安部门应准予落常住户口，及时办理入户手续，发给"自理口粮户口簿"。从中可以清晰地看出，户籍制度初步松动中的"严格管制"特征：一是只允许落"常住户口"；二是必须为长期务工，并有经营能力和固定住所；三是口粮仍由流动人口和劳动力自行解决。上海在这一阶段的户籍政策更为苛刻，如1984年《上海市外来人口寄住户口管理试行办法》直接规定"对外来人口实行严格的管制"；1988年《上海市暂住人口管理规定》明确指出"外省市来上海市从事经营活动的寄住人员应按人缴纳城市建设费，外来人口为城市的管制对象"。简而言之，上海将外来人口作为城市管制对象，并设置诸如需缴纳城市建设费等相关的附加障碍。

5.2.2 逐步松动阶段（1993—2001年）：社会管理问题得到重视

这一阶段开始由严格管制向逐步松动转变，而且松动的程度相比之前的管制更占主导地位，人口流动给城市带来的社会问题得到重视，即在该阶段社会管理问题意识凸显。1992年，长江三角洲15个城市协作部门主任联席会议制度建立，并于1997年升格为长江三角洲城市经济协调会，这些都基于长三角地区城市化水平的不断提高与经济的快速发展。随着人口流动规模的扩大，长三角地区内部不同地方政府的户籍制度开始呈现逐步松动的特征，例如，1997年江苏省政府批转的《江苏省公安厅关于江苏省小城镇户改试点方案和关于加强农村户籍管理工作的意见》中有这样的表述："凡是在小城镇有合法固定住所、稳定职业或生活来源的，就可以在小城镇登记常住户口。"而浙江省也在1998年《浙江省人民政府办公厅转发省公安厅关于解决户口管理工作中几个突出问题实施意见的通知》中表示"凡在城市有合法固定的住所、合法稳定的职业或者生活来源，可准予在该城市落户"。同时，上海为了吸引外来人才为其转办上海市常住户口提供了越来越宽的通道，如人才寄住证制度显示了政策"服务"导向。但从客观上说，外来人口对本地劳动力市场产生了一定的负面冲击，给城市的社会管理带来了挑战和压力，长三角地区内部的不同省、市、县（区）等各级地方政府在引导农民工合理有序的流动的同时保护城市居民的利益，区域内很大一部分城市出台了一系列文件来规范劳动力市场，然而对外来人口的管理还是具有一定限制，也就是说对于大规模的人口和劳动力流动，户籍政策开始逐步松动，但远未全面松动，这一规模的流动所引发的城市犯罪率、交通拥挤、环境污染等社会管理问题意识开始凸显，并逐步占主导，相比外来人口和劳动力对区域经济增长与经济发展的贡献的认可度这一倾向更为突出，即仍将外来人口作为城市严格管制的对象，而非与城市居民同等的主体。这样的制度安排具体体现在：江苏省南京市在《南京市外来劳动力劳动管理规定》（1999年）中规定用人单位应当严格控制使用外来劳动力，优先使用本市城镇劳动力；上海市要求在对农民发放寄住证和务工证时需缴纳务工管理费,并对单位使用和聘用外地劳动力进行了等级分类等。再如,一直到2002年之前上海市和浙江省均实行一定限制的蓝印户口,逐步对满足一定条件的外来人口放开。在这一过程中可以明显看出长三角地区地方政府在户籍政策制定上的特征是:为了社会秩序的稳定而限制了外来劳动力的劳动岗位范围,尽管户籍制度和政策开始松动,但仍偏向注重大规模人口和人口流动所引发的社会管理问题而忽视他们对城市与地区发展的贡献以及自身的权益与福利。

5.2.3 深化改革阶段(2002年至今):有序推进城乡一体化

在该阶段,户籍政策主要开始强化流动人口服务与管理的制度创新,并逐步走向规范化管理,在此基础上推进制度的城乡一体化。进入21世纪后,中央政府对流动人口的户籍政策演化到了"权益与福利意识"开始浮现的阶段,2008年9月7日《关于进一步推进长江三角洲地区改革开放和经济社会发展的指导意见》指出,加强外来人口服务和管理、改革区域户籍制度,逐步实行以居住证为主的属地化管理制度;保障外来务工人员子女的同等受教育机会;完善和落实国家有关农民工的政策,切实维护农民工的合法权益。2009年《关于加快推进流动人口服务管理体制创新促进长江三角洲地区一体化发展的指导意见》进一步指出,需以长三角地区改革区域户籍政策、推行以居住证为主的属地化管理制度为契机,开展人口政策调研,改善和保障计划生育民生问题。结合户籍管理制度改革,整合居住证、暂住证和婚育证明等管理制度,探索实行城乡统一的人口属地登记制度,按照全国人口发展功能区规划,逐步地、有条件地解决长期在城市就业和居住的流动人口户籍问题,逐步破除城乡二元社会管理体制。由此,长三角地区率先开始响应,开始修订与废除一系列外来务工人员在城市和地区内的权益、福利保护问题等不对等户籍政策。如浙江省在2009年发布了《浙江省流动人口居住登记条例》,标志着流动人口步入"居住时代",并享受社会保障、公共服务等同城待遇。居住证分为浙江省临时居住证和浙江省居住证,持有人可以享受社会保障、公共服务等具体待遇,以及凭证办理各项个人事务;2011年南京市公安局发布了《关于建立流动人口居住证管理制度的工作意见》,在全市建立了流动人口居住证管理制度。2011年底,组织开展了南京市居住证制度实施试点工作。2012年开始全面推开南京市居住证制度，通过发放居住证和加强人口信息化建设，按规定落实了居住证持有人合法权益，促进了流动人口真正融入城市。2013年，南京市居住证得到了普及应用，居住证制度在人才战略上的牵引作用得到了充分的发挥，引导人口合理有序流动、优化城市人口结构，基本实现了人口管理全覆盖和基本公共服务均等化，为促进南京市经济社会发展发挥了更大的作用。2012年江苏省政府进一步积极稳妥推进户籍管理制度改革，落实放宽中小城市和小城镇落户条件的政策并要求不断满足符合条件的农村人口落户需求，不断提高城乡基本公共服务水平；上海市在2014年公布《上海市引进人才申办本市常住户口试行办法》，坚持政策公开、标准统一、程序规范、办理方便。可见，相比以往的"严格控制""限制性""管理"特征措施，这些规定转向了"服务"的制度创新方向的布局，长三角地区对外来人口的户籍政策由最初的"限制"到随后的"允许"，又演化到目前的"鼓励"。但与此同时，由于在对外来人口和农民工工资、福利、社会保障、子女教育等方面长期以来的严重缺失，户籍制度深化改革的推进仍在探索中缓慢前进、任重而道远。

上述演化脉络可以从江苏、浙江和上海"两省一市"的有关户籍相关文件和规定的梳理中得到印证，具体如表5-1、表5-2和表5-3所示。鉴于这一部分重点探讨长三角地区整个区域的户籍政策演化脉络，有关"两省一市"三者各自的演进机理及其相应的特征分析放到后续的比较研究中，这里不做赘述。

表5-1 江苏省流动人口户籍政策演化路径

时间	政策文件	主要内容
1984年5月23日	《江苏省人民政府关于照顾解决部分中小学公办教师和归侨、侨眷中的专业技术干部的农村家属户口迁移到城镇问题的通知》	符合享受符合条件待遇的中小学公办教师和归侨、侨眷中的专业技术干部，经过批准同意从农村迁往城镇的家属，持市人民政府或省人事局的批准手续，向迁入地的公安、粮食部门办理户口、粮油迁移手续。
1992年8月	《关于实行当地有效城镇居民户口制度的通知》	对收钱办理的"农转非"户口符合办理蓝印居民户口条件、迁移手续完备的，可以转为蓝印户口。

续表

时间	政策文件	主要内容
1997年12月	《江苏省公安厅关于江苏省小城镇户改试点方案和关于加强农村户籍管理工作的意见》	凡是在小城镇有合法固定住所、稳定职业或生活来源的,就可以在小城镇登记常住户口。
1998年6月23日	《江苏省政府批转省公安厅关于解决当前户口管理工作中几个突出问题的实施意见的通知》	抓紧办理新生婴儿随父随母落户、未成年子女随父随母迁移和夫妻投靠、父母投靠子女户口。全面启动投资兴办实业和购买商品房人员的户口迁移工作。抓紧解决省辖市郊区无地农民撤组转户问题。
1998年8月28日	《江苏省政府办公厅关于转发省户改领导小组关于进一步做好小城镇户籍管理制度改革试点工作的意见的通知》	及时调整子女入学、土地流转、土地补偿分红等方面的管理办法,以适应人口城市化管理的需要,确保户改试点工作的健康、顺利进行。
2000年11月1日	《江苏省政府办公厅转发省公安厅关于改革和加强城市户籍管理工作为推进城市化与城市现代化服务十项措施的通知》	全面推行小城镇户籍管理制度改革。
2001年7月17日	《江苏省政府办公厅转发省公安厅关于进一步推进城市和小城镇户籍管理制度改革的意见的通知》	经批准在小城镇和城市落户的人员,在入学、参军、就业等方面与当地原有居民享有同等权利,履行同等义务,不得对其实行歧视性政策。
2002年11月22日	《江苏省政府批转省公安厅关于进一步深化户籍管理制度改革意见的通知》	建立城乡统一的户口登记管理制度。在全省范围内按照实际居住地登记户口,统称为"居民户口"。取消进城人口计划指标管理。取消"农转非"制度,废止非农业人口迁入许可证,实行户口迁移条件准入制。实行有利于吸引资金和人才的城市户口迁移政策。取消对申请迁入城市投靠亲属的条件限制。
2006年12月31日	《江苏省政府关于解决农民工问题的实施意见》	鼓励在各行各业表现突出的优秀农民工,特别是有技能的优秀农民工落户江苏省城镇。
2012年3月30日	《江苏省人民政府办公厅关于积极稳妥推进户籍管理制度改革的通知》	落实放宽中小城市和小城镇落户条件的政策;遵循城镇化发展规律,统筹推进工业化和农业现代化、城镇化和社会主义新农村建设、大中小城市和小城镇协调发展,引导非农产业和农村人口有序向中小城市和建制镇转移,不断满足符合条件的农村人口落户需求,不断提高城乡基本公共服务水平。

续表

时间	政策文件	主要内容
2014年1月25日	《中共江苏省委、江苏省人民政府关于全面深化农村改革深入实施农业现代化工程的意见》	提出了建立农业转移人口市民化机制,其中包括加快户籍制度改革,推广张家港积分落户的做法,形成流动人口落户通道。加快户籍制度改革,全面放开建制镇和小城市落户限制,有序放开中等城市落户限制,合理确定大城市落户条件,严格控制特大城市人口规模。
2016年12月7日	《江苏省常住户口登记管理规定》	户口迁移分为市内迁移、市外迁入、迁出市外和大中专院校学生户口迁移四种情形。市内迁移是指公民户口在设区的市范围内迁移的户口登记。市外迁入是指公民户口从设区的市范围以外迁入的户口登记。迁出市外是指公民户口从设区的市范围内迁出的户口登记。

资料来源:经笔者加工整理所得。

表5-2　浙江省流动人口户籍政策演化路径

时间	政策文件	主要内容
1984年10月13日	《关于农民进入集镇落户问题的通知》	凡申请到集镇务工、经商、办服务业的农民和家属,在集镇有固定住所,有经营能力,或在乡镇企事业单位长期务工的,公安部门应准予落常住户口,及时办理入户手续,发给"自理口粮户口簿"。
1992年8月	《关于实行当地有效城镇居民户口制度的通知》	开始试行"蓝印户口制度"。
1998年10月30日	《浙江省人民政府办公厅转发省公安厅关于解决户口管理工作中几个突出问题实施意见的通知》	实行婴儿落户随父随母自愿的政策。解决夫妻分居问题的户口政策。凡男性超过60周岁、女性超过55周岁且身边无子女需要到城市投靠子女的公民,可以在该城市落户。对在城市投资金额达一定额度、兴办实业利税达一定额度的公民和随其共同居住的直系亲属,凡在城市有合法固定的住所、合法稳定的职业或者生活来源,可准予在该城市落户。
2000年9月1日	《浙江省人民政府关于加快推进浙江城市化若干政策的通知》	大中城市要根据经济社会发展需要,采取积极的人口迁移政策,优先引进高素质人才,引导人口集聚。2000年起,农民进城镇落户不再受"农转非"指标限制,各地按实统计城镇居民户口。已转为城镇居民户口的

续表

时间	政策文件	主要内容
		原农民,在教育、就业、兵役、社会保障等方面享有与当地城镇居民同等待遇,并承担相应的义务。
2003年10月	《海宁市公安局户籍管理城乡一体化改革实施细则》	海宁等地开展废除户口性质划分、实行城乡统一户籍管理制度改革试点工作。
2006年8月28日	《浙江省人民政府关于解决农民工问题的实施意见》	继续深化户籍管理制度改革。探索建立公平、规范、统一的省内户口迁移制度。逐步和有条件地解决长期在城市就业和居住农民工的户籍问题。
2008年10月1日	《嘉兴市打造城乡一体化先行地行动纲领》	嘉兴市实施城乡一体化户籍管理制度改革,城乡居民户口统一称为"居民户口"。改革附加在户籍制度之上的相关社会经济政策,比如实施全民社保、推行城乡统一的就业服务政策等。
2009年6月3日	《浙江省流动人口居住登记条例》	流动人口步入"居住时代",并享受社会保障、公共服务等同城待遇。居住证分为"浙江省临时居住证"和"浙江省居住证",持有人可以享受的社会保障、公共服务等具体待遇,以及凭证办理各项个人事务。
2013年1月25日	《关于推进户籍管理制度改革的实施意见》	德清县作为省政府首批批准开展户籍管理制度改革试点县,在完成大量前期工作基础上,启动实施户籍制度改革。
2014年7月28日	《平阳县户籍管理制度改革试点工作方案》	温州市平阳县试点户籍制度改革,将正式取消农业户口、非农业户口的性质划分,统一转换为"居民户口"。
2016年6月7日	《中共浙江省委、浙江省人民政府关于进一步加强和改进对农村进城务工人员服务和管理的若干意见》	探索建立公平、规范、统一的省内户口迁移制度。逐步和有条件地解决长期在城市就业和居住农民工的户籍问题。对农民工中的劳动模范、先进工作者和高级技工、技师以及其他有突出贡献者,应优先准予落户。继续扩大城乡统一的户籍管理制度改革试点,通过完善政策、改革管理和调整城乡识别标识,完善户籍管理和相关的配套制度。改革农民工登记管理办法,加快相关立法修改,逐步在全省范围内取消暂住证制度,实行居住证制度。

资料来源:经笔者加工整理所得。

表 5-3 上海市流动人口户籍政策演化路径

时间	政策文件	主要内容
1984年11月28日	《上海市外来人口寄住户口管理试行办法》	有外来寄住人员的单位撤销、搬迁或寄住人员增减变动（包括个体户），应及时向当地公安派出所办理户口注销或变更登记手续，对外来人口实行严格的管制。
1988年6月17日	《上海市暂住人口管理规定》	外省市来上海市从事经营活动的寄住人员应按人缴纳城市建设费，外来人口为城市的管制对象。
1993年12月23日	《上海市蓝印户口管理暂行规定》	在上海投资、购房、被聘用具备规定条件的，可以申请蓝印户口。获准登记蓝印户口的外省市人员不需要从外省市户口所在地办理户口迁移手续。
1998年10月26日	《上海市蓝印户口管理暂行规定（修正）》	本规定所称蓝印户口是指：对在本市投资、购买商品住宅或者被本市单位聘用的外省市来沪人员，具备规定的条件，经公安机关批准登记后加盖蓝色印章表示户籍关系的户口凭证。蓝印户口对满足一定条件的外地购房者放开。
1999年5月20日	《上海市吸引国内优秀人才来沪工作实施办法》	按本办法第三条第一项规定申请引进的已婚人才，夫妻双方必须同时符合该项规定，其子女可随迁；按第三条第二、三、四、五项规定调沪的人员，其配偶、未成年子女可随调、随迁。
2002年3月25日	《上海市人民政府关于本市停止受理申办蓝印户口的通知》	自2002年4月1日起，停止受理申办本市蓝印户口，并妥善处理有关遗留问题。
2002年4月30日	《引进人才实行〈上海市居住证〉制度暂行规定》	具有本科以上学历或者特殊才能的国内外人员，以不改变其户籍或者国籍的形式来本市工作或者创业的，可以依据本规定申领"上海市居住证"。分为人才类、普通从业者类、投靠亲友类三种，对于高校毕业生的户籍发放开始按人才类别、成就、贡献等实行"打分制"。
2004年8月30日	《上海市居住证暂行规定》	"居住证"的持有人符合一定条件的，可以申请转办本市常住户口。扩大了居住证使用范围，在各类来沪人员中推行，按不同条件分为引进人才、务工经商和投靠亲友就读等三类。
2006年10月25日	《上海市人民政府关于本市做好农民工工作的实施意见》	推进实施农民工居住证制度。

续表

时间	政策文件	主要内容
2009年2月23日	《持有〈上海市居住证〉人员申办本市常住户口试行办法实施细则》	持证人员申办本市常住户口应当同时符合下列条件：（一）持有"上海市居住证"满7年；（二）持证期间按规定参加本市城镇社会保险满7年；（三）持证期间依法在本市缴纳所得税；（四）在本市被聘任为中级及以上专业技术职务或者具有技师（国家二级以上职业资格证书）以上职业资格，且专业及工种对应；（五）无违反国家及本市计划生育政策规定行为、治安管理处罚以上违法犯罪记录及其他方面的不良行为记录。持证人员符合激励条件之一的，可以优先申办本市常住户口。确定了居住证转户籍的5个申办条件。
2013年1月24日	《关于做好非上海生源应届普通高校毕业生进沪就业工作的通知》	各用人单位应按照要求，及时为本单位录用的非上海生源毕业生办理进沪就业的各项手续。
2014年4月15日	《上海市引进人才申办本市常住户口试行办法》	按照优先服务国家战略、优先服务"四个中心"建设重点领域的原则，引进人才实行条件管理，明晰分类。坚持政策公开，标准统一、程序规范、办理方便。
2016年4月25日	《上海市人民政府关于进一步推进本市户籍制度改革的若干意见》	到2020年，上海全市常住人口规模控制在2500万以内，人口结构更加合理，人口素质进一步提升，人口布局进一步优化。本世纪以来，上海常住人口激增800多万，从2000年1608万人，增加到2014年底的2425.68万人。这其中，户籍常住人口1429.26万人，外来常住人口996.42万人。
2019年12月30日	《持有〈上海市居住证〉人员申办本市常住户口办法》	持证人员申办本市常住户口，应当同时符合下列条件：（一）持有"上海市居住证"满7年；（二）持证期间按照规定参加本市城镇社会保险满7年；（三）持证期间依法在本市缴纳个人所得税；（四）在本市被评聘为中级及以上专业技术职务或者具有技师（国家二级职业资格证书）以上职业资格，且专业、工种与所聘岗位相对应；（五）符合国家及本市现行计划生育政策，无刑事犯罪记录等其他不宜转办常住户口的情形。

资料来源：经笔者加工整理所得。

5.3 长三角地区"两省一市"流动人口户籍政策的比较研究

总的来看,在户籍制度方面,长三角地区突出"以证管人"。各地普遍围绕以居住证为核心,通过居住+就业双绑定,结合社保年限、人才素质等其他方面因素对流动人口设置落户门槛。而户籍改革的进展以稳妥有序为主基调,各地落户门槛的提高或降低,则主要取决于各城市在接下来的发展过程中对人才的质量及数量的考量权衡,而积分细则中的权重调整则鲜明地反映着当地对流动人口调控的政策倾向。区域内人口最为集中、发展程度最高的上海对于流动人口落户的门槛自然极高,而南京、苏州、杭州等城市则相较过去放低了落户门槛,以增加自身对人才的吸引力。

5.3.1 "两省一市"户籍政策的共同点

首先,通过以上户籍政策的梳理,笔者认为,长三角地区"两省一市"政府在中央户籍改革政策的宏观框架内,都在一定程度上逐步改变了向城市居民倾斜的户籍政策,陆续出台了一系列措施对区域内户籍政策进行调整和改革。由以上分析得出,户籍制度从整体进程来看是一个不断放开的过程。从逐步松动到全面调整再到深化改革,反映出无论是江苏、浙江还是上海,长三角地区各地政府对于流动人口政策由管理控制走向加强服务和管理的趋势,表明了政府对健全区域内流动人口管理与服务协调机制的意识得到了增强。

其次,随着经济一体化水平的提高,"两省一市"现行的户籍制度不再能完全满足人口自由流动更加迫切的需求,由于各自的改革配套措施都局限于单一的行政管理体制模式内,户籍政策不利于打破地区局限,阻碍了长三角地区一体化户籍制度的变革之路。

最后,尽管长三角地区"两省一市"的户籍制度改革在外来人口的社会权利平等上做出了很多努力,如社会保障公平、居住权平等、教育资源共享等方面,但三地均在外来劳动力的经济权利上有着优先照顾城市户籍居民的偏向,这种带有地方保护色彩的"同工不同酬"现象降低了资源配置的整体效率，也为长三角地区区域内产业结构调整、优化和升级带来了阻力。

5.3.2 "两省一市"户籍政策的差异之处

由于地区分布不均衡、社会经济发展程度不一，需要兼顾各地的不同情况尤其是城市综合承受能力，各地的户籍改革进程并不是齐头并进的。在建立健全区域内户籍政策协调机制过程中，各地结合自身具体情况有一定的自主性。现行的户籍政策的主要差异体现在以下三大方面。

一是户籍制度改革的方向目标并不一致。江苏和浙江重点改革户籍管理制度，尽力缩小城乡之间的差距，保障城乡居民在社会福利及公共服务上享有同等待遇，完全放开落户条件，最终实现区域内人口自由流动与迁徙。而上海面临着人才不足和各地人才竞争形势，其户籍改革注重解决引进外来人才问题，为众多持有上海居住证的人士及外地人才打开入沪之门，主要目标是吸引发展先进制造业和现代服务业所需的高端人才。

二是户口迁移限制松紧不一，主要体现在以下三个方面。

其一，江苏省大刀阔斧的户籍改革早在1997年就开始了，省政府批转了《江苏省公安厅关于江苏省小城镇户改试点方案和关于加强农村户籍管理工作的意见》，开始在农村进行小城镇户籍制度改革，规定凡是在小城镇有合法固定住所、稳定职业或生活来源的，就可以在小城镇登记常住户口。2002年，江苏户籍制度再次实施重大改革，取消了对申请迁入城市投靠亲属的条件限制。2006年8月，无锡市开始实施"新居民安居乐业工程"，并在无锡的新区进行试点，规定了申领居住证的对象和条件：在无锡新区购买60平方米以上的成套商品房，有合法稳定的工作，符合计生规定并有暂住证等。这一新政策与以往的落户规定相比，门槛低了许多。而在之前，必须要拥有100平方米以上的房子才有可能拥有户籍。2008年，实行了外来人口暂住证省内"一证通"制度。2010年11月，江苏省无锡市制定《2010—2012年无锡市就业和社会保障城乡一体化实施方案》，体现国家人口计生委推进流动人口基本公共服务均等化的要求，形成以居住证为核心的流动人口服务管理新机制，而2011年2月南京的保障房建设开始驶入快车道。可以看出，江苏省户籍改革一定程度上消除了城乡二元结构，加速推进了城乡一体化进程。2015年江苏省提出坚持"积极稳妥、规范有序"等原则推进户籍改革。其中，南京市的落户政策相对宽松，申请人持江苏省居住证且累计缴纳社保两年即可申请。南京市不仅放宽了部分条件，而且在积分计算上做出了一定调整，通过提高社保和居住年限的权重、优化学历技术分值占比、取消年度落户数量限制等举措，优先解决已在城镇就业、居住5年以上和举家迁徙的农业转移人口及新生代农民工的落户问题。而与之形成对比的是，苏州市的积分落户政策将居住证年限和参保年限的要求放宽至仅为一年，但要求申请人在苏州市区范围内拥有合法稳定住所且人均住房面积达到市区住房保障标准，突出了"以房落户"的倾向，并实行总量控制，近几年的年均指标区间控制在2500—3000人。

其二，浙江省的步伐也并不缓慢，2007年取消农业与非农业二元户口划分，2008年试点居住证制度。其中，杭州市的落户条件与江苏省苏州市较为接近，要求申请人持浙江省居住证，年满十八周岁，无严重刑事犯罪记录，且在市区城镇有明确的拟落户地即拥有合法固定住所。宁波市要求申请人在本市合法稳定就业，参加本市社会保险满5年，且本人或配偶在市区城镇范围内有合法稳定住所，并相应地对省内户口、满足一定学历或技能条件的申请人放宽要求，例如，具有高中学历、普通中等职业教育或初级技能职业资格的申请人只需参保满2年即可申请。温州市则以居住社保落户代替了原先的居住证落户，要求申请人合法稳定居住、稳定就业、缴纳社保均满5年，并对于持有省内户口或本市其他县市户口的申请人放宽了居住年限的要求，分别为4年及3年。从2008年10月1日起，嘉兴市的"农业户口"彻底退出历史舞台，开始建立按居住地登记户口的新型户籍管理制度、城乡统一的户口迁移制度和按居住地划分的人口统计制度，取消农业户口、非农业户口分类管理模式，全市城乡居民户口统一登记为"居民户口"。嘉兴市、平阳县也加入了户改大军，按照部署，其余8个地市也将推进户改制度，各项试点工作进展顺利。2012年12月，湖州市德清县被浙江省政府确定为户籍制度改革试点县，按照户籍制度改革的总体要求全面推进，并于2013年9月30日正式取消农业、非农业户口性质划分，之后调整完善相关政策26项，并明确今后出台的政策不再与户口性质挂钩。

其三,上海市作为人口压力较大的超大城市,户籍迁移政策相对从紧。2002年4月30日,上海市人民政府颁布《引进人才实行〈上海市居住证〉制度暂行规定》,将"引进人才工作寄住证"正式改名为"引进人才居住证",人才居住证制度主要以引进国内外人才为主,通过人才居住证为引进的外来人才提供便捷的工作、生活环境,以达到吸引人才的目的。人才居住证制度虽然保障了外来人才在城市平等的生存、就业和享受公共服务,但并不能满足大部分城市流动人口的意愿,尤其是文化程度较低的农民工群体,这对城市的管理来说依然是一个难题。2009年2月23日,上海市人民政府印发的《持有〈上海市居住证〉人员申办本市常住户口试行办法实施细则》规定:到上海创业、就业,并持有上海市居住证的境内人员在满足"积分入户"的五个条件①的情况下可落上海户口。一改之前户籍与出生、求学、工作调动等挂钩的现状,进行户籍改革(按市民对城市建设贡献率为参照的"指标体系",激励条件主要强调能力业绩和贡献)。2019年12月30日,上海市人民政府最新发布的《持有〈上海市居住证〉人员申办本市常住户口办法》对于申办上海市常住户口的条件基本未发生实质性变化,仅仅是将原来需要满足的第5条"无违反国家及本市计划生育政策规定行为、治安管理处罚以上违法犯罪记录及其他方面的不良行为记录",调整为"符合国家及本市现行计划生育政策,无刑事犯罪记录等其他不宜转办常住户口的情形",将以往"无违反治安管理处罚以上违法犯罪记录"调整为"无刑事犯罪记录"。但是户口迁入上海相对来说还是困难而严格的,较为苛刻的条件持续时间相对较长,户籍准入门槛依然较高,众多的底层外来劳动者难以进入,自由迁移难度更大。

从以上分析可以看出,江苏省和浙江省对居民户籍进行了统一的登记管理,同时在一定程度上开始逐步缩小附加在户籍背后的福利差距;而上海市只是相较于改革前对"新上海人"各方面权益的考虑迈出了一

---

① 持证人员申办本市常住户口应当同时符合下列条件:(一)持有"上海市居住证"满7年;(二)持证期间按规定参加本市城镇社会保险满7年;(三)持证期间依法在本市缴纳所得税;(四)在本市被聘任为中级及以上专业技术职务或者具有技师(国家二级以上职业资格证书)以上职业资格,且专业及工种对应;(五)无违反国家及本市计划生育政策规定行为、治安管理处罚以上违法犯罪记录及其他方面的不良行为记录。

大步，相比江苏省和浙江省两省长远的改革发展思路，上海市的户口迁移限制仍然未做到实质性的放宽。

三是建立城乡统一的户口登记制度的进程不同。取消农业户口与非农业户口性质区分是破除城乡二元结构和城乡经济统筹发展的基础，为此，江苏省建立了城乡统一的户口登记管理制度，在全省范围内取消农业户口、非农业户口、地方城镇户口、蓝印户口、自理口粮户口等户口性质，按照实际居住地登记户口，统称"居民户口"。浙江省嘉兴市建立按居住地登记户口的新型户籍管理制度、城乡统一的户口迁移制度和按居住地划分的人口统计制度，取消农业户口、非农业户口分类管理模式，全市城乡居民户口统一登记为"居民户口"。而对于上海而言，在引进人才上的户籍壁垒一直被外界诟病。巨大的城市压力导致配套改革的难度大，二元户籍制度及其承载的福利功能"惯性"较强，因此，对户籍政策的各种调整还是不够彻底。如其户口性质仍然人为地划分为农业户口和非农业户口两种性质，并且2014年前后实施的积分制度也限制了农民工落户。

通过以上分析可以印证，江苏省和浙江省两省建立城乡统一的户口登记制度的进程明显要比上海市更快，而上海市迫于城市承载力的压力，改革力度仍显不足，对于户籍改革的本质还未触碰到。

综上所述，长三角地区户籍制度的变迁进程面临的主要问题较为突出：与经济一体化的发展速度相比，户籍一体化进程还十分滞后，这已经严重制约了长三角区域一体化的进程。目前，长三角地区户籍制度改革具有逐步放限、规范、改善的循序渐进式特点，而且由于以上制约性的突出问题，近年来改革的步伐正在加快。需要引起重视的是，户籍制度改革的艰巨性和难以彻底性不仅体现在城市公共承载力上，更考验与户籍制度各种福利功能相关的一系列综合改革。

但是，相对于国家宏观层面，长三角地区在中观层面上的户籍制度改革的突破成果是不容小觑的。长三角地区在户籍制度改革上具备一定的先天条件，人才流动出现新的趋势，如流动人口规模扩大、年龄趋于成年化方向、流动时间越来越长等。因此，在全国率先推进了户籍制度的改革。根据表5-1、表5-2和表5-3所列出的政策文件以及之后的内容分析可以看出，长三角地区的户籍改革政策一直走在全国前列。在国际上，日本东京实行迁徙自由的"户口随人走"户籍管理制度，并且其户籍卡上以家庭为单位标明个人身份以及父母、夫妻、子女关系等，户口迁移之后公民的社会保障跟进服务更为完善，长三角地区与之相比还有很长一段路要走。

5.4 长三角地区流动人口户籍政策改革方向前瞻

在区域一体化进程中，由于户籍壁垒的存在，长三角地区外来流动人口与本地居民之间的不平等待遇并未被熨平甚至呈现进一步扩大的趋势，这充分凸显了户籍制度创新的必要性，尤其是在人口红利、资源和能源红利与经济全球化红利等传统驱动力日渐式微的新常态背景下，应当发挥户籍改革红利的乘数效应，对长三角地区更彰显其内在拉动力和扩张力。本章基于1978—2016年长三角地区"两省一市"户籍政策文件和规定的考察，采用文本分析方法，梳理和探讨了长三角地区流动人口户籍政策的演化脉络、内在机制及其在不同省域间的社会经济效应。结论表明，长三角地区流动人口政策先后经历了严格控制与开始松动、城市"社会管理问题意识"日趋凸显、深化改革与推进城乡一体化三个阶段，区域内"两省一市"户籍政策尽管存在一定的共性特征，但更多的是存在户籍制度改革方向目标并不一致、户口迁移限制松紧程度不同、建立城乡统一户口登记制度进程不同等差异化特征。长三角地区户籍制度在不同程度上存在着种种限制，由此对附加在户籍上的教育、住房、医疗等社会保障福利制度改革形成了倒逼。

改革开放以来，长三角地区的人口流动给其社会经济发展带来前所未有的巨大活力，然而城乡二元结构所形成的户籍制度的限制，造成了长三角地区社会流动性的不足，一些人渴望融入城市的心愿与现实户籍障碍之间存在着种种矛盾；相关权益和社会保障的不同对现有的户籍制度形成了倒逼机制，改革的迫切性日益明显。但是破除城乡二元结构和户籍制度改革并不是百米冲刺，不可能一蹴而就；因此，尽管改革是大势所趋，仍然需要一个探索的过程。

1979年以来，为适应经济发展，长三角地区进行了一系列改革，如取缔暂住证等，但实质上还是一些零敲碎打的改革，仍需进一步探索促进长三角地区人口流动的户籍管理制度,实现"从0到1"式的突破。

为打破长三角地区省市内部及省市之间人口自由迁移流动的限制,需要逐步调整政策,深化改革,消除户籍政策差异,以实现长三角地区户籍政策一体化。但是户籍制度改革是复杂的系统工程,需要兼顾的因素很多,从就业、教育、医疗保障到土地、住房、养老等经济福利的配套改革,牵一发而动全身。因此,应在国家层面上统筹长三角地区跨区域全局战略,改革附加在户籍制度上的相关社会经济政策是户籍改革的关键点,在此基础上完善宏观与中观层面上下联动协调机制是符合长三角区域发展一体化客观规律的户籍改革之路。如果只是改变户口登记簿的"身份"信息差别(即形式上的户籍歧视),而根据户籍身份产生的各种差别待遇没有取消,则实质上的户籍歧视无法彻底消除,如社会福利、医疗保险、基础教育等附加在户籍制度上的利益功能,这就需要实施经济社会配套政策与之衔接好(比如全民社保、推行城乡统一的就业服务政策等)。对此,有学者认为改革的核心,一方面是如何使城市的福利体制货币化,另一方面是如何提高农村的福利水平,否则户籍改革则失去了实际意义[①]。

由此,在长三角区域一体化不断推进的进程中,户籍政策的协调与完善将是一个循序渐进的过程,慢不得也急不得,需要逐步积极稳妥地推进户籍改革,进而实现居民社会管理城乡一体化、公共服务均等化。

基于上述分析,本章认为长三角地区人口流动户籍制度的未来选择应着重考虑,总体框架体系应该做出如下安排。

首先,发挥长三角地区不同省市间的协调效应。尽管长三角地区并不是一个独立主体,但是笔者认为,不同省市应该在"虚拟一体化"的框架下从竞争中寻求合作,发挥相互间的协同效应。从中观视角来看,长三角地区可以通过区域联合视作一个整体的区域概念,类似于美国的纽约、日本的东京等区域(目前所说的东京包括横滨以及东京湾,就是大区域的概念),城市之间的界限逐渐模糊。同时建立长三角跨区域多层次的决策沟通机制,如发展行业协会、中介组织等,在长三角区域规划中打造一个由上而下的无障碍完整合作协调平台以及综合信息登记平台,

---

① 《长三角地区获准率先实施户籍改革》,《北京商报》2008年10月17日。

进一步充分发挥"长江三角洲城市经济协调会""沪苏浙流动人口计划生育区域联动联席会议"等在推进户籍政策走向一体化的独特作用，加强和提高地方政府户籍制度创新及再创新的意识和能力，在长三角地区实现教育联动机制和体制创新以及社会保障制度的相互衔接并逐渐趋于统一。与此同时，长三角地区也可以借鉴京津冀地区成立国家级、权威的"京津冀协同发展领导小组"的成功经验，各省市联合组建专门性的协调机构，以破除省市间人口流动的行政壁垒，推进户籍层面的长三角一体化。

其次，中观层面的户籍政策制定以及制度安排需要与中央政府宏观社会经济政策相契合。在与国家宏观调控一致的前提下，地方政府拥有一定自主权，长三角地区地方政府户籍政策可以朝着既定的改革方向发展，根据地方特点进行户籍制度完善。

最后，长三角地区户籍管理制度安排应与其经济和社会发展程度相匹配，发挥在全国范围内的示范与引领效应。在完善户籍管理制度的过程中，应立足长三角地区社会经济发展的实际来制定中长期目标，分批、过渡地制定改革方案和配套协同措施解决流动人口户籍问题，逐步缩小外来人口与户籍居民在公共福利、社会保障方面的差距，为中观区域内要素资源的有序流动提供良好稳定的社会环境。同时，作为中国经济增长与社会进步的引擎之一，长三角地区户籍政策应与经济发展程度相匹配，除发挥不同省市间的协同效应，更彰显其内在拉动力和扩张力，最终充分发挥其在全国范围内的示范和引领效应。

户籍制度的改革在一定程度上能推动区域经济的增长，不仅可以明显缓解劳动力紧张问题，更可以通过劳动力的自由流动促进长三角地区经济资源的合理流动和有效配置，从而挖掘并凸显跨区域劳动力资源配置在推动和协调长三角区域经济增长中的协同效应。在人口红利、资源和能源红利以及经济全球化红利等传统驱动力日渐式微的新常态背景下，可以进一步发挥户籍红利的乘数效应，对于长三角地区更有其内在拉动力和扩张力。

第6章 长三角地区流动人口医疗保险政策研究

改革开放40多年来,与中国经济持续保持近10%的高增长相伴随的是,人口和劳动力大规模在地区间、城乡间抑或部门间流动。据统计,我国农民工总量由1985年的0.28亿人增加到2006年的1.32亿人,再到2019年的2.91亿人①,最近14年的年均增长率约5.81%。其中,长三角地区和珠三角地区均构成了流动人口的两大核心集聚地。就长三角地区而言,其拥有得天独厚的区位条件,充分吸纳了外来劳动力。在劳动力大规模的流动过程中,政策在其中扮演了重要角色或者说起到了一定的作用。由此,本章以长三角地区为研究对象,重点以流动人口政策中的医疗保险政策②为范本,尝试对其演化脉络、内在机制、政策效果及评价等进行专题式的深入而又系统的剖析和探究,在这一过程中本章重点回答以下问题:长三角地区流动人口医疗保险政策起到了什么样的微妙作用?为什么做出这样的制度安排?又给长三角地区的流动人口带来了何种影响?未来政策应呈现什么样的趋势和格局?

基于此,本章主要的结构安排为:第一部分为流动人口医疗保险政策研究现状;第二部分为长三角地区流动人口医疗保险政策梳理;第三部分为长三角地区流动人口医疗保险政策分析与评价;最后为本章小结与流动人口医疗保险政策启示。

---

① 资料来源:相应年份的《中国统计年鉴》和《中华人民共和国国民经济和社会发展统计公报》。
② 流动人口政策通常包括户籍制度、养老保险、医疗保险、工伤保险、计划生育、随迁子女义务教育、购房政策等方面。本书首先选取医疗保险,主要依据在于两个方面:一方面,就长三角地区的政策实践而言,流动人口的医疗保险长期处于政策的"夹心层",在农村医疗保险和城市医疗保险中徘徊;另一方面,从学界研究来看,关于这个领域的研究并不系统和深入。

6.1 流动人口医疗保险政策研究现状

在国外,大部分研究主要侧重于中国流动人口的户籍(Cook,1999; Solinger,1999)、职业(Lipset and Bendix,1959)、阶层(Blau and Duncan,1967)等方面。在国内,综观已有研究,就流动人口医疗保险而言,学界主要从流动人口医疗保障体系[①]、流动人口医疗保险政策以及政策安排三个方面展开。

一是侧重流动人口医疗保障的研究。在这一层面,已有研究主要从宏观与微观两个视角展开。

在宏观层面,房莉杰(2006)认为农村流动人口本身特点造成的管理难度、二元社会保障体制的制度惯性以及政策主客体的主观障碍是导致我国目前流动人口医疗保障参保率低、保障水平不高的主要原因。段成荣等(2013)通过分析第六次人口普查数据也印证了上述观点,并指出目前流动人口在现居住地参加社会保障情况不容乐观,大多数流动人口仍未被纳入社会安全网之内。

在微观层面,多数学者以具有代表性的城市作为研究对象,如胡务(2005)、徐真真等(2011)、林白妮(2013)分别以成都、上海以及广州为例,对其流动人口医疗保障制度发展过程中存在的问题进行研究。而李孜和杨洁敏(2009)则通过对比的方式研究上海、成都、北京和深圳各城市流动人口的医疗保障。

二是聚焦流动人口医疗保险政策的研究。从政策角度研究流动人口医疗保险的学者主要聚焦在政策分析和政策评价两方面。在政策分析层面上,学者主要运用政策文本这一分析工具。如杜长宇等(2007)直接分析与之相关的国家政策文本,并从农民工、用人单位以及政府监管方面来分析存在的问题。在政策评价层面上,彭宅文和乔利滨(2005)侧重分析农民工社会保障政策质量的因素对政策执行效果的影响。另外,也有一些学者通过抽样调查进行实证分析,并对地方农民工现行医疗保

---

① 医疗保障体系不同于医疗保险政策,医疗保障体系是以基本医疗保险和城乡医疗救助为主体,还包括其他多种形式的补充医疗保险和商业健康保险,即流动人口医疗保险是医疗保障体系的一部分。

险政策与农民工实际需求情况进行比较（张宏亮，2012）。

三是关于流动人口医疗保险政策安排的研究。如华迎放和张汉玲等（2010）提出相关部门应当着眼于农民工医疗保险参保范围、资金筹集、保险待遇、支付政策、保险期限和就医管理六个方面。刘军安等（2010）对于政策安排的建议更加具体，在制度设计方面，他提出拓展外来务工人员综合保险的保障范围，将门诊治疗纳入保障范围，并适当提高农民工的保障水平。王琳（2012）认为农民工医疗保险首先以省级统筹为主，逐渐向国家统筹过渡，实现城乡之间的对接通道并且保障农民工在基本医疗保险与城镇居民医疗保险及新农合制度之间转移接续顺利进行。

以上学者的研究成果为本章提供了理论基础，但已有研究也存在以下不足：第一，国外并未对中国的流动人口医疗保险做深入研究，尽管国内有所涉及，但已有研究相对侧重于医疗保障，而非医疗保险政策；第二，在对流动人口医疗保险政策进行分析时主要集中在部分政策文本的研究上，缺乏对政策演化脉络的梳理，忽视了政策环境因素；第三，对区域性的政策安排研究更为鲜见。因此，在已有研究的基础上，梳理出长三角地区2002年以来的流动人口医疗保险政策，并对其做出政策评价，这将是本章研究的核心内容。

6.2 长三角地区流动人口医疗保险政策梳理

无论是一国还是一个地区，其政策制定或制度安排均应是一个动态优化的过程。那么，长三角地区流动人口医疗保险政策究竟呈现什么样的演化脉络？为何做出这样的制度安排？

就全国范围而言，我国流动人口医疗保险政策的制定和完善是一个动态发展的过程。2004年5月，劳动和社会保障部出台的《关于推进混合所有制企业和非公有制经济组织从业人员参加医疗保险的意见》（劳社厅发〔2004〕5号）要求逐步将与用人单位形成劳动关系的农民工纳入医疗保险范围。2010年10月，《社会保险法》已经将流动人口的医疗保险问题上升到了法律层次，并规定"进城务工的农村居民依照本法规定参加社会保险"。人力资源和社会保障部2016年7月印发的《流动就业人员基本医疗保险关系转移接续业务经办规程》规定，自2016年9月

1日起,职工基本医疗保险和城镇(城乡)居民基本医疗保险参保人员流动就业时可以跨制度、跨统筹地区转移接续基本医疗保险业务。具体而言,参保人员跨统筹地区流动医疗保险关系所在地经办机构办理中止参保手续,并按规定提供居民身份证等相关证明材料,申请开具参保凭证。转出地经办机构应该核实参保人在本地的缴费年限和缴费情况,核算个人账户资金,生成并出具参保凭证。这一规定的出台尽管对流动人口的流动决策并不能起到立竿见影的效果,但是从根本上保障了流动人员医保的转接,而且也将形成有章可循的政策预期,对于未来后续的跨省、跨地区流动必将产生积极影响。

在全国的政策大背景下,长三角地区流动人口医疗保险政策的调整是内生于国家社会政策系统和政策框架的,但前者也有其自身的特点。本部分以江苏、浙江、上海为例,梳理出长三角地区的地方政府及其职能部门制定和发布的一系列针对流动人口医疗保险的政策和规定,并对其进行解读分析,以厘清其演化脉络。

6.2.1 范本之一:江苏省

江苏省政策演变过程总体呈渐进式发展态势,可简要划分为三个阶段:初步探索阶段(2002—2006年);逐步定位阶段(2006—2009年);区域内合作阶段(2009年至今)。

在初步探索阶段,江苏省开始重视流动人口医疗保险问题,但尚无明确的政策指向。政策文件中涉及的相关内容较为宽泛,如要求用工企业逐步吸纳外来农村劳务人员参加社会保险,采取灵活而规范的参保方式推动混合所有制企业和非公有制经济组织从业人员参保。毋庸置疑,无论是"社会保险"还是"灵活规范"指向都不明确,很难看出流动人口医疗保险政策的未来走向。

逐步定位阶段相比前一阶段,政策指向较为明朗,即将与用人单位建立稳定劳动关系的农民工纳入城镇职工基本医疗保险范围内[①]。从政策文件的性质来看,由最初的江苏省劳动和社会保障厅发布的意见性文件渐进到省政府出台相关的意见及办法,政策导向逐步明朗化,确定了以城镇

---

① 这里仅指城市或者用人单位为流动人口提供的医疗保险,不包括新型农村合作医疗。

职工基本医疗保险为走向的政策基调。与之相伴随的是"劳动关系"这一词语的高频出现,可以看出围绕"城镇职工医疗保险"这个极具稳定性特征的契约关系来解决流动人口医疗保险是有必要的前提条件。

南京市作为江苏省的省会以及长三角地区的三大城市之一,大规模人口和劳动力涌入城市,其医疗保险问题相对比较薄弱。流动人口仍是"按钱看病"而非"按病看病",因病致贫或因病返贫的情况尤其突出。2007 年,南京市在国家基本医疗保险政策之上率先施行了农民工大病医疗保险,这对于流动人口的保障很具有针对性,并取得了良好的效果。但后期南京市对农民工大病医疗保险的宣传力度不够,管理上也不够清晰(即存在重复参保现象,如参加了农民工大病医疗保险的同时参加了新农合等)。

2009 年以后,长三角地区区域内的不同省市逐步实现合作,合作的重点放在了城镇职工医疗保险的转移接续上。也就是说,只涉及一部分流动人口,即参加城镇职工医疗保险的流动人口医保关系才包含在长三角地区不同省市的合作范围内,至于其他类型保险关系如何实现转移接续并未提及,具体内容可参见表 6-1。

表 6-1　江苏省流动人口医疗保险政策演化路径

时间	政策文件	相关内容
2002 年 9 月 5 日	《江苏省委办公厅、省政府关于进一步做好农村劳务输出工作的通知》	维护外来劳动力合法权益。用工单位要认真贯彻执行《劳动法》等有关法律法规,及时与外来农村劳动力签订用工合同、协议,明确劳动关系。用工企业要逐步吸纳外来农村劳务人员参加社会保险,当前要切实解决好最急需的工伤保险和大病医疗保障。
2004 年 7 月 7 日	《江苏省劳动和社会保障厅转发劳动和社会保障部〈关于推进混合所有制企业和非公有制经济组织从业人员参加医疗保险的意见〉的通知》	要采取灵活而规范的参保方式推动混合所有制企业和非公有制经济组织从业人员参保。坚持权利和义务相对应、缴费水平和待遇水平相挂钩的原则,明确缴费年限,建立缴费与待遇挂钩的机制。通过建立统筹基金和参加大额医疗费用补助办法将他们纳入医疗保险范围,重点解决大额医疗费用风险。各统筹地区要在 9 月底前制定混合所有制企业和非公有制经济组织从业人员参加医疗保险办法,并组织实施。

续表

时间	政策文件	相关内容
2006年4月19日	《江苏省劳动和社会保障厅关于认真做好农民工参加医疗保险有关问题的意见》	对已与用人单位建立稳定劳动关系的农民工，用人单位应按照当地城镇职工基本医疗保险的办法参保，同时应参加大额医疗救助；对参加统账结合基本医疗保险有困难的，要按照"低费率、保当期、保大病、不建个人账户"的原则，参加大病医疗保险或住院医疗保险；对在城镇从事个体经营等灵活就业的农民工，可以按照灵活就业人员的参保办法，以个人名义缴费参加基本医疗保险。 参加统账结合基本医疗保险的农民工，在终止或者解除劳动合同后，医疗保险经办机构应当根据本人意愿，按照国家和省人民政府的规定给予保留医疗保险关系或者随同转移个人账户、接续医疗保险关系；对无法转移、接续医疗保险关系的农民工，可以将个人账户余额一次性支付给本人。
2006年9月30日	《江苏省劳动和社会保障厅、江苏省农民工工作领导小组办公室关于切实做好农民工优先参加工伤保险和医疗保险专项扩面工作的通知》	优先解决农民工参加工伤和大病医疗保险，制定下发农民工参加工伤保险的"平安计划"和参加医疗保险的专项扩面行动。
2006年12月31日	《江苏省政府关于解决农民工问题的实施意见》	切实解决农民工医疗保障问题。根据农民工不同的就业状况和医疗需求，多渠道解决农民工医疗保障问题。各统筹地区要采取建立大病医疗保险统筹基金的办法，重点解决农民工进城务工期间的住院医疗保障问题。根据当地实际合理确定缴费率，主要由用人单位缴费。完善医疗保险结算办法，为患大病后自愿回原籍治疗的参保农民工提供医疗结算服务。有条件的地方，可直接将稳定就业的农民工纳入城镇职工基本医疗保险。农民工也可自愿参加原籍的新型农村合作医疗，并按有关规定报销医药费用。
2008年3月20日	《江苏省农民工权益保护办法》	用人单位和与其形成劳动关系的农民工应当依法参加当地企业职工各项社会保险，并按规定缴纳社会保险费。用人单位应当为所招用的农民工办理城镇职工基本医疗保险。 劳动保障行政部门社会保险经办机构应当按照国家和省有关规定，及时为农民工办理社会保险关系保留及转移接续手续，不得以各

续表

时间	政策文件	相关内容
		种名义拒接农民工社会保险关系。对确实无法转移、接续社会保险关系的非本省户籍农民工，可以将其个人账户储存额一次性支付给本人，同时终止社会保险关系。
2008年9月9日	《江苏省政府关于促进农民就业创业的意见》	切实维护农民工合法权益，优先解决农民工工伤保险，着力解决农民工进城务工期间的医疗保障问题，逐步解决农民工养老保险问题。
2008年10月28日	《江苏省政府办公厅印发关于解决农民工医疗保险问题意见的通知》	所有用人单位（含有雇工的个体工商户）应当为所招用的农民工办理与其他职工同样的城镇职工基本医疗保险。对参加城镇职工基本医疗保险确有困难的用人单位，可参加大病医疗保险或者住院医疗保险，医疗保险费由用人单位缴纳。
2009年11月19日	《江苏省人力资源和社会保障厅、浙江省人力资源和社会保障厅、安徽省人力资源和社会保障厅关于印发〈关于长三角地区职工基本医疗保险关系转移接续的意见〉的通知》	职工基本医疗保险关系转移接续的对象，应是在转出地已经参加城镇职工基本医疗保险，后因跨地区就业，医疗保险关系需随同转移，未达到国家法定退休年龄的机关、事业单位和建立稳定劳动关系的企业职工。以后再逐步扩大到灵活就业及其他人员。基本医疗保险个人账户资金转移。参保人员跨统筹地区流动就业时，个人账户应随其医疗保险关系转移划转，个人账户资金（包括个人缴费部分和单位缴费划入部分）原则上通过医疗保险经办机构转移。
2009年11月19日	《江苏省人力资源和社会保障厅、上海市人力资源和社会保障局、浙江省人力资源和社会保障厅、安徽省人力资源和社会保障厅关于印发〈长三角地区医疗保险经办管理服务合作协议〉的通知》	业务范围。在长三角地区范围内有意向有条件合作的统筹地区间医疗保险经办管理服务的有关业务。合作一般以省级为平台，部分内容可延伸至地级平台。医保关系转移接续经办服务。合作各方要结合当地实际，做好长三角地区职工基本医疗保险关系转移接续工作。要开设医疗保险关系转移接续办理窗口，共同做好基本医疗保险关系转移接续管理服务工作，简化手续，规范流程，共享数据，方便参保人员接续医疗保险关系和享受待遇。
2009年12月15日	《江苏省人力资源和社会保障厅等关于加快推进基本医疗保障制度建设的意见》	签订劳动合同并与用人单位建立稳定劳动关系的农民工，要按照国家规定明确用人单位缴费责任，将其纳入职工医保制度；其他农民工根据实际情况，参加务工所在地的居民医保或户籍所在地的新农合。

续表

时间	政策文件	相关内容
2010年8月10日	《江苏省人力资源和社会保障厅等部门转发人力资源和社会保障部、卫生部、财政部关于印发〈流动就业人员基本医疗保障关系转移接续暂行办法通知〉的通知》	农村户籍人员在城镇单位就业并有稳定劳动关系的，由用人单位按照《社会保险登记管理暂行办法》的规定办理参保手续，参加就业地城镇职工基本医疗保险。其他流动就业的，可自愿选择参加户籍所在地新型农村合作医疗或就业地城镇基本医疗保险。各省辖市可根据本地实际，制定其他流动就业人员在本地参加城镇基本医疗保险的具体办法。并且结合江苏省实际，具体说明了各类流动就业人员医疗保险转移接续方法。
2011年3月24日	《江苏省新型农村合作医疗条例》	已经参加其他基本医疗保险的人员，不参加新型农村合作医疗，已经参加新型农村合作医疗的人员，需要参加其他基本医疗保险的，其本人应当于下一年度退出新型农村合作医疗。
2011年9月13日	《江苏省政府关于加快完善社会保障体系实现人人享有基本社会保障的实施意见》	推动重点人群参保，做到"应保尽保"，大力促进农民工、非公有制经济组织从业人员、灵活就业人员参加社会保险。
2016年12月30日	《江苏省政府办公厅关于印发江苏省"十三五"卫生与健康暨现代医疗卫生体系建设规划的通知》	适应人员流动性要求，外来人口可凭居住证相应办理医保。完善基本医保关系转移接续办法，提高流动人口医疗保障水平。加快推进基本医保异地就医结算，实现跨省异地安置退休人员住院医疗费用直接结算。
2016年12月30日	《江苏省政府关于整合城乡居民基本医疗保险制度的实施意见》	把城乡居民医保制度整合纳入全民医保体系发展和综合医改试点重要内容，突出医保、医疗、医药三医联动，加强基本医保、大病保险、医疗救助、疾病应急救助、商业健康保险等衔接，强化制度的系统性、整体性、协同性。城乡居民医保制度覆盖范围包括城镇居民医保和新农合所有应参保（合）人员，即覆盖除职工基本医疗保险应参保人员以外的其他所有城乡居民。各地要以实施全民参保计划为抓手，进一步完善参保方式，促进应保尽保，避免重复参保。

资料来源：经笔者加工整理所得。

6.2.2 范本之二：浙江省

（1）政策起步阶段（2004—2006 年）

相对江苏省而言，浙江省流动人口医疗保险政策的制定起步较晚，但其政策内容更具前瞻性，有后来居上之势。如表6-2所示，浙江省首次提出"将与用人单位形成劳动关系的农村进城务工人员纳入基本医疗保险"是在2004年，政策出台时间相对江苏省有所滞后。然而，其内容却不逊色，其中的"农村进城务工人员参加所在统筹地区城镇职工基本医疗保险，统一执行当地基本医疗保险政策"释放出将与用人单位形成稳定劳动关系的流动人口医疗保险纳入城镇职工医疗保险序列中的政策信号，可以说在起步阶段目光较为长远。

（2）政策发展阶段（2006—2009 年）

然而直到2006年，这一信号才"犹抱琵琶半遮面"地显现。相关政策内容虽有所细化，却又有模棱两可之嫌。具体而言，在可供选择的医疗保险上，政策尝试做了分类，流动人口可根据条件选择随所在单位参加医疗保险或参加原籍的新型农村合作医疗等。但所谓的分类，并不能清晰地回答什么条件的流动人口参加何种医疗保险。如"与城镇用人单位签订规范劳动合同的农民工，随所在单位参加基本医疗保险"到底指代何种医疗保险，并未明确说明。通常人们所理解的基本医疗保险包括城镇职工基本医疗保险、城镇居民基本医疗保险和新型农村合作医疗，其中涉及用人单位的只有城镇职工基本医疗保险，但这里是否就特指它，并没有肯定答案。另外，这一阶段首次提出了保险关系省内跨地区转移的问题。

（3）政策深化阶段（2009 年至今）

2009年以后，同长三角地区其他省市一样，浙江省将关注点转向区域内医疗保险关系转移接续上。这里就不再赘述长三角区域内的共同点，而是简要说说浙江省的自身特色。其亮点体现在流动人口适用的转移接续的险种范围上：城镇职工基本医疗保险，城镇居民基本医疗保险，新型农村合作医疗可进行跨制度、跨统筹地区转移接续基本医疗保障关系的业务经办。

通过分析浙江省流动人口医疗保险的政策演进过程，不难发现其主要特征为：①起步稍晚但具后发优势；②围绕既有的医疗保险解决流动人口医疗保险问题；③流动人口参加的部分医疗保险可进行跨制度、跨统筹地区转移接续。

表6-2 浙江省流动人口医疗保险政策演化路径

时间	政策文件	相关内容
2004年8月26日	《浙江省劳动和社会保障厅转发〈劳动保障部办公厅关于推进混合所有制企业和非公有制经济组织从业人员参加医疗保险的意见〉的通知》	城镇各类混合所有制企业和非公有制经济组织及其职工，应当参加城镇职工基本医疗保险。要结合当地实际，将与用人单位形成劳动关系的农村进城务工人员纳入基本医疗保险。农村进城务工人员参加所在统筹地区城镇职工基本医疗保险，统一执行当地基本医疗保险政策。农村进城务工人员在参加基本医疗保险的同时，参加重大疾病医疗补助，按规定缴纳重大疾病医疗补助费，享受重大疾病医疗补助待遇。
2005年4月17日	《浙江省人民政府办公厅关于进一步做好2005年全省劳动保障工作的通知》	医疗保险工作，要以非公有制企业职工和农村进城务工人员为重点，进一步扩大基本医疗保险覆盖面。到2005年底，全省基本医疗保险参保人数净增36万人。
2006年8月28日	《浙江省人民政府关于解决农民工问题的实施意见》	切实做好农民工医疗保障工作。各地要尽快将农民工纳入医疗保险范围。与城镇用人单位签订规范劳动合同的农民工，随所在单位参加基本医疗保险。劳动密集型企业中形成劳动关系的农民工，尚未参加养老保险的，可以先参加基本医疗保险，按照"低费率、保大病"的原则，根据农民工的特点和医疗需求，合理确定缴费基数和保障方式。农民工参加基本医疗保险，重点解决大病住院医疗保险，可只建统筹基金，不建个人账户。农民工参加基本医疗保险后，其住院或规定病种医疗费用按基本医疗保险有关规定支付。农民工医疗保险关系省内跨地区转移时，要根据有关规定及时办理。农民工也可根据自愿参加原籍的新型农村合作医疗。

续表

时间	政策文件	相关内容
2009年11月19日	《江苏省人力资源和社会保障厅、浙江省人力资源和社会保障厅、安徽省人力资源和社会保障厅关于印发〈关于长三角地区职工基本医疗保险关系转移接续的意见〉的通知》	职工基本医疗保险关系转移接续的对象,应是在转出地已经参加城镇职工基本医疗保险,后因跨地区就业,医疗保险关系需随同转移,未达到国家法定退休年龄的机关、事业单位和建立稳定劳动关系的企业职工。以后再逐步扩大到灵活就业及其他人员。 基本医疗保险个人账户资金转移。参保人员跨统筹地区流动就业时,个人账户应随其医疗保险关系转移划转,个人账户资金(包括个人缴费部分和单位缴费划入部分)原则上通过医疗保险经办机构转移。
2009年11月19日	《江苏省人力资源和社会保障厅、上海市人力资源和社会保障局、浙江省人力资源和社会保障厅、安徽省人力资源和社会保障厅关于印发〈长三角地区医疗保险经办管理服务合作协议〉的通知》	业务范围。在长三角地区范围内有意向有条件合作的统筹地区间医疗保险经办管理服务的有关业务。合作一般以省级为平台,部分内容可延伸至地级平台。 医保关系转移接续经办服务。合作各方要结合当地实际,做好长三角地区职工基本医疗保险关系转移接续工作。要开设医疗保险关系转移接续办理窗口,共同做好基本医疗保险关系转移接续管理服务工作,简化手续,规范流程,共享数据,方便参保人员接续医疗保险关系和享受待遇。
2010年6月17日	《浙江省流动就业人员基本医疗保障关系转移接续业务经办规程(试行)》	为统一规范流动就业人员基本医疗保障关系转移接续业务经办程序,根据《流动就业人员基本医疗保障关系转移接续暂行办法》,结合我省实际,制定本规程。 本规程适用于参加城镇职工基本医疗保险、城镇居民基本医疗保险、新型农村合作医疗人员[不含退休、退职人员,以下简称参保(合)人员]跨制度、跨统筹地区转移接续基本医疗保障关系的业务经办。 按月缴纳基本医疗保险费的流动就业人员在新就业地建立基本医疗保障关系后,新就业地个人和单位缴费均从原参保(合)地末次缴费月份的次月开始计算,基本医疗保障待遇从缴费当月开始享受;原参保(合)地末次缴费月份的基本医疗保障待遇由原参保(合)地经办机构负责。 流动就业人员在转移接续期间中断缴费三个月以内的,可按新就业地规定办理补缴手续,补缴后不设待遇等待期;未按规定办理

续表

时间	政策文件	相关内容
		补缴手续或中断缴费 3 个月以上的，基本医疗保险待遇按当地现行规定执行。
2016 年 1 月 12 日	浙江省人力资源和社会保障工作电视电话会议	"十三五"期间，浙江将积极构建更加公平、更可持续的社会保障体系，大力推进全民参保计划，基本实现法定人员全覆盖，基本养老、医疗两项保险覆盖率均达到 95% 以上。值得关注的是，浙江未来将加快推进城乡居民同类制度并轨整合，逐步消除参保人员在地域、身份上的歧视，建立渔民养老保障制度，并合并实施生育保险与基本医疗保险。
2019 年 8 月 15 日	《关于印发 2019 年城乡居民基本医疗保障工作实施方案的通知》	各设区市全部纳入长三角一体化异地就医门诊医保直接结算范围，实现省内异地以流动人口、随迁老人为重点，优化异地就医备案流程，巩固完善异地就医直接结算和医保关系转移接续，将跨省异地就医全面纳入就医地协议管理和智能监控范围。开通城乡居民医保异地长期居住人员门诊地刷卡直接结算。

资料来源：经笔者加工整理所得。

6.2.3 范本之三：上海市

与苏浙两省不同的是，上海市流动人口医疗保险政策的制定与演化逻辑并不连贯，大致可以分为两个时期。前期（2010 年以前）主要以流动人口综合保险为主，而后期（2010 年至今）为响应国家要求[①]将流动人口纳入城镇职工医疗保险范围。

在前期，上海市依据地方经济发展状况以及流动的人口自身特点创造性地建立了外来从业人员综合保险制度（以下简称"综保"）。从最初建立到最后废止的近十年中，上海综保逐步扩大参保人群范围，将原先未被保障的家政服务人员、医院护工以及在沪建筑施工企业的外来从业人员纳入综保范围。与此同时，综保也针对具体实施原则进行细化，如在历次综保改革过程中就医疗待遇范围、医疗报销、医疗待遇标准等做出明确规定。

---

① 2011 年实施的《社会保险法》规定：进城务工的农村居民依照本法规定参加社会保险。

在后期,上海市取消综保,在将流动人口纳入城镇职工医疗保险的同时,更多地将目光聚焦于医疗保险关系转移接续的问题上,加强与周边地区的协同合作,切实解决流动人口地区间流动过程中医保关系难的问题,最大限度地满足流动人口的切实需求,具体如表6-3所示。

表6-3 上海市流动人口医疗保险政策演化路径

时间	政策文件	相关内容
2002年7月22日	《上海市外来从业人员综合保险暂行办法》	保障外来从业人员的合法权益,规范单位用工行为,维护本市劳动力市场秩序,根据本市实际,制订外来从业人员综合保险暂行办法,本办法包括工伤(或者意外伤害)、住院医疗和老年补贴等三项保险待遇。
2004年6月10日	《关于进一步加强在沪建筑施工企业外来从业人员综合保险工作的若干规定》	本市行政区域内建设工地中,在沪建筑施工企业外来从业人员,均应按照《办法》规定缴纳综合保险。参加在沪建筑施工企业综合保险的外来从业人员,可以享受工伤、住院医疗两项保险待遇。
2005年4月1日	《上海市劳动和社会保障局关于贯彻〈上海市外来从业人员综合保险暂行办法〉的实施细则》	本市行政区域外发生的住院医疗费用原则上不属于综合保险住院医疗待遇范围。因工作需要临时在本市行政区域外工作期间发生的急诊住院医疗费用,要列入综合保险住院医疗待遇范围的,由区县外来人员就业管理机构报市劳动保障部门审核确定。
2005年5月25日	《上海市劳动和社会保障局关于上海外来从业人员综合保险日常医药费补贴的实施意见》	外来从业人员在参加综合保险期间可享受日常医药费补贴待遇;日常医药费补贴资金按月注入综合保险卡内,卡内金额可累计使用,但不能提取现金;参加综合保险的外来从业人员可获得"上海外来从业人员综合保险卡"。
2006年10月25日	《上海市人民政府关于本市做好农民工工作的实施意见》	积极扩大综合保险覆盖面;推进并完善外来从业人员综合保险制度。
2007年12月4日	《上海市劳动和社会保障局、上海市医疗保险办公室关于调整本市外来从业人员综合保险医疗待遇的通知》	外来从业人员综合保险住院医疗起付标准调整为1500元;起付标准以上部分的支付比例和最高支付限额仍按照《上海市外来从业人员综合保险暂行办法》的有关规定和现行标准执行。急诊观察室留院观察项目纳入综合保险住院医疗待遇。

续表

时间	政策文件	相关内容
2009年3月30日	《上海市人力资源和社会保障局、上海市医疗保险办公室关于本市外来从业人员综合保险住院医疗有关事项的通知》	外来从业人员住院医疗的审核、结算经办业务由原委托保险公司办理调整为由医疗保险经办机构办理，外来从业人员在本市医保定点医疗机构发生的符合规定的住院医疗费用，由用人单位（无用人单位的外来从业人员由本人）凭参保人员的有效身份证件、住院医疗费收据以及相关病史资料等，到区县医疗保险经办机构申请报销。
2009年11月19日	《江苏省人力资源和社会保障厅、浙江省人力资源和社会保障厅、安徽省人力资源和社会保障厅关于印发〈关于长三角地区职工基本医疗保险关系转移接续的意见〉的通知》	职工基本医疗保险关系转移接续的对象，应是在转出地已经参加城镇职工基本医疗保险，后因跨地区就业，医疗保险关系需随同转移，未达到国家法定退休年龄的机关、事业单位和建立稳定劳动关系的企业职工。以后再逐步扩大到灵活就业及其他人员。基本医疗保险个人账户资金转移。参保人员跨统筹地区流动就业时，个人账户应随其医疗保险关系转移划转，个人账户资金（包括个人缴费部分和单位缴费划入部分）原则上通过医疗保险经办机构转移。
2009年11月19日	《江苏省人力资源和社会保障厅、上海市人力资源和社会保障局、浙江省人力资源和社会保障厅、安徽省人力资源和社会保障厅关于印发〈长三角地区医疗保险经办管理服务合作协议〉的通知》	业务范围。在长三角地区范围内有意向有条件合作的统筹地区间医疗保险经办管理服务的有关业务。合作一般以省级为平台，部分内容可延伸至地级平台。医保关系转移接续经办服务。合作各方要结合当地实际，做好长三角地区职工基本医疗保险关系转移接续工作。要开设医疗保险关系转移接续办理窗口，共同做好基本医疗保险关系转移接续管理服务工作，简化手续，规范流程，共享数据，方便参保人员接续医疗保险关系和享受待遇。
2009年12月23日	《上海市人力资源和社会保障局关于组织医院外来护工参加社会保险的试行办法》	在本市行政区域内的医疗机构中由病家聘请为病人提供日常生活照料的非本市户籍劳动者（以下简称"护工"）可以参加本市社会保险。
2010年12月23日	《上海市人力资源和社会保障局、上海市医疗保险办公室关于本市基本医疗保险关系转移接续若干问题处理意见的通知》	参加本市城镇职工基本医疗保险的流动就业人员，办理基本医疗保险关系转移接续手续，原则上应与城镇职工基本养老保险关系转移接续手续一并办理。参加本市城镇职工基本医疗保险的流动就业人员，在按照规定参保缴费后，由市医保事

续表

时间	政策文件	相关内容
		务管理中心为其建立个人医疗账户。本市城镇职工基本医疗保险参保人员流动到外省市就业的，在本市注销个人医疗账户，并由医保经办机构对个人医疗账户剩余资金进行清算，清算后的个人医疗账户余额（包括个人缴费部分和单位缴费划入部分）通过医疗保险经办机构转移。
2011年6月15日	《上海市人民政府关于外来从业人员参加本市城镇职工基本医疗保险若干问题的通知》	与本市用人单位建立劳动关系的外来从业人员，应当参加本市城镇职工基本医疗保险。
2012年3月29日	《上海市人力资源和社会保障局、上海市医疗保险办公室关于外来从业人员2012医保年度转换若干问题的通知》	2012医保年度，按7%缴纳基本医疗保险费的非城镇户籍外来从业人员，个人缴费部分全部计入个人医疗账户（门诊专用）。2012医保年度，外来从业人员住院起付标准和最高支付限额，按照本市城镇职工基本医疗保险有关规定执行。
2014年3月28日	《上海市人力资源和社会保障局、上海市医疗保险办公室关于本市基本医疗保险2014医保年度转换有关事项的通知》	经市政府批准，2014医保年度（2014年4月1日至2015年3月31日），本市职工基本医疗保险（以下简称"职工医保"）用人单位缴纳的基本医疗保险费计入个人医疗账户的标准（以下简称个人账户计入标准），以及参保人员门急诊自负段标准、统筹基金起付标准暂不调整，仍按2013医保年度标准执行。职工医保统筹基金和小城镇医疗保险基金最高支付限额，均从34万元提高到36万元。
2016年3月30日	《上海市人民政府关于外来从业人员参加本市职工基本医疗保险若干问题的通知》	与本市用人单位建立劳动关系的外来从业人员应当参加本市职工基本医疗保险，享受职工基本医疗保险待遇：（一）在职职工的缴费基数，按照《上海市职工基本医疗保险办法》相关规定执行。（二）基本医疗保险缴费比例为12%。其中，用人单位应当按照缴费基数8%的比例，缴纳基本医疗保险费，并按照其缴费基数2%的比例，缴纳地方附加医疗保险费；职工个人按照缴费基数2%的比例，缴纳基本医疗保险费。

续表

时间	政策文件	相关内容
2016年3月31日	《上海市人力资源和社会保障局、上海市医疗保险办公室关于2016年度外来从业人员参加本市职工基本医疗保险后医保待遇衔接有关问题的通知》	2016年3月按规定正享受当月外来从业人员医保待遇的人员，自2016年4月1日起统一调整为享受职工基本医疗保险待遇。2016年3月新参保的外来从业人员，自2016年4月15日起享受职工基本医疗保险待遇。外来非城镇户籍新增医保待遇包括：（1）门诊大病治疗项目；（2）家庭病床医疗待遇；（3）各类医保减负待遇。

资料来源：经笔者加工整理所得。

通过对长三角地区"两省一市"政策文件和措施的梳理，不难看出长三角地区流动人口医疗保险政策大致经历了从无到有、从区域碎片化到融合的过程。

6.3 长三角地区流动人口医疗保险政策分析与评价

本部分以有无相关政策文件以及政策文件倾向于解决何种问题为依据，将长三角地区流动人口医疗保险政策的演化脉络描绘为以下三个时期：政策暗流期（医疗保险政策的缺位）、政策开源期（医疗保险政策"碎片化"）、政策汇流期（打破壁垒实现区域内合作，政策呈现逐步的一体化）。

本部分将在阶段划分的基础上，对各阶段的政策进行分析与评价。第一阶段为政策缺位期，重点分析政策缺位的背景及原因。第二阶段流动人口医疗保险政策刚刚萌芽，各地并不统一，呈现"碎片化"特征，有必要分析该阶段中流动人口医疗保险政策是怎么产生的，评价政策带来了何种效果。相比前两阶段，第三阶段已进入区域合作阶段，整个政策过程环环相扣，对政策目标、政策设计、政策执行的分析以及政策效果的评价就显得尤为重要。

6.3.1 政策暗流期（2002年以前）：政策的缺位

从表6-1、表6-2和表6-3中可以看出，江苏、浙江以及上海关于流动人口的医疗保险政策在进入21世纪以前基本是空白的，政策源流尚未涌出。

就全国而言，20 世纪 80 年代中期，我国的人口流动政策出现松动，部分农村劳动力也随之流入城市。1984 年《中共中央关于经济体制改革的决定》明确提出：进一步贯彻执行对内搞活经济、对外实行开放的方针，加快以城市为重点的整个经济体制改革的步伐，是当前我国形势发展的迫切需要。城市经济的发展需要大量劳动要素的投入，在当时的社会背景下，人口流动政策可以说是经济政策的附庸，即作为实现经济增长的辅助手段。流动人口作为劳动要素进入城市满足了城市发展的需求，但同时也会加大城市治理压力，这就使得问题的关注点主要集中在人口流动是该"疏"还是该"堵"上。至于流动人口的医疗保险如何解决又如何管理，在之后很长的一段时间内并没有成为首要问题。

6.3.2 政策开源期（2002—2009 年）：政策的"碎片化"

在此时期，长三角地区区域内部的流动人口医疗保险政策呈现"碎片化"特征，即存在差异性。具体表现在：苏浙两省以大病医疗保障为基础，逐步将流动人口纳入城镇职工医疗保险，而上海市则以综保在区域内独树一帜。

形成这一"碎片化"特征的原因是多样的。郑秉文先生曾在文章中指出"面对规模巨大的流动人口及其空间分布特征和人口学特征的社会压力，各地不得不尽其所能，最大限度地解决流动人口的社保问题，进而导致沿海发达地区呈现出流动人口社保制度'碎片化'倾向"。长三角地区在解决流动人口医疗保险问题的过程中，地方政府更多的是以国家政策①为导向，根据自身特点制订方案。因此，"碎片化"特征的存在也是必然的。

以下重点从长三角地区流动人口医疗保险政策如何进入政府政策议程，地区内各省市呈现"碎片化"管理方式的政策效果这两方面进行分析与评价。

(1) 政策议程设立——基于"多源流模式"的分析

美国著名公共政策学家金登（Kingdon）于 1984 年提出的多源流分

---

① 《关于推进混合所有制企业和非公有制经济组织从业人员参加医疗保险的意见》（劳社厅发〔2004〕5 号）指出：各地要在认真调研的基础上，制定重点突出、措施得力的具体方案。

析模型对于流动人口医疗保险问题如何进入政策议事日程具有较强的解释力。如图6-1所示，政策窗口是在问题源流、政治源流与政策源流等多方面力量的共同作用下开启的。

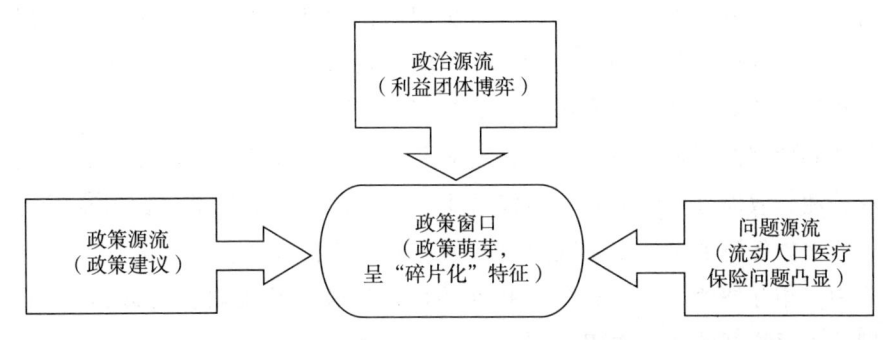

```
                    ┌──────────────┐
                    │   政治源流    │
                    │ (利益团体博弈) │
                    └──────┬───────┘
                           │
                           ▼
┌──────────┐        ┌──────────────┐        ┌──────────────┐
│  政策源流 │───────▶│   政策窗口    │◀───────│   问题源流    │
│ (政策建议)│        │  (政策萌芽，  │        │ (流动人口医疗 │
└──────────┘        │ 呈"碎片化"特征)│        │  保险问题凸显)│
                    └──────────────┘        └──────────────┘
```

图6-1　长三角地区流动人口医疗保险政策议程设立的多源流模式

首先，某一问题之所以被政策制定者感知并纳入政策议程当中，是因为该问题已经由重要指标、焦点事件和现有项目的反馈等要素清晰的界定。就流动人口医疗保险问题来说，主要由相关重要指标和焦点事件构成问题源流。以上海为例，从1998年开始，流动人口数量急剧增加。上海市自抽样调查的数据显示2000年上海市流动人口数量为387万人，相对于一般城市或地区而言，其集聚的流动人口比一个中等城市的规模还要大。但这样庞大的群体受城乡二元体制的影响，无法得到城市里的社会保障，种种限制使得流动人口渐渐成为弱势群体。其中，医疗保险与流动人口密切相关，一些患病的打工者"病不敢医""因病致贫"，部分甚至引发劳动纠纷，影响到社会稳定和经济发展。因此亟须政府为其建立合理的医疗保险，即"问题源流"形成。

其次，随着流动人口医疗保险问题的日益突出，政府和学界越发关注，试探性地提出许多政策建议。例如，在2002年全国社会保障秋季论坛上，有学者提出：建立覆盖全体城乡居民的统一医疗保障制度。通过医药改革、政府投入的方式，处理流动人口流动就医的问题。除了政府机构研究人员提出的政策安排，以郑秉文为代表的有关学者呼吁，农民工为城市建设流汗出力，城市应当降低社会保障门槛，尽快把农民工纳入社保系统。来自政府的政策安排和研究机构的学者的政策主张便形成了政策源流。

最后，农村人口的大量涌入导致城市各阶层利益关系变得更为复杂。一方面，流动人口进入城市，随着其规模的日益庞大，在为城市发展做出贡献的同时，他们不再仅仅满足于最初基本的工资需求，其自身利益诉求也不断发生着变化，开始寻求更深层次的社会保障；另一方面，用人单位作为既得利益的获得者，并不愿打破旧有的利益格局。为流动人口投保意味着企业人力资源成本的提高，进而压缩企业利润空间，企业利益必然因此受损。与此同时，流动人口的切身权益也引起了社会的广泛关注，政府处境较尴尬，不仅需要顾及流动人口的权益，同时也需要权衡地方经济的发展以及政府财政的压力。社会各利益相关人群在此过程中，相互博弈、相互竞争、相互妥协，反映了政策出台的政治背景，即政治源流开始产生作用。

如上所述，当这三种源流汇聚到一起的时候，政策之窗随之打开，但由于政策内外部环境的不同，长三角地区整个区域内部也呈现"碎片化"的特征，苏浙两省立足于将流动人口逐步纳入城镇职工医疗保险当中，而上海则独辟蹊径，建立了专门针对流动人口的"综合保险"。

（2）地区内各省市呈现"碎片化"管理方式的政策效果分析与评价

在此阶段中，江苏、浙江两省虽在一定程度上改善了流动人口医疗保险现状，但并未真正满足大部分流动人口对医疗保险的需求。以浙江为例，2008年有8.17%的农民工享受到城镇职工医疗保险，9.7%参加新型农村合作医疗，2.55%购买商业医疗保险，三种医保体系的比例合计仅为20.42%（曾春燕和魏晋才，2008）。从以上不完全统计的数据来看，有资格参加为城镇企业、事业单位等机构的职工而设置的城镇职工医疗保险的流动人口是很少的。

江苏、浙江两省虽一直都在"逐步"将流动人口纳入城镇职工医疗保险范围内，但其中毕竟只有一部分人符合参加条件。事实上，流动人口中很大一部分是采取非正规就业方式，集中在规模较小，管理较差的商业、服务业和餐饮业，并不具备"稳定"特征。而随单位参加基本医疗保险的前提是与用人单位签订稳定的劳动合同，制度设计上门槛较高。因此，大部分流动人口参加的还是新型农村合作医疗，城市并未承担相应的责任。而对于长期在城市工作和生活的流动人口而言，返回原籍看病或者报销在城市花费的医疗费用，是非常复杂烦琐的。

与城镇职工等其他保险相比，综保在一定程度上更适合流动人口的现实需求，但其也有难以实现区域内转移接续的缺陷。

从制度设计上来看，综保具体包括工伤（或者意外伤害）、住院医疗和老年补贴三项保险待遇；用人单位和无单位的外来从业人员按照缴费基数12.5%的比例缴纳综合保险费，外来从业人员在参加综合保险期间因患病或者非因工负伤住院的，住院产生的医疗费用在起付标准以上的部分，由综合保险基金承担80%，外来从业人员承担20%；住院医疗费用的起付标准为上年度全市职工年平均工资的10%。无论是在缴费标准还是在待遇服务上，综保对流动人口来说都极具吸引力。

从相关数据来看，确实也印证了综保的吸引力。上海市公安、统计部门提供的数字显示，截至2007年底，列入市政府实施项目的来沪从业人员综合保险参保人数达到333.6万人，比2006年底增加54.6万人，参保率超过50%，充分显现了制度设计上的优势。然而，上海市在政策制定过程中主要是依据本地区特点，导致流动人口在长三角地区区域内流动时原有的医疗保险关系难以实现转移接续。

概括而言，长三角地区在以"碎片化"特征为主导的这一阶段中，缺乏区域内部的统筹安排，导致流动人口医疗保险的参保类型、缴费标准等方面存在差异，难以实现有效的整合协作。

6.3.3 政策汇流期（2009年至今）：政策的逐步一体化

这一时期，各地区流动人口医疗保险政策由原先的区域碎片化开始转向区域内的进一步合作并逐步走向统一融合，推进区域的逐步一体化。这里以2009年11月19日长三角地区的江苏省人力资源和社会保障厅、浙江省人力资源和社会保障厅、上海市人力资源和社会保障局以及安徽省人力资源和社会保障厅联合发布的《长三角地区医疗保险经办管理服务合作协议》作为阶段划分的标志，特别需要强调的是，这里所说的区域内合作侧重点在参加城镇职工的流动人口医保关系的转移接续上。

在对该阶段流动人口医疗保险的政策进行分析时，笔者基于一般的政策绩效评估体系，着重从长三角地区流动人口政策的政策目标、政策设计、政策执行以及政策效果四个方面切入，具体的政策分析框架见图6-2。

政策过程	改革的方向性逻辑	政策逻辑的指标或维度
政策效果	实现长三角地区职工基本医疗保险关系转移接续 ←	流动人口参保率
政策执行	长三角地区医疗保险经办管理服务合作协议 ←	政策宣传、契合度以及区域间管理服务合作
政策设计	长三角地区职工基本医疗保险关系转移接续的意见 ←	机构设置、质量监督与控制
政策目标	保障流动人口的合法权益，解决转移接续问题 ←	长三角地区内部各省市之间的合作协调能力

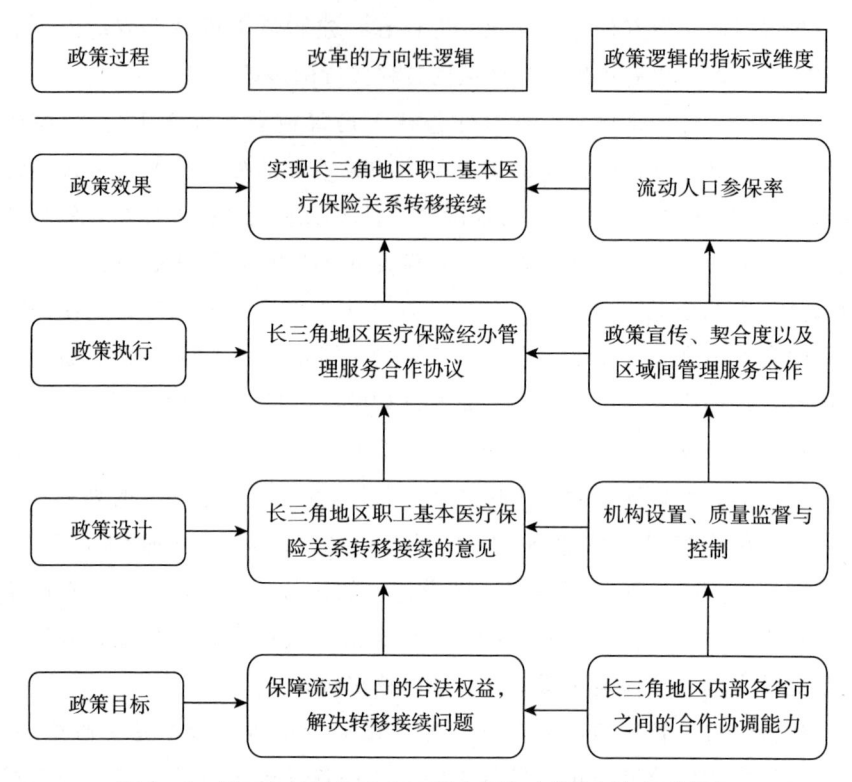

图 6-2 长三角地区流动人口医疗保险政策分析与评价框架

（1）政策目标分析

从改革的方向逻辑来看，政策的基础目标主要是切实保障流动人口的合法权益，解决流动人口医疗保险区域内转移接续的问题。在第二阶段政策开源期，各地区之间政策制定过程缺乏统一协调合作，各自为政，导致地区间的医疗保险模式总体呈现"碎片化"。在特定时期过后政策的失效率会随着时间的推移逐渐提升，政策越发难以产生作用，流动人口在各地区流动过程中，原有的政策弊端逐渐显现，医疗保险关系难以实现转移接续。在新一轮的政策改革中，长三角地区重点关注的是参保职工关系转移接续以及异地就医费用结算的问题，旨在提高长三角地区整个区域内部不同省市之间的合作协调能力。

（2）政策设计分析

在政策设计方面，为实现这一目标，长三角地区的江苏省人力资源和社会保障厅、浙江省人力资源和社会保障厅以及安徽省人力资源和社会保障厅联合发布《关于长三角地区职工基本医疗保险关系转移接续的意见》（本章以下简称《意见》）。《意见》指出，参保人员在长三角地区不同统筹地区参加同一基本医疗保险制度的参保年限和实际缴费年限，各地应予以承认，合并计算。参保人员跨统筹地区流动就业时，个人账户应随其医疗保险关系转移划转，个人账户资金（包括个人缴费部分和单位缴费划入部分）原则上通过医疗保险经办机构转移。

（3）政策执行分析

在政策执行阶段，政策宣传、政策执行与政策目标的契合度、区域内管理服务合作就显得尤为重要。在政策宣传方面，浙江省于2013年6月正式开通运行"浙江省医保中心"网站。该平台进一步提高了医疗保险经办效能，为医疗保险参保单位、参保职工提供便捷、高效的服务。另外，从2014年起，浙江省人力资源和社会保障厅医保处、医保中心设立了医保政策咨询日，执行阶段的政策宣传相对较好。与浙江省相似的是，江苏省和上海市也有相关的信息公开，如江苏省开展了城镇居民医疗保险政策咨询周活动，但面向的群体范围较窄。事实上，从政策的出台到政策效果的达成通常要经过一段很长的过渡期，在这一点上，针对流动人口的政策表现得尤为明显。由于受到多因素的限制如文化程度、年龄层次等，流动人口对出台的相关政策往往并不敏感，这也使得政策的执行举步维艰。在契合度以及合作方面，政策执行与政策目标的契合度总体较高，区域间的管理服务合作态势良好。在区域合作层面，各地积极开展相关活动，如长三角地区不同省市之间通过建立双方委托代理机制逐步实现网络互联；在各方医保经办部门增设服务窗口、增加相关办公设施、培训专业经办人员；合作建立省级服务协作平台等。但"两省一市"将区域间的转移接续重点放在了城镇职工基本医疗保险上。也就是说，长三角地区整个区域内解决的是参加城镇职工医疗保险的流动人口医保关系转移接续的问题，而针对参加其他保险的流动人口并未出台区域合作的文件。

（4）政策效果分析

上海市在流动人口政策演化过程中，不仅能够反映具地方特色的政策与区域内政策的对比衔接，也能更直观的通过相关数据反映政策效果，故将其作为第三阶段政策汇流期的政策效果评估对象，并从流动人口参保率这一衡量指标对政策效果进行评价。

上海市来沪从业人员综合保险与城镇职工基本医疗保险参保率变化阶段性特征较为明显。自 2002 年上海市综合保险制定至 2011 年对社会保险政策进行调整（即将原参加"小城镇社会保险"和"来沪从业人员综合保险"的从业人员纳入城镇职工保险范围内，并对养老、医疗、工伤、失业、生育保险的相关政策做出了调整），来沪从业人员综合保险参保人数大致呈增长趋势，从 2003 年的 77 万人增加到 2010 年的 404.84 万人（见图 6-3），年均增长高达 26.76%。2011 年城镇职工基本医疗保险参保人数陡增，从 2010 年的 608.41 万人增加到 2011 年的 937.95 万人，主要是由于 2011 年社会保险的调整，即原来参加"小城镇社会保险"和"来沪从业人员综合保险"的从业人员被纳入城镇职工保险范围。但是结合表 6-5 来看，由于受到政策影响，上海市流动人口综合保险参保比率从 2009 年开始稍有回落。2009 年长三角地区"两省一市"及安徽省联合出台《意见》以期解决转移接续的问题。政策所涉及的医疗保险关系转移的主体是参加城镇职工医疗保险的职工，由于制度的特殊性，上海市大部分外来务工人员并不在此范围内，政策预期并不明朗，微观个体的参保行为受到影响。

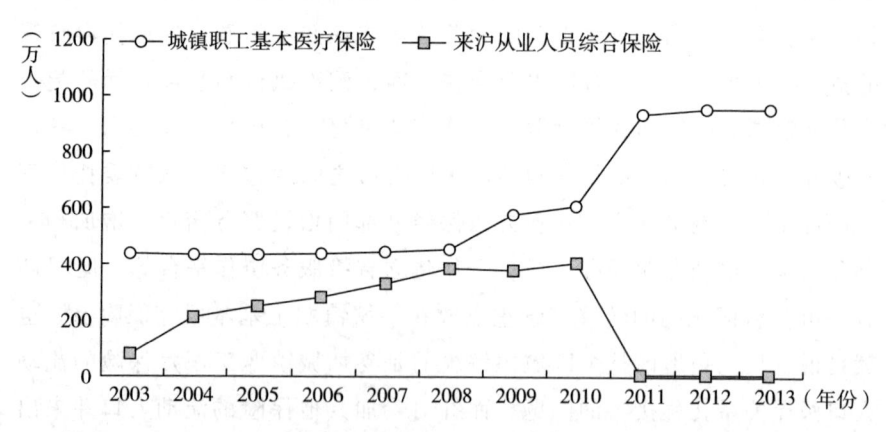

图 6-3　2003—2013 年上海市综合保险及城镇职工基本医疗保险参保人数

资料来源：2004—2014 年的《上海统计年鉴》。

2011 年，上海市对外来从业人员的医保政策进行了调整，明确提出"与本市用人单位建立劳动关系的外来从业人员，应当参加本市城镇职工基本医疗保险"。至此，外来人口在长三角地区获得了医保参保资格，享受医保待遇。而在全国范围内，直到2016年《关于实施支持农业转移人口市民化若干财政政策的通知》才提到"对于居住证持有人选择参加城镇居民医保的，个人按城镇居民相同标准缴费，各级财政按照参保城镇居民相同标准给予补助"。与此同时，还解决了区域内转移接续的问题，但参保效果并不理想。2011年以后，原参加"小城镇社会保险"和"来沪从业人员综合保险"的从业人员被纳入城镇职工保险范围内，上海市与长三角地区其他省市的医疗保险合作范围进一步扩大。但数据显示，2010年参加城镇职工基本医疗保险和小城镇社会保险的人数分别为608.41万人、114.44万人，来沪从业人员参加综合保险的人数有404.84万人（见表6-4）。而2011年统计的城镇职工医疗保险的参保人数为937.95万人，即有189.74万人原参加综合保险或小城镇社会保险未选择参加城镇职工医疗保险。用人单位为流动人口缴纳城镇职工医疗保险的成本相对较高，导致一些用人单位不愿意为外来务工人员缴纳保险费用，因此有一部分原综合保险参保人群并未被纳入城镇职工医疗保险。相对于普通城镇职工，目前流动人口参加城镇职工医疗保险待遇相对较低，暂不享受门诊大病和家庭病床医疗待遇。

表6-4　2006—2010年上海市流动人口综合保险参保比率

单位：万人，%

指标	2006年	2007年	2008年	2009年	2010年
参保人数	279	333.6	383.8	378.41	404.84
流动人口数	627.01	660.3	642.27	1010.47	1122.38
参保比率	44.50	50.52	59.76	37.45	36.07

注：2010年后综合保险取消。
资料来源：2007—2011年《上海统计年鉴》。

除此之外，长三角地区在医保一体化上做出了积极尝试，首先推进医保关系的转移接续工作。2009年，江苏、浙江、安徽三省完成了对医保关系转移接续的认定。在转出地已经参加职工医保，后因跨地区就业，医保关系需随同转移，未达到国家法定退休年龄的机关、事业单位和建立稳定劳动关系的企业职工，经由转出地提供证明后由转入地核实接入。不同统筹地区参保的年限和实际缴费年限，各地予以承认，合并计算。医保关系转移接续后次月就可开始按转入地政策享受医保待遇。

此后，长三角地区的"医保一体化"在医保的报销结算取得一定成就。2018年9月28日，长三角跨区域就医门诊费用直接结算系统正式上线运行，半年内实现了包括江苏省南通市、盐城市、徐州市，浙江省嘉兴市、宁波市，安徽省滁州市、马鞍山市等8个试点统筹区域及上海市的医保结算系统，即异地安置退休人员、异地长期居住人员、常驻异地工作人员及异地转诊人员四类参保人员经过参保地医保部门备案后，可以在上海地区的试点医疗机构享受门诊费用直接结算待遇，且该待遇双向互通。2019年4月，长三角地区"跨省异地就医"门诊费用直接结算试点地区继续扩大，新增9个试点地区。6月，联网覆盖范围进一步扩大，在上海市二、三级主要医疗机构和江苏省、浙江省所有设区市已实现全覆盖，长三角地区内部医保互通进程得到较大推进，跨省异地就医门诊费用直接结算基本实现了在长三角地区的全覆盖。

6.4　流动人口医疗保险政策启示

基于上述研究，笔者认为长三角地区流动人口医疗保险政策的演化可分为三个时期：政策暗流期、政策开源期、政策汇流期。在政策暗流期，政策源流尚未涌出，流动人口医疗保险政策相对缺位；相比第一阶段，政策开源时期相关政策开始出台且区域内总体呈现"碎片化"特征，政策系统性并未形成；在政策汇流期，区域内逐步实现合作，以解决部分流动人口医疗保险区域内转移接续问题，但在执行阶段存在政策宣传力度不到位、政策预期不明朗以及参保成本高等现象。

从三个阶段的演化历程来看，长三角地区解决流动人口在城市医疗保险问题的政策逻辑是逐步将流动人口纳入城镇职工医疗保险。这一试图围绕"稳定"解决"流动"的政策思路在理论上和实践中是否行得通呢？

当下，学界在讨论流动人口医疗保险时，大多不去思考既有政策的导向问题，而是在现有的框架下修修补补，继续依靠"逐步"改善寻求发展。

考希克·巴苏（2008）曾说过："我非常喜欢那些对政策进行抱怨的人，因为在这些抱怨当中，就会产生一些改变、一些改善。"然而，我们能做的不应当仅仅是抱怨，更多的应当是进行现实观察、理论思考甚至深度研究，进而为政府提供具体、可操作性强的政策建议，进而最大限度地改变、改善我国流动人口医疗保险的现状。

从整个社会发展来看，城市化的进程是不可逆转的，以此为契机构思如何解决流动人口医疗保险存在的问题将是一个政策选择题。鉴于现有的医疗保障体系不足以满足流动人口对所在流入地医疗服务的需求，本章认为应当对制度框架的设计方面进行反思和调整，尝试为流动人口设计一种过渡性的基本医疗保险，既符合现实需求又能实现转移接续。

目前我国流动人口医疗保险仍处于较低水平，参保意愿低、覆盖面窄、转移接续困难等问题较为突出。因此，建立一种旨在保证流动人口基本医疗保障水平，实现医疗保险广覆盖的过渡性政策就显得尤为重要。

结合我国流动人口收入水平的现状，可采取"多方负担"模式，医疗保险费用由多方共同缴纳，并在此基础上设计相应的创新办法，如城市贡献积分制，流动人口通过积分额度享受第三方提供的费用补贴。随着城市化水平的日益加深，流动人口在城市与地区间的流动日益频繁，传统的医疗保险模式已经难以满足其要求。因而可在"可转可续""过渡衔接"的原则下，将流动人口医疗保险作为一种向城镇职工基本医疗保险过渡性的制度，使其既能实现医疗保险关系在不同区域间的转移接续，又能在未来与城镇职工医疗保险无缝衔接。就理论指导而言，应从经济社会发展的实际出发，建立流动人口基本医疗保险制度，即建立一个适应社会主义市场经济体制，根据财政、企业和个人的承受能力，保障流动人口基本医疗需求的社会医疗保险制度。制度设计的基本原则可简要概括为"基本水平、广泛覆盖、多方负担、统账结合、可转可续、过渡衔接"。"基本水平"指在深入研究的基础上确定合理的基本医疗水平；"广泛覆盖"是指将未与用人单位形成稳定劳动合同关系的大多数流动人口纳入基本医疗保险范围，发挥社会互助共济功能，创造公平和谐的社会环境；"多方负担"指医疗保险费用由多方共同缴纳，可设计相应的创新办法，如城市贡献积分制，流动人口通过积分额度享受第三方提供的费用补贴；"统账结合"就是与城镇职工医疗保险类似，实行社会统筹和个人账户相结合的基金管理模式；"可转可续"指可以实现医疗保险关系在不同区域间的转移接续；"过渡衔接"是指将流动人口医疗保险作为一个向城镇职工基本医疗保险过渡性的制度，未来两者能够无缝衔接。

然而，值得肯定的是，经过了长期的政策形成与演进，目前长三角地区医保一体化得到了较大的发展，从流动人口统一纳入城镇职工医保体系，到医保关系转移接续的顺利推进，再到异地就医门诊费用的直接结算。不难看出，长三角地区医保互通之路已经取得了相当的进展。

第7章 长三角地区流动人口子女义务教育政策评价

7.1 我国流动人口随迁子女规模与主要特征

改革开放以来，我国人口在城乡间、区域间、部门间、产业间的流动总体呈现逐步扩大的态势，截至2019年流动人口规模达2.36亿人，相当于每6个人中拥有1个流动人口。就短期来看，2015—2019年的流动人口规模呈现环比下降的态势，2019年相比2018年减少了0.05亿人，2018年相比2017年减少了0.03亿人，2017年相比2016年减少了0.01亿人，2016年相比2015年减少了0.02亿人。那么，未来流动人口会呈现什么样的演进趋势？显然，这将受到户籍、城镇化、收入、地区间竞争等众多因素的影响。根据国家卫生健康委流动人口服务中心、中国社会科学院人口与劳动经济研究所、中国人口与发展研究中心、中国人民大学人口与发展研究中心四家机构2019年联合发布的《中国城市流动人口社会融合评估报告》，子女教育问题和社会保障问题成为未来流动人口决定回流还是扎根城市的两大制约因素。近年来，我国流动人口随迁子女情况，从教育部发布的历年《全国教育事业发展统计公报》中的全国义务教育阶段在校生中进城务工人员随迁子女的相关数据得到反映，其中所指的随迁子女是指户籍登记在外省（区、市）、本省外县（区）的乡村，随务工父母到输入地的城区、镇区（同住）并接受义务教育的适龄儿童少年。

如图7-1所示，2009—2018年我国义务教育阶段在校生中进城务工人员随迁子女规模除了2013年出现短期波动之外，总体呈现增长的态势，2009年为997.10万人，2018年达到1424.04万人，相比2009年净增426.94万人，年均增长4.04%。其中，以进城务工人员随迁子女在小学就读为主，2009年为750.77万人，2018年为1048.39万人，分别占相应年份所有在校生的 75.30% 和 73.62%。2018 年进城务工人员随迁子女在小学就读人数较 2009 年净增 297.62 万人，年均增长 3.78%。尽管进城务工人员随迁子女在初中就读比例相对较少，2009 年和 2018 年分别占相应年份所有在校生的 24.77% 和 26.38%，但总体规模除了在 2012—2014 年出现波动之外总体呈现增长的态势，2018 年相比 2009 年年均增长 4.80%，增长速度比在小学就读高 1.02 个百分点。

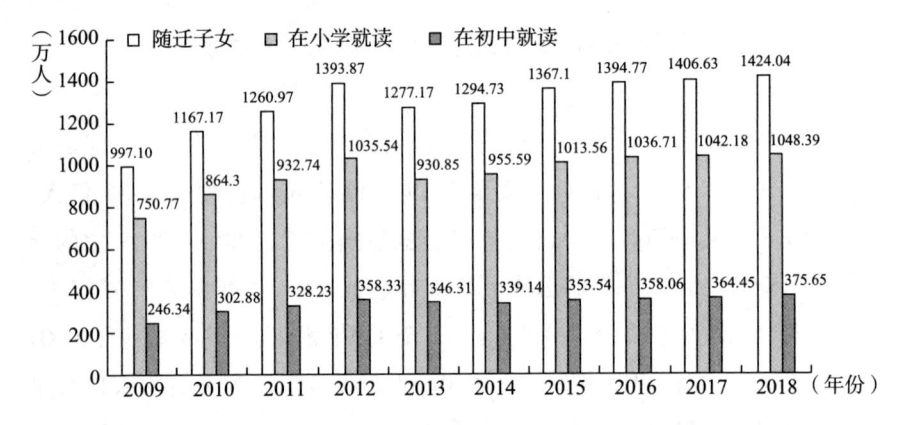

图 7-1 2009—2018 年我国义务教育阶段在校生中进城务工人员情况

资料来源：2010—2018 年《全国教育事业发展统计公报》，教育部网站。其中 2009 年的数据根据 2010 年《全国教育事业发展统计公报》计算得到。

进一步从近年来可以获得的流动人口携带子女外流的年龄结构看，具体情况如图 7-2 所示。

在流动人口随迁子女中，2000—2015 年，6—14 岁和 0—17 岁年龄段人口均呈现增长的态势，0—17 岁的流动人口随迁子女由 2000 年的 1982 万人增加到 2015 年的 3426 万人，年均增长 3.72%；6—14 岁的流动人口随迁子女由 2000 年的 926 万人增加到 2015 年的 1346 万人，年均增长 2.52%。在 0—17 岁的流动人口随迁子女中，6—14 岁在 2000 年、2005 年、2010 年、2015 年四年的占比分别为 46.72%、44.45%、38.90% 和 39.29%，尽管占比较高，但并未达到 50%，而且总体呈现逐步递减的态势。

早在 2014 年 8 月，江苏省泰州市政府宣布，让农民工子女上学享"同城待遇"，即泰州教育部门承诺让农民工子女在义务教育阶段享受和泰州市民一样的受教育权利：同样入学、同样升学、同样免费、同样管

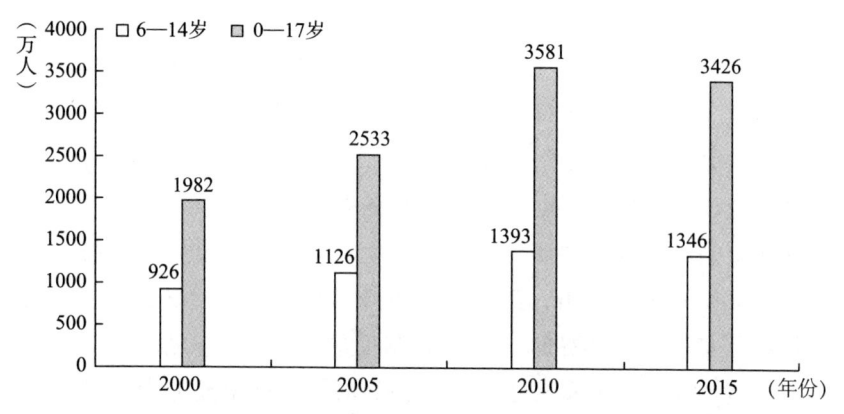

图 7-2 2000—2015 年流动人口随迁子女不同年龄构成情况

资料来源：2010 年以前的数据来自段成荣等《改革开放以来我国流动人口变动的九大趋势》，《人口研究》2008 年第 6 期，第 17～24 页；2010 年数据来自国家统计局《2010 年第六次全国人口普查主要数据公报》，2011 年 4 月 28 日；2015 年数据来自国家统计局《2015 年全国 1% 人口抽样调查主要数据公报》，2016 年 4 月 20 日。

理。2020 年 2 月 25 日，江苏省教育厅发布的《关于做好 2020 年义务教育学校招生入学工作的通知》重点强调"全面实行公民同招"，坚持公平原则，健全以居住证为主要依据的随迁子女义务教育入学政策，切实解决随迁子女教育问题。上述关于流动人口随迁子女义务教育的政策引发了笔者的思考：我国流动人口子女义务教育政策是基于什么背景形成？演进脉络又如何？全国流动人口子女义务教育政策对于流动人口的集聚区——长三角地区带来什么样的影响？长三角地区流动人口子女义务教育政策相比全国是否具有一定的示范效应？会对人口流动产生什么影响？这种效应会不会传递到其他地区？这一系列问题构成了本章的逻辑出发点和落脚点。本章侧重对长三角地区的流动人口义务教育政策进行梳理和对比，以期探索以上问题。

需要强调的是，本章选择流动人口子女义务教育政策即进行"长三角地区流动人口子女义务教育政策评价"，其依据在于以下两方面。一方面，全国流动人口从 2000 年的 1.13 亿人增加到 2018 年的 2.41 亿人，年均增长 4.30%，巨大的人口流动规模是中国经济持续增长的重要引擎。然而，人口流动在促进中国发达地区经济增长的同时也引发了一系列问题，如何从根本上解决农民工子女义务教育问题就是其中之一。另一方面，长三角地区是人口流动的集聚地区，故本章对长三角地区的农民工子女义务教育政策演变及效应进行研究。

目前大多数关于农民工子女义务教育的政策的直接研究成果鲜见，且大多偏重于该政策的执行效果或者隐含在对农民工流动问题和农民工子女义务教育问题研究的"对策建议"式的结论中[①]。例如，有学者认为，政府应改革以户籍制度为依据的义务教育管理政策，实行适龄儿童按居住地接受义务教育制度，消除借读生和本地生的差别。王海全和王文科（2008）进一步指出，建立由中央政府出资，地方政府管理的义务教育体制是实行真正免费的义务教育制度的必由之路。张甲子（2009）指出，许多与农民工子女义务教育相关的法律法规未充分考虑城市化过程中人口大量流动情况，存在滞后性和不适应性。还有学者对农民工子女义务教育制度变迁进行梳理（贾波、王德清，2008；孙翠香，2009；邓凡，2011；和学新、李平平，2014）。

上述文献的研究成果为本章的研究开阔了视野，然而，已有的大部分文献停留在了宏观层面，几乎没有研究中观层面，即某一个经济区内的社会经济政策。值得注意的是，上述文献大多都提及中央政府制定的关于农民工子女义务教育的政策在一定程度上缺乏强制性和约束力，而要落实农民工子女义务教育政策，必须依靠各个省政府、市政府的力量。因此，作为主要的劳动力流入地之一的长三角地区整个区域内的各省、市是如何解决本地区的流动儿童义务教育问题便成为本章探讨的重点。

7.2 我国流动人口子女义务教育政策演进脉络

根据张潞浯（2013）对于流动人口子女义务教育的界定，它是指在户籍地出生后随父母迁移至非户籍所在地或其父母迁移至非户籍所在地后在非户籍所在地出生的6—14岁少年儿童所接受义务教育阶段的学校教育。为了更好地对长三角地区流动人口子女义务教育政策进行梳理，并为其提供全国范围的参照系，这里首先对国家出台的流动人口子女义务教育政策进行梳理。

---

① 截至2020年3月13日，笔者在中国知网，按"农民工子女义务教育政策"作为篇名进行高级检索，相关文献只有11篇，按"流动儿童义务教育政策"作为篇名进行高级检索，相关文献更少，仅8篇，这构成了典型例证。

总的来看，流动人口子女义务教育政策的演进与流动人口尤其是劳动力流动政策的演化脉络密不可分。由"严格控制流动"转向"防范管制式的有限流动"，又递进到"允许流动"，再到目前最新的"规范流动"，构成了我国人口和劳动力流动政策的主要演化脉络。对此，也就是从国家的宏观社会经济政策层面来看，和学新和李平平（2014）研究发现，改革开放以来流动人口子女义务教育政策经历了三个阶段：以借读方式为主解决入学问题的政策探索期、探索平等接受九年义务教育的政策加速期以及解决异地升学问题的政策攻坚期。与之不同的是，笔者梳理了1992年以来我国流动人口子女义务教育的政策文本，并从中分析相应的演进过程和演化脉络，具体如表7-1所示。

表7-1 1992年以来我国流动人口子女义务教育政策演化脉络

颁布时间	颁布部门	政策名称	主要内容
1992年3月14日	国家教育委员会	《中华人民共和国义务教育法实施细则》	适龄儿童、少年到非户籍所在地接受义务教育的，经户籍所在地的县级教育主管部门或者乡级人民政府批准，可以按照居住地人民政府的有关规定申请借读。 借读的适龄儿童、少年接受义务教育的年限，以其户籍所在地的规定为准。
1996年4月2日	国家教育委员会	《城镇流动人口中适龄儿童少年就学办法（试行）》	城镇流动人口中适龄儿童、少年入学，应由其父母或者其他监护人，持流入地暂住证，向流入地住所附近中小学提出申请，经学校同意后即可入学。如果入学申请不能被流入地住所附近中小学接受，可向流入地教育行政部门（或其指定的单位）提出申请，由教育行政部门（或其指定的单位）协调解决就学。
1998年3月2日	国家教育委员会、公安部	《流动儿童少年就学暂行办法》	流动儿童少年常住户籍所在地人民政府应严格控制义务教育阶段适龄儿童少年外流。凡常住户籍所在地有监护条件的，应在常住户籍所在地接受义务教育；常住户籍所在地没有监护条件的，可在流入地接受义务教育。 流入地人民政府应为流动儿童少年创造条件，提供接受义务教育的机会。流入地教育行政部门应具体承担流动儿童少

续表

颁布时间	颁布部门	政策名称	主要内容
			年接受义务教育的管理职责。流动儿童少年就学,应保证完成其常住户籍所在地人民政府规定的义务教育年限,有条件的地方,可执行流入地人民政府的有关规定。 流动儿童少年就学,以在流入地全日制公办中小学借读为主,也可入民办学校、全日制公办中小学附属教学班(组)以及专门招收流动儿童少年的简易学校接受义务教育。 适龄儿童、少年到非户籍所在地接受义务教育的,经户籍所在地的县级教育主管部门或者乡级人民政府批准,可以按照居住地人民政府的有关规定申请借读。
2001年5月29日	国务院	《关于基础教育改革和发展的决定》	要重视解决流动人口子女接受义务教育问题,以流入地区政府管理为主,以全日制公办中小学为主,采取多种形式,依法保障流动人口子女接受义务教育的权利。
2003年9月17日	教育部、中央编办、公安部、发展改革委、财政部、劳动保障部	《关于进一步做好进城务工就业农民子女义务教育工作的意见》	进城务工就业农民流入地政府负责进城务工就业农民子女接受义务教育工作,以全日制公办中小学为主。 流入地政府要制定有关行政规章,协调有关方面,切实做好进城务工就业农民子女接受义务教育工作。 充分发挥全日制公办中小学的接收主渠道作用。 建立进城务工就业农民子女接受义务教育的经费筹措保障机制。 采取措施,切实减轻进城务工就业农民子女教育费用负担。流入地政府要制定进城务工就业农民子女接受义务教育的收费标准,减免有关费用,做到费用与当地学生一视同仁。 进城务工就业农民流出地政府要积极配合流入地政府做好外出务工就业农民子女义务教育工作。流出地政府要建立健全有关制度,做好各项服务工作,禁止在办理转学手续时向学生收取费用。外出务工就业农民子女返回原籍就学,当地教育行政部门要指导并督促学校及时办理入学等有关手续,禁止收取任何费用。

续表

颁布时间	颁布部门	政策名称	主要内容
2006年1月31日	国务院	《关于解决农民工问题的若干意见》	保障农民工子女平等接受义务教育。输入地政府要承担起农民工同住子女义务教育的责任，将农民工子女义务教育纳入当地教育发展规划，列入教育经费预算，以全日制公办中小学为主接收农民工子女入学，并按照实际在校人数拨付学校公用经费。城市公办学校对农民工子女接受义务教育要与当地学生在收费、管理等方面同等对待，不得违反国家规定向农民工子女加收借读费及其他任何费用。输入地政府对委托承担农民工子女义务教育的民办学校，要在办学经费、师资培训等方面给予支持和指导，提高办学质量。输出地政府要解决好农民工托留在农村子女的教育问题。
2006年5月17日	教育部	《关于教育系统贯彻落实〈国务院关于解决农民工问题的若干意见〉的实施意见》	农民工输入地教育行政部门要将农民工子女义务教育纳入当地教育规划之中，根据本地农民工子女输入情况，合理配置公办义务教育资源，充分挖掘公办学校潜力，保证以公办学校为主接收农民工子女就学，确保农民工子女义务教育的普及程度达到当地水平。农民工输入地教育行政部门要按就近免试入学的原则，安排农民工子女就读公办学校。凡经教育行政部门安排进入公办学校学习的农民工子女，一律按照当地政府规定的项目和标准收费，不得加收借读费及其他任何费用。要将家庭经济困难的农民工子女纳入"两免一补"的范围。教育部门要会同财政等部门，将农民工子女义务教育经费纳入教育经费预算，并按当地财政预算内义务教育经费标准，向接收农民工子女的公办学校拨付办学经费。积极鼓励社会各界对农民工子女义务教育开展捐助。
2006年6月29日	全国人民代表大会常务委员会	《中华人民共和国义务教育法（修订）》	父母或者其他法定监护人在非户籍所在地工作或者居住的适龄儿童、少年，在其父母或者其他法定监护人工作或者居住地接受义务教育的，当地人民政府应

续表

颁布时间	颁布部门	政策名称	主要内容
			当为其提供平等接受义务教育的条件。具体办法由省、自治区、直辖市规定。
2010年7月29日	国家中长期教育改革和发展规划纲要工作小组办公室	《国家中长期教育改革和发展规划纲要（2010—2020年）》	坚持以输入地政府管理为主、以全日制公办中小学为主，确保进城务工人员随迁子女平等接受义务教育，研究制定进城务工人员随迁子女接受义务教育后在当地参加升学考试的办法。
2011年2月26日	国务院办公厅	《关于积极稳妥推进户籍管理制度改革的通知》	对农村人口已落户城镇的，要保证其享有与当地城镇居民同等的权益；对暂不具备落户条件的农民工，要有针对性地完善相关制度，下大力气解决他们当前在劳动报酬、子女上学、技能培训、公共卫生、住房租购、社会保障、职业安全卫生等方面的突出问题。采取有效措施，为其他暂住人口在当地学习、工作、生活提供方便。对造成暂住人口学习、工作、生活不便的有关政策措施要进行一次集中清理，该修改的认真修改，该废止的坚决废止。今后出台有关就业、义务教育、技能培训等政策措施，不要与户口性质挂钩。继续探索建立城乡统一的户口登记制度。逐步实行暂住人口居住证制度，具体办法由公安部会同有关部门研究制订按程序报批后实施。
2012年6月14日	教育部	《国家教育事业发展第十二个五年规划》	完善进城务工人员子女接受义务教育体制机制，探索非本地户籍常住人口随迁子女非义务教育阶段教育保障制度。保障进城务工人员随迁子女享受基本公共教育服务权利。健全输入地政府负责的进城务工人员随迁子女义务教育公共财政保障机制，将进城务工人员随迁子女教育需求纳入各地教育发展规划。加快建立覆盖本地进城务工人员随迁子女的义务教育信息服务与监管网络。
2012年9月5日	国务院	《关于深入推进义务教育均衡发展的意见》	保障进城务工人员随迁子女平等接受义务教育。要坚持以流入地为主、以公办学校为主的"两为主"政策，将常住人口纳入区域教育发展规划，推行按照进城务工人员随迁子女在校人数拨付教

续表

颁布时间	颁布部门	政策名称	主要内容
			育经费，适度扩大公办学校资源，尽力满足进城务工人员随迁子女在公办学校平等接受义务教育。在公办学校不能满足需要的情况下，可采取政府购买服务等方式保障进城务工人员随迁子女在依法举办的民办学校接受义务教育。
2014年3月16日	中共中央国务院	《国家新型城镇化规划（2014—2020年）》	建立健全全国中小学生学籍信息管理系统，为学生学籍转接提供便捷服务。将农民工随迁子女义务教育纳入各级政府教育发展规划和财政保障范畴，合理规划学校布局，科学核定教师编制，足额拨付教育经费，保障农民工随迁子女以公办学校为主接受义务教育。对未能在公办学校就学的，采取政府购买服务等方式，保障农民工随迁子女在普惠性民办学校接受义务教育的权利。
2014年9月30日	国务院	《关于进一步做好为农民工服务工作的意见》	保障农民工随迁子女平等接受教育的权利。输入地政府要将符合规定条件的农民工随迁子女教育纳入教育发展规划，合理规划学校布局，科学核定公办学校教师编制，加大公办学校教育经费投入，保障农民工随迁子女平等接受义务教育权利。公办义务教育学校要普遍对农民工随迁子女开放，与城镇户籍学生混合编班，统一管理。积极创造条件着力满足农民工随迁子女接受普惠性学前教育的需求。对在公益性民办学校、普惠性民办幼儿园接受义务教育、学前教育的，采取政府购买服务等方式落实支持经费，指导和帮助学校、幼儿园提高教育质量。各地要进一步完善和落实好符合条件的农民工随迁子女接受义务教育后在输入地参加中考、高考的政策。开展关爱流动儿童活动。
2016年7月11日	国务院	《关于统筹推进县域内城乡义务教育一体化改革发展的若干意见》	改革随迁子女就学机制。各地要进一步强化流入地政府责任，将随迁子女义务教育纳入城镇发展规划和财政保障范围，坚持积极进取、实事求是、稳步推进，适应户籍制度改革要求，建立以居住证为主要依据的随迁子女入学政策，

续表

颁布时间	颁布部门	政策名称	主要内容
			切实简化优化随迁子女入学流程和证明要求，提供便民服务，依法保障随迁子女平等接受义务教育。利用全国中小学生学籍信息管理系统数据，推动"两免一补"资金和生均公用经费基准定额资金随学生流动可携带。要坚持以公办学校为主安排随迁子女就学，对于公办学校学位不足的可以通过政府购买服务方式安排在普惠性民办学校就读。实现混合编班和统一管理，促进随迁子女融入学校和社区。公办和民办学校都不得向随迁子女收取有别于本地户籍学生的任何费用。特大城市和随迁子女特别集中的地方，可根据实际制定随迁子女入学的具体办法。
2017年 1月10日	国务院	《国家教育事业发展"十三五"规划》	做好随迁子女教育工作。将进城务工人员随迁子女教育纳入城镇发展规划和财政保障范围。实行"两免一补"资金和生均公用经费基准定额资金随学生流动可携带。适应户籍制度改革要求，推动建立以居住证为主要依据的随迁子女入学办法，简化优化入学办理流程和证件要求，保障符合条件的随迁子女都能在公办学校或政府购买服务的民办学校就学，特大城市和随迁子女特别集中的地方可根据实际制定随迁子女入学的具体办法。实行混合编班和统一管理，帮助随迁子女融入学校和社区。进一步完善随迁子女接受义务教育后在流入地参加升学考试的政策措施。
2018年 2月12日	教育部办公厅	《关于做好2018年普通中小学招生入学工作的通知》	各地要加快建立以居住证为主要依据的义务教育随迁子女入学政策，切实简化入学流程和证明要求，合理确定入学条件，确保符合条件的应入尽入，不得随意提高入学门槛。进一步落实和完善随迁子女接受义务教育后在当地参加升学考试的政策措施。

资料来源：笔者根据1992年以来各年的涉及流动人口随迁子女教育相关的政策文件梳理得到。

20世纪90年代之前，我国对于人口和劳动力流动实行严格控制的户籍管理制度，体现在截至1989年国务院仍发布《关于严格控制农民工外出的紧急通知》，与此同时，自20世纪80年代开始的人口和劳动力流动在这一期间不仅规模相对较小，而且基本呈现劳动者自身的流动，携带子女流动的较为鲜见。这也决定了在这一阶段流动人口子女义务教育政策并未因人口流动诱致而出。故这里着重从20世纪90年代之后进行考察。自20世纪90年代开始我国流动人口子女义务教育政策演进可以分为以下四个阶段。

第一阶段（1992—2000年）：以"借读为主"的限制流动阶段。1992年邓小平"南方谈话"后，人口和劳动力流动由严格限制开始转向默许和防范管制式的有限流动，人口和劳动力携带子女流动模式也随之出现，进而产生与流动人口子女教育相关的法律法规和政策。最早的政策规定为1992年国家教育委员会发布的《中华人民共和国义务教育法实施细则》，具体规定为"适龄儿童、少年到非户籍所在地接受义务教育的，经户籍所在地的县级教育主管部门或者乡级人民政府批准，可以按照居住地人民政府的有关规定申请借读"。"批准""申请"等一系列字眼构成了流动人口子女"限制"流动的典型特征，即使允许流动，也主要以排挤在城镇义务教育系统之外的"借读"模式为主导。再到1996年的《城镇流动人口中适龄儿童少年就学办法（试行）》，规定"应由其父母或者其他监护人，持流入地暂住证，向流入地住所附近中小学提出申请"。又到1998年的《流动儿童少年就学暂行办法》，更是直接规定"流动儿童少年常住户籍所在地人民政府应严格控制义务教育阶段适龄儿童少年外流"。其中，"申请""严格控制外流"等构成主要特征，相比之前的政策规定，"除了在全日制公办小学借读之外"，"也可入民办学校、全日制公办中小学附属教学班（组）以及专门招收流动儿童少年的简易学校接受义务教育"。

第二阶段（2001—2005年）：以"两为主"为特征的积极探索阶段。这一阶段的特征主要体现在以下两个方面：一方面，以解决流动人口子女教育问题为导向，明确了"以流入地区政府管理为主，以全日制公办中小学为主"即"两为主"的原则；另一方面，明确了"流入地政府"与"流出地政府"两方面的责任，相比第一阶段，明确了"流入地政府"的"主要责任"，由"流入地人民政府应为流动儿童少年创造条件，提供接受义务教育的机会"转向"以流入地区政府管理为主",由以往的"不愿承担、排外"等特征转向"即使被迫、但必须承担"的特征。尽管明确了流入地政府的主要责任,但是相关规定并未明确其具体的责任,比如在流动人口和劳动力非常关心的教育费用方面,也只是规定"采取措施,切实减轻进城务工就业农民子女教育费用负担"。与此同时,还明确了"流出地政府"的责任,"进城务工就业农民流出地政府要积极配合流入地政府做好外出务工就业农民子女义务教育工作。流出地政府要建立健全有关制度,做好各项服务工作,禁止在办理转学手续时向学生收取费用"。这些政策不仅明确了流出地政府做好流出人口子女义务教育的转学工作,并禁止收取转学费用,而且还对返流人口子女教育转回工作和同样禁止收费做出了具体规定,相比流入地政府更为明确。

第三阶段（2006—2013年）：以"保障平等"为特征的目标明确阶段。在这一阶段，"保障农民工子女平等接受义务教育"成为流动人口子女教育政策的主旋律和主要目标。这一规定首次在2006年1月发布的《关于解决农民工问题的若干意见》中加以明确。此外，对于"两为主"的原则进行了进一步的细化。如"以全日制公办中小学为主接收农民工子女入学，并按照实际在校人数拨付学校公用经费"；"城市公办学校对农民工子女接受义务教育要与当地学生在收费、管理等方面同等对待，不得违反国家规定向农民工子女加收借读费及其他任何费用"；"输入地政府对委托承担农民工子女义务教育的民办学校，要在办学经费、师资培训等方面给予支持和指导，提高办学质量"。2006年6月修订的《中华人民共和国义务教育法》将之上升到法律层面。该法明确规定："父母或者其他法定监护人在非户籍所在地工作或者居住的适龄儿童、少年，在其父母或者其他法定监护人工作或者居住地接受义务教育的，当地人民政府应当为其提供平等接受义务教育的条件。"随后，2010年7月，《国家中长期教育改革和发展规划纲要（2010—2020年）》还在"两为主"的基础上，要求输入地政府研究制定流动人口子女义务教育后在当地参加升学考试的具体办法。2011年2月的《关于积极稳妥推进户籍管理制度改革的通知》、2012年6月的《国家教育事业发展第十二个五年规划》以及2012年9月的《关于深入推进义务教育均衡发展的意见》还分别对流动人口融入与落户城镇问题、政府购买民办学校服务的方式缓解公办学校义务教育供给不足的困境等进行了明确。截至2012年底，全国大部分省份对于流动人口子女在流入地参加高考问题出台了具体政策。

  第四阶段（2014年至今）：以"两纳入"为主的深度推进阶段。2014年3月，《国家新型城镇化规划（2014—2020年）》明确指出要充分发挥信息化的功能，建立健全全国中小学生学籍信息管理系统，在此基础上将农民工随迁子女义务教育纳入各级政府教育发展规划和财政保障范畴，即开始向"两纳入"的模式转向，这是建立在"两为主"基础上的进一步深化。"以流入地区政府管理为主"，一方面，需要流入地各级政府将流入人口子女义务教育纳入本地的教育发展规划，换言之，流入地政府需要将外流人口子女的教育问题作为不可分割的一部分即作为有机整体来进行统筹规划；另一方面，需要流入地各级政府将流动人口子女义务教育纳入财政保障范畴，也就是抓住了问题的根本，需要流入地政府从根本上解决流动人口子女义务教育带来的教育经费和成本的增加。事实上，无论是"两为主"还是"两为主"基础上的"两纳入"最终追求的目标均是"保障流动人口子女平等接受义务教育的权利"。从解决这一问题涉及的部门来看，离不开多个部门的协同，包括教育部门、发展和改革机构、公安部门、财政机构、人力资源和社会保障部门、住房保障部门等。如何从根本上保障农民工随迁子女平等受教育的权利，2014年9月国务院发布的《关于进一步做好为农民工服务工作的意见》规定，"公办义务教育学校要普遍对农民工随迁子女开放，与城镇户籍学生混合编班，统一管理"。这一政策规定相比以往有显著的改进，流动人口子女与城镇户籍本地学生混合编班，一体化管理。尽管在实际运行过程中并未从根本上落实，但是毕竟实现了政策上的"零"的突破。2016年7月，国务院发布的《关于统筹推进县域内城乡义务教育一体化改革发展的若干意见》，更进一步在"实现混合编班和统一管理"的基础上，明确指出"促进随迁子女融入学校和社区。公办和民办学校都不得向随迁子女收取有别于本地户籍学生的任何费用"。这一阶段的"深度推进"特征还体现在可以充分发挥全国中小学生学籍信息管理系统数据的功能，推动"两免一补"资金和生均公用经费基准定额资金随学生流动可携带，以适应流动人口"钟摆式"或"浮萍式"的外流不确定性特征，与此同时，在上一阶段全国大部分省份出台流动人口子女在流入地参加高考的政策基础上,要求"进一步完善随迁子女接受义务教育后在流入地参加升学考试的政策措施"。这些内容均在 2017 年 1 月国务院发布的《国家教育事业发展"十三五"规划》中明确指出。

7.3 长三角地区流动人口子女义务教育政策演化脉络

在国家政策的指导和指引下,区域和地方政府也制定了一系列关于流动人口子女义务教育的政策和规制措施。本部分在全国流动人口子女义务教育政策梳理的基础上,对长三角地区流动人口子女义务教育政策进行专门的梳理。作为我国经济重要引擎、最大的流动人口集聚地之一的长三角地区,其流动人口子女义务教育政策在政策出台时间、具体规定、执行力度、政策效果等方面有何共性特征?又存在何种差异化特征?在梳理过程中,将重点关注相比全国而言,其政策出台的前沿性及存在的示范效应等问题。

7.3.1 江苏省

随着国家对人口流动限制的放宽以及江苏省经济的迅速发展,流入江苏省的人口大幅增加,随之带来了教育资源分配问题。江苏省政府各职能部门制定和颁布了一系列针对流动人口子女义务教育相关的政策文件,具体如表 7-2 所示。

表 7-2 江苏省流动人口子女义务教育政策演化脉络

颁布时间	颁布部门	政策名称	主要内容
2000 年 3 月 10 日	江苏省教育厅	《江苏省义务教育阶段学校学籍管理规定(试行)》	适龄儿童与监护人不在同一户籍、户籍与常住地址(房产证)不符的,由教育主管部门根据实际情况统筹安排学校就读。 流动人口子女等到非户籍所在地在提供接收学校同意证明后可以借读。
2004 年 8 月 31 日	江苏省教育厅	《江苏省义务教育阶段学籍管理规定》	进城务工农民子女,按规定在流入地接受义务教育的,家长向暂住地教育行政部门提出申请,凭借相关手续由教育行政部门安排学校就读,给予学籍,省内

续表

颁布时间	颁布部门	政策名称	主要内容
			生源要通知学生户籍所在地教育主管部门备案。 学生因个人或家庭原因,拟到非户籍所在地公办学校借读的,须经当地教育主管部门或学校同意,借读费用按借读学校所在地政府或有关部门规定收取。 流动人口中适龄儿童少年入学按有关规定办理。
2004年9月7日	江苏省教育厅、省机构编制委员会办公室、省公安厅、省发改委、省财政厅、省劳动和社会保障厅	《关于进一步做好流动人口子女义务教育工作的意见》	坚持流入地政府负责、全日制公办中小学接纳为主的原则,流动人口子女义务教育工作由流入地政府全面负责。学生到公办中小学就读,由其父母或其他法定监护人,按流入地政府或教育行政部门有关规定,向住所附近中小学或流入地教育行政部门提出申请,经学校同意或当地教育行政部门安排就读学校后,按照学籍管理规定办理入学手续。公办中小学不得拒收符合条件的学生入学。采取措施,切实减轻进城务工就业农民子女教育费用负担。从2004年新学年起,进城务工就业的农民子女在流入地接受义务教育,到教育行政部门指定的公办中小学就读,其所负担的学校收费项目和标准与当地学生一视同仁,除按照国家和省规定收取杂费、课შ шпа本费和住宿费外,一律不得收取借读费、择校费,更不得要求捐资助学或摊派其他费用,对家庭经济确有困难的要酌情减免费用。进城务工就业的农民子女入学需向学校或教育行政部门提供以下有关材料:(一)随父母或其他法定监护人在流入地暂住,有学习能力,未接受完九年义务教育的学籍材料;(二)户口簿、父母或其他监护人在流入地的暂住证;(三)监护人相对稳定工作的证明(与用工单位签订的劳动合同,工商营业执照等);(四)符合户籍所在地计划生育政策规定的有关证明。 流入地人民政府和教育行政部门要将流动人口子女接受义务教育纳入当地义务教育发展规划,加强对社会力量举办流动人口子弟学校的管理和扶持。

续表

颁布时间	颁布部门	政策名称	主要内容
2006年8月11日	江苏省教育厅	《关于做好对进城务工就业农民子女发放〈义务教育证〉工作的通知》	"义务教育证"的发放对象：各县（市、区）政府应当保障适龄儿童、少年在户籍所在地学校就近入学。对确需随进城务工就业父母或监护人到城市就学的义务教育阶段学生，并同时符合以下条件的，可领取"义务教育证"。1. 我省境内农村户籍义务教育阶段学生；2. 在我省境内省辖市市区范围内的公办及经当地县级以上人民政府教育行政部门批准的民办义务教育阶段学校就读；3. 在父母或其他法定监护人务工就业的城市居住，并有暂住证；4. 父母或监护人有相对稳定工作的证明（与用工单位签订的劳动合同，工商营业执照等）；5. 具有符合户籍所在地计划生育政策规定的有关证明；6. 符合暂住地政府或教育行政部门义务教育阶段学生入学的规定。 "义务教育证"的使用：各地应按照"由流入地政府负责、公办学校接纳为主"的原则，确保每个进城务工就业农民子女能够就近接受义务教育。进城务工就业农民子女持"义务教育证"到城市教育部门指定的义务教育阶段学校就读，并按省有关规定提供相应材料，学校必须免收其学杂费，包括信息技术教育费和取暖费。学生持"义务教育证"到民办学校就读，民办学校必须减收与学杂费等额的学费
2008年7月3日	江苏省综合治理委员会	《关于进一步加强流动人口服务与管理工作的实施意见》	要求依法保障流动人口子女平等接受义务教育，流入地政府要将流动人口子女义务教育纳入当地教育发展规划，并将经费纳入公共财政预算，予以保障。公办学校对流动人口子女接受义务教育要在收费、管理等方面与当地学生同等对待，不得违反规定向进城流动人口子女加收借读费、捐资助学费及其他任何费用。 对在经当地县级以上教育行政部门批准的义务教育阶段民办学校就读的学生，在免收学杂费、免费提供教科书和家庭经济困难的寄宿学生生活费补助等方面与公办学校学生同等对待

续表

颁布时间	颁布部门	政策名称	主要内容
2012年11月17日	江苏省人民政府	《关于深入推进义务教育优质均衡发展的意见》	到2015年,每所公办学校择校生比例控制在招生总数的10%内,确保进城务工人员随迁子女在公办学校就读率达90%以上。
2012年12月28日	江苏省教育厅、发展改革委、公安厅、人力资源社会保障厅	《关于做好来苏务工就业人员随迁子女参加升学考试工作意见的通知》	从2013年起,凡具有我省义务教育阶段学籍的应届初中毕业随迁子女,均可参加当地中考和普通高中、中等职业学校录取,具体办法由各省辖市制定。凡在我省取得普通高中学籍并有完整的普通高中学习经历,其监护人在我省有合法稳定职业、合法稳定住所(含租赁)的随迁子女,均可在就读地报名参加江苏普通高考和本科、专科层次录取。参加江苏普通高考的随迁子女与江苏籍考生一样,须参加全省高中学业水平测试并符合高考报名资格要求,享受与江苏籍考生同等的录取政策。
2013年1月28日	江苏省人民政府办公厅	《关于印发江苏教育现代化指标体系的通知》	进城务工人员随迁子女与户籍学生享受同等待遇的比例,目标值为100%。
2013年10月31日	江苏省人民政府办公厅	《江苏省流动人口居住管理办法(试行)》	流动人口办理居住证后,如果他们的未成年子女与其共同生活,子女可以按有关规定,参加居住地中考和有关学校招生录取,在居住地报名参加省内高考和普通高校招生录取。
2014年3月1日	江苏省教育厅	《江苏省义务教育学籍管理规定》	江苏中小学全部取消借读,遵循"籍随人走",考籍和户籍脱钩。流动人口的适龄子女在居住地接受教育的,由其父母或者其他监护人持本人及适龄儿童、少年相应的身份证明、就业或者居住证明,向居住地县级教育行政部门提出就读申请。居住地县级教育行政部门应当以公办学校为主,统筹安排流动儿童、少年入学。
2016年4月11日	江苏省人民政府	《关于进一步完善城乡义务教育经费保障机制的通知》	明确完善城乡义务教育经费保障机制的主要任务。巩固完善义务教育学校校舍安全保障长效机制。各地要按照"谁举办、谁负责"的原则,支持义务教育学校维修改造、校舍抗震加固、改扩建校舍及其附属设施等。省财政统筹中央奖补资金,帮助经济薄弱地区、七度

续表

颁布时间	颁布部门	政策名称	主要内容
			及以上地震高烈度地区建立农村中小学校舍安全保障长效机制，并向接受外来务工人员随迁子女较多的地区倾斜。确保完善城乡义务教育经费保障机制落到实处。（二）有序推进实施。从2016年春季学期开始，统一城乡义务教育学校生均公用经费基准定额……取消对城市义务教育免除学杂费和外来务工人员随迁子女接受义务教育奖补政策。
2016年1月11日	江苏省教育厅、省编办、省发改委等七部门联合出台	《关于加大对流动人口流入地教育工作支持的意见》	做好流动人口随迁子女教育工作，基础教育坚持以流入地政府管理为主、以全日制公办学校为主。各地政府要将做好流动人口随迁子女教育工作需要增加的土地、编制、经费等纳入区域教育发展规划、纳入人事编制管理、纳入财政保障范围，统筹考虑，特事特办，优先解决，确保流动人口随迁子女平等接受教育。外来务工人员流入较多地区，适时调整区域教育发展规划和中小学布局规划并及时足额落实所需土地指标。针对教师资源紧缺问题，探索创新教职工编制统筹使用机制，对流动人口随迁子女需求增幅较大、难以通过调剂编制等方式解决教师资源紧缺的苏南地区，可通过深化南北挂钩合作等方式，开展苏南苏北城市间校对校、一校对多校教职工跨地合作交流。
2017年2月6日	江苏省人民政府办公厅	《江苏省人口发展"十三五"规划》	保障农民工随迁子女的教育权益，将农民工随迁子女接受义务教育纳入输入地教育现代化建设和财政保障范围，逐步实现农民工随迁子女与户籍学生在输入地接受义务教育、参加升学考试等方面享受同等待遇。
2020年2月25日	江苏省教育厅	《江苏省教育厅关于做好2020年义务教育学校招生入学工作的通知》	坚持公平原则，全面落实特殊群体平等接受义务教育权利。切实解决随迁子女入学问题。健全以居住证为主要依据的随迁子女义务教育入学政策。实行随迁子女积分制入学的地方要合理设置积分条件，确保符合国家《居住证暂行条例》基本要求的随迁子女能够应入尽入。坚持以公办学校为主

续表

颁布时间	颁布部门	政策名称	主要内容
			安排随迁子女就学，对于公办学校学位不足的可以通过政府购买服务方式安排在民办学校就读，不得将随迁子女集中在少数学校、班级。随迁子女回户籍所在地学校就读的，当地教育行政部门应依法予以统筹安排。

资料来源：笔者根据各政策文件加工整理所得。

根据笔者对江苏省流动人口子女义务教育政策文本的梳理，2000年之前并无专门政策对流动人口子女义务教育进行规定。主要原因如下：一方面，在这段时期，流入江苏的外来务工者携带子女进行流动的情况并不多见，流动人口义务教育的问题没有那么明显；另一方面，进入城市的流动人口子女大多只能进入非正规且条件较差的农民工子弟学校就读，这也阻碍了流动人口采取举家外迁的流动模式。在此基础上，2000年以来，江苏省流动人口子女义务教育政策大致可以分为四个阶段。

第一阶段（2000—2003年）：以借读为主要方式。这一阶段江苏省针对流动人口子女主要通过借读并收取借读费的方式来解决流动人口子女教育问题。具体而言，江苏省教育厅在2000年实行《江苏省义务教育阶段学校学籍管理规定（试行）》，该规定要求流动儿童在非户籍所在地就读需要经过学校或者当地教育主管部门同意，并且要求缴纳借读费，而没有明确规定借读费用数额。这段时期的特点为，江苏省流入大量外来务工人员，他们所携带的处于义务教育阶段的流动儿童人数逐渐增加。该政策的出台是由于中央对流动人口限制的政策放宽，加之江苏省经济发展较快，流入江苏省的人越来越多，江苏省政府不得不出台相应的办法解决流动人口子女的义务教育问题，但是主要采取借读的方式，而且面向流动人口子女收取相应的借读费，显然这一阶段省政府主要考虑了流入地政府的财政负担，与此同时，并未将外来人口子女教育纳入流入地来统一管理，明显没有考虑到流动人口的实际负担，导致一些无法负担借读费的家庭只能让孩子辍学或者回流出地就读。2002年，《南京市流动人口子女接受义务教育的暂行办法（试行）》规定："各级教育行政部门要根据当地实际，将流动人口子女接受义务教育纳入本地区教育发展规划，统筹安排流动人口子女就学；南京市实施义务教育的学校应当接纳符合条件的流动人口子女就学。"这个阶段政府有解决流动儿童教育问题的动机，但由于财政、学校基础设施等一系列配套措施没有跟上，政府只能通过收取高额的费用处理这一问题。显而易见，这种方式并没有让所有流动儿童受益，而且教育公平的问题在这一阶段并未得到充分重视。从这一时期江苏省的政策可以看出，江苏省政府对于流动人口的福利、社会保障问题关注不够，江苏省在享受流动人口带来的经济迅速发展的好处的同时，不允许他们享受本地人的福利，以歧视性的措施（收取借读费）对待他们处于义务教育阶段的孩子，给本来收入就不高的家庭加重了负担。

第二阶段（2004—2007年）：以"两为主"为主要模式。这一阶段出台了多部专门针对流动人口义务教育的规范措施，不再通过收取借读费解决流动人口义务教育的问题，并且强调"以流入地政府负责，以全日制公办中小学接纳为主"，即"两为主"，在收费、管理等方面与当地学生一视同仁，并提出对家庭经济困难的学生提供一定的补助。

2004年的8月，并未形成"两为主"的模式，而是流动人口向流入地教育行政部门提出申请，由其安排就读，并未明确"借读"还是"其他方式的受教育"。这具体体现在2004年8月江苏省教育厅发布的《江苏省义务教育阶段学籍管理规定》规定："进城务工农民子女，按规定在流入地接受义务教育的，家长向暂住地教育行政部门提出申请，凭借相关手续由教育行政部门安排学校就读，给予学籍，省内生源要通知学生户籍所在地教育主管部门备案。"尽管对于流动人口子女，并未采用"借读"的规定，但在2004年8月仍存在"借读"模式，体现为"学生因个人或家庭原因，拟到非户籍所在地公办学校借读的，须经当地教育主管部门或学校同意，借读费用按借读学校所在地政府或有关部门规定收取"这一具体规定。

仅一个月之后，即2004年9月，政策发生了明显变化。江苏省教育厅、省机构编制委员会办公室、省公安厅、省发改委、省财政厅、省劳动和社会保障厅六部门联合发布的《关于进一步做好流动人口子女义务教育工作的意见》规定："坚持流入地政府负责、全日制公办中小学接纳为主的原则，流动人口子女义务教育工作由流入地政府全面负责。"也就是明确了"两为主"的模式。值得一提的是，2006年8月江苏省在全国率先推出了"义务教育证"，这为流动人口子女在全省范围内城市学校接受义务教育并且免缴学杂费提供了保障。有学者认为，"义务教育证"制度与西方一些发达国家实行的"教育凭证制度"有些类似，也就是由户籍所在地的教育管理服务机构向流动人口子女发放就"义务教育证"，受教育者可以凭此选择任何学校入学，被选学校可以凭借"义务教育证"向地方政府申请财政拨款。"义务教育证"有两个方面的优势：一方面，可以促进城乡和区域之间以及各自内部学校的竞争；另一方面，在理论上流动人口子女可以凭借其自由选择学校，在省内任何地方享受义务教育的机会。这给后续流动人口子女义务教育政策向平等保障义务教育权的迈进提供了预期。

第三阶段（2008—2016年）：以"两纳入"为主的保障平等受教育权利。在这一阶段江苏省明显重视流动人口义务教育的问题，在"两为主"的基础上要求启动"两纳入"，不仅将流动人口子女义务教育纳入当地教育发展规划，而且将经费纳入公共财政预算，突出公平受教育的权利。比如，2008年3月7日，江苏省综合治理委员会发布的《关于进一步加强流动人口服务与管理工作的实施意见》明确指出："要求依法保障流动人口子女平等接受义务教育，流入地政府要将流动人口子女义务教育纳入当地教育发展规划，并将经费纳入公共财政预算，予以保障。"在此基础上，江苏省人民政府于2012年11月发布《关于深入推进义务教育优质均衡发展的意见》，指出"到2015年，每所公办学校择校生比例控制在招生总数的10%内，确保进城务工人员随迁子女在公办学校就读率达90%以上"。相比以往政策文件，在推进流动人口子女在公办学校进行义务教育的力度上发生了显著转变。2013年1月，江苏省人民政府办公厅发布的《关于印发江苏教育现代化指标体系的通知》更进一步确定让流动人口子女平等接受义务教育的权利的目标，直接指出"进城务工人员随迁子女与户籍学生享受同等待遇的比例，目标值为100%"。

在这一阶段，江苏省还着重解决流动人口子女在非户籍所在地的升学问题。具体而言，在流入地接受义务教育的流动人口子女进入升学阶段，面临中考、高考，若户籍和考籍分开，会导致流动人口子女无法在流入地考试，若回到户籍所在地参加考试，也会面临学习的内容与考试要求不一致以及受教育环境的不适应等问题。2014年3月，江苏省教育厅发布《江苏省义务教育学籍管理规定》，让考籍和户籍脱钩，这充分体现了政策的人性化、匹配性和适应性。此外，"两纳入"以及确保流动人口平等受教育权利，离不开多方面的支持，如经费、教师人员、教育用地等。对此，2016年1月，江苏省教育厅等七部门联合出台《关于加大对流动人口流入地教育工作支持的意见》，明确指出："做好流动人口随迁子女教育工作，基础教育坚持以流入地政府管理为主、以全日制公办学校为主。各地政府要将做好流动人口随迁子女教育工作需要增加的土地、编制、经费等纳入区域教育发展规划、纳入人事编制管理、纳入财政保障范围，统筹考虑，特事特办，优先解决，确保流动人口随迁子女平等接受教育。外来务工人员流入较多地区，适时调整区域教育发展规划和中小学布局规划并及时足额落实所需土地指标。"这为流动人口随迁子女义务教育的"两纳入"的深度推进提供了可能。

江苏省省会南京在推动流动人口子女平等受义务教育的权利方面表现更为率先和积极。早在2005年，南京市就出台了《进城务工就业农民子女接受义务教育暂行办法》，规定"符合条件的外来工子女在入学、评优、参加校内外活动等方面与城市学生一视同仁"。2008年南京市综治委发布的《关于进一步加强流动人口服务和管理工作的实施意见》指出："公办学校对流动人口子女接受义务教育按规定在收费、管理等方面与当地学生同等对待，不得违反规定向进城流动人口子女加收借读费、捐资助学费及其他任何费用；加强对以接收流动人口子女为主的民办学校的管理、指导和扶持，努力提高民办学校办学质量。"除此之外，南京市各区县也陆续发布政策，要求解决流动人口子女义务教育问题。如此高密度地发布有关流动人口子女平等接受义务教育的政策规定，足见南京市对这一问题的重视，这些政策规章从法律上明确了各级政府在解决流动人口子女义务教育问题中的角色和责任。但是政策的作用从来不以政策制定的完美程度为依据，而是以政策的执行效果为基础。据报道，在实践中，流动人口在办理子女入学手续过程中，依旧非常麻烦，并存在一定的门槛。然而，不可否认的是，这些政策说明江苏省开始重视流动人口的福利、民生等问题。

第四阶段（2017年至今）：以推进教育现代化的"两纳入"为目标。这一阶段相比上一阶段，显著不同的是，将农民工随迁子女接受义务教育由"纳入区域发展规划"转变为"纳入输入地教育现代化建设"，在具体目标上，不仅将流动人口子女义务教育纳入流入地政府统一规划，而且提升到"教育现代化"视域和诉求下的统筹规划。直接体现在：2017年2月，江苏省人民政府办公厅发布的《江苏省人口发展"十三五"规划保障》规定"农民工随迁子女的教育权益，将农民工随迁子女接受义务教育纳入输入地教育现代化建设和财政保障范围，逐步实现农民工随迁子女与户籍学生在输入地接受义务教育、参加升学考试等方面享受同等待遇"。在这一阶段，江苏省南京市对于在流动人口子女享受义务教育后的升学问题进一步出台了相关文件，提供了制度保障，例如，2019年4月29日，南京市发布的《关于做好我市外来务工人员随迁子女教育工作的通知》明确要求"以居住证为主要依据，以'两为主'为原则，推进随迁子女入学待遇同城化，完善随迁子女义务教育后在流入地参加升学考试的制度"。

从以上江苏省有关流动人口子女义务教育政策的演变过程可以看出，江苏省的流动人口子女义务教育越来越趋于公平，而从另外的角度也说明江苏省有关流动人口子女义务教育的相关措施尤其是在政策实践层面还存在诸多漏洞，且在进一步探索中。

7.3.2 浙江省

改革开放以来，浙江省与江苏省一样，作为经济大省，外来务工人员也居全国前列。流动人口随迁子女义务教育工作在人口流动过程中一直面临巨大挑战。对此，浙江省也颁布了一系列相应的政策措施，如表7-3所示。

表7-3 浙江省流动儿童义务教育政策演化脉络

颁布时间	颁布部门	政策名称	主要内容
1991年	浙江省教育厅	《浙江省中小学学生学籍管理办法》	农村中小学学生一般不得转入城镇学校就读。 凡属义务教育对象不能在户口所在地就读，必须到异地借读的，须取得借读学

续表

颁布时间	颁布部门	政策名称	主要内容
			校证明,报护口所在地学校作义务教育对象登记,填写"登记卡",并持"登记卡"和转学证明到借读学校取得借读学籍。借读期满须随身带回"登记卡"和毕业考试成绩报告单,到户口所在地学校取得《浙江省义务教育证书》。重点中学一律不准收录借读生。
2001年11月6日	浙江省人民政府	《关于加快基础教育改革与发展的决定》	重视解决流动人口子女接受义务教育的问题,将其纳入当地义务教育发展规划。坚持以流入地区政府管理为主,以全日制办中小学为主的原则,采取多种形式,依法保障流动人口子女接受义务教育的权利。
2003年6月19日	浙江省人民政府	《浙江省义务教育收费管理办法》	学校可以向学生收取杂费、代管费;向学生提供住宿的,可以收住宿费;接收借读学生的,可以收取借读费,但不再收取杂费。 所称借读,是指适龄儿童、少年因其监护人跨县级以上行政区域就业等原因离开户籍所在地居住,按照本省的有关规定经批准后,进入现居住地学校就读。
2004年9月1日	浙江省教育厅	《浙江省义务教育阶段学生学籍管理办法(试行)》	允许借读:父母双方不在学生户口所在地工作,需随父母居住的学生;或父母一方不在学生户口所在地工作,需随其不属本人户口所在地一方的父母居住的学生;跨县域流动的适龄儿童、少年,其父母在暂住地已取得暂住证的。
2004年11月16日	浙江省人民政府办公厅	《关于进一步做好流动儿童少年义务教育工作的意见》	流动儿童少年流入地县级政府(以下简称流入地政府)负责本行政区域内流动儿童少年的义务教育工作。 教育行政部门要将流动儿童少年义务教育工作纳入当地普及九年制义务教育工作范畴,指导和督促中小学认真做好接收就学和教育、教学工作;财政部门要把流动儿童少年义务教育纳入教育经费预算予以保证。 规范入学管理,统筹解决流动儿童少年就学问题。流动儿童少年中凡在户籍所在地有监护条件的,应回户籍所在地接受义务教育;户籍所在地没有监护条件,

续表

颁布时间	颁布部门	政策名称	主要内容
			且具备以下条件的,可到暂住地县级教育行政部门或乡(镇)街道统筹安排的学校提出义务教育的就业申请。(一)其父母或其他法定监护人在暂住地已取得暂住证并暂住1年以上;(二)其父母无违反计划生育政策,并持有当年度"流动人口婚育证明"。充分发挥全日制公办中小学的接收主渠道作用。建立流动儿童少年接受义务教育的经费筹措保障机制。流入地政府财政部门要对接收流动儿童少年的学校按照当地生均经费和流动儿童少年学生人数给予拨款。切实减轻教育费用负担,维护流动儿童少年在校权益。流动儿童少年在当地教育部门确定的全日制公办中小学就读的,学校按《浙江省义务教育收费管理办法》(省政府第156号令)有关规定向其收取费用;对家庭确有困难的学生,学校应酌情准予缓交或减免相关费用。以接收流动儿童少年为主的社会力量所办的学校应按价格主管部门核定的收费标准收费。
2006年4月14日	浙江省人民政府办公厅	《关于浙江省义务教育中小学生免除学杂费实施意见的通知》	享受免除学杂费政策的对象,是指在经县级以上教育行政部门批准的城乡义务教育阶段学校就读的学生。包括本地户籍学生、正常转入我省就读学生以及符合条件在转入地接受义务教育的外来(跨省、跨县)务工人员子女等。正常转入我省就读学生系指经组织人事部门批准调动和引进人才、留学回国工作、随军、港澳台及侨胞、投资创业等人员的子女需在我省就读的学生;符合条件的外来学生系指在户籍所在地无监护条件、其父母或其他法定监护人在暂住地已取得暂住证并暂住一年以上、并依法交纳社会保险或与用人单位签订劳动合同(或取得工商执照)、其他证明材料齐全的需在转入地就读的学生。

续表

颁布时间	颁布部门	政策名称	主要内容
2006年10月11日	浙江省教育厅办公室	《关于做好控制义务教育阶段学生辍学工作的通知》	各地要高度重视流动儿童少年的学籍管理工作，将流动儿童少年就学情况统一纳入全省电子学籍管理系统。为有利于学生学籍管理，对于省内跨县域流动的儿童少年，由流出地县（市、区）教育局或乡镇人民政府负责登记、发放《义务教育登记卡》，流入地学校办理学籍并负责填写《义务教育登记卡》。
2008年11月2日	浙江省人民政府	《关于进一步加强和改进进城务工人员子女教育工作的意见》	在我省流入地接受义务教育须符合以下条件：进城务工人员子女户籍所在地无监护条件，其父母或其他法定监护人已持有我省流入地（县级）普通人员居住证，或具有领取普通人员居住证条件（取得暂住证或临时居住证1年以上，有相对固定住所和稳定职业，按规定缴满基本养老保险年限，领取暂住证或临时居住证后无行政拘留以上处罚、违法生育等记录），并能提供与居住证申领条件相关的证明材料需在流入地就学的进城务工人员直系子女。 科学规划进城务工人员子女入学工作。按照"以流入地政府为主、以公办学校为主"的原则，将解决进城务工人员子女入学等工作全面纳入当地经济社会发展规划。各级政府要充分考虑当地人口增减、城市发展、产业升级和今后进城务工人员流动趋势等，科学预测今后一段时期进城务工人员子女入学人数，以常住人口作为主要依据，编制中小学校布局和建设规划，合理配置教育资源，满足符合条件的进城务工人员子女入学的基本需要。 切实安排好进城务工人员子女入学。流入地政府要按照"就近入学、统筹安排"的要求，做好符合条件的进城务工人员子女就学工作。进城务工人员子女统一到居住地就近学校报名，在就近学校学额有空余的情况下予以安排入学；就近学校没有空余学额的，由当地教育行政部门结合校网布局和生源的实际情况，统筹安排到其他学校就学。所有公办中小学都有接纳符合条件的进城

续表

颁布时间	颁布部门	政策名称	主要内容
			务工人员子女入学的责任和义务，在学额有空余的情况下，任何学校都不得拒收符合条件的进城务工人员子女入学。公办学校要充分挖掘潜力，尽可能多地接受进城务工人员子女就学。凡在居住地就近学校学习或经当地教育行政部门统筹安排进入其他学校就学的符合条件的义务教育阶段进城务工人员子女，与当地学生一样享受省统一规定的免费政策。 对进城务工人员子女接受义务教育进行更明确的规定，各级政府加大资金投入，统筹资源配置，改善办学条件，纳入业绩考核，为符合条件的进城务工人员子女入学提供基本保障。
2009年11月2日	浙江省人民政府	《贯彻国务院关于进一步推进长江三角洲地区改革开放和经济社会发展指导意见的实施意见》	浙江将逐步实现流动人口子女教育等"同城同权"。
2009年11月27日	浙江省第十一届人民代表大会常务委员会第十四次会议通过	《浙江省义务教育条例》	持有本省居住证的人员，与其同住的子女需要在居住地接受义务教育，符合省人民政府规定条件的，可以凭居住证到居住地所在县级人民政府教育主管部门申请就读；县级人民政府教育主管部门应当按照规定予以保障。 实施义务教育，不收学费、杂费、借读费、教科书费、作业本费。
2012年12月28日	浙江省人民政府办公厅	《关于做好外省籍进城务工人员随迁子女接受义务教育后在我省参加升学考试工作的实施意见》	既要积极研究随迁子女就地升学的要求，又要充分考虑流入地教育资源的承载能力；既要努力解决随迁子女升学问题，又要坚持办学标准，切实保证本省户籍学生受教育机会和教育条件不受影响。要充分发挥市、县（市、区）的积极性和主动性，根据地方实际，立足当前，把握趋势，有序解决随迁子女升学考试问题。

续表

颁布时间	颁布部门	政策名称	主要内容
2013年4月16日	浙江省人民政府	《关于深入推进义务教育高水平均衡发展的实施意见》	保障进城务工人员随迁子女平等接受义务教育。坚持以"流入地为主、以公办学校为主"的政策，将常住人口纳入区域教育发展规划。在公办学校不能满足需要的情况下，可采取政府购买服务等方式保障进城务工人员随迁子女在依法举办的民办学校接受义务教育。
2014年7月1日	浙江省教育厅	《浙江省义务教育阶段学生学籍管理办法》	符合各县（市、区）入学条件的进城务工人员随迁子女，由流入地教育行政部门按照"以公办学校为主"原则，统筹安排。
2015年12月10日	浙江省人民政府	《关于进一步推进户籍制度改革的实施意见》	保障农业转移人口及其他常住人口随迁子女平等享有受教育权利。将随迁子女义务教育纳入各级政府经济社会发展总体规划和财政保障范畴。逐步完善和落实随迁子女在流入地接受普惠性学前教育、中等职业教育和符合条件的随迁子女同等享受免学费、助学金等政策，完善接受义务教育后就地参加初升高及高中毕业就地参加高考的升学考试办法。
2016年3月31日	浙江省人民代表大会常务委员会	《浙江省流动人口居住登记条例（修订）》	"浙江省居住证"持有人在居住地依法享受劳动就业，参加社会保险，缴存、提取和使用住房公积金，参与社会事务的权利。县级以上人民政府及其有关部门应当为持有人提供下列基本公共服务：义务教育、基本公共就业服务、基本公共卫生服务和计划生育服务、公共文化体育服务、法律援助和其他法律服务等。
2016年5月3日	浙江省人民政府	《关于进一步完善城乡义务教育经费保障机制的通知》	在"两免一补"和生均公用经费基准定额资金随学生流动的基础上，继续安排外来务工人员子女教育奖补，实现教育经费的"可携带"。
2016年5月4日	浙江省教育厅	《贯彻落实〈浙江省人民政府关于进一步推进户籍制度改革的实施意见〉的通知》	及时完善入学政策：对已落户的随迁子女，各地必须实行与当地户籍儿童少年一样的义务教育入学政策，即按照就近入学原则，安排其进入义务教育阶段公办学校就读。对已申领居住证的随迁子女，各地要根

续表

颁布时间	颁布部门	政策名称	主要内容
			据教育资源承载能力，认真制订并实施与居住证持有人积分相挂钩的入学政策。 对没有落户，也没有申领居住证的随迁子女，各地应积极引导其监护人将其留在户籍所在地就学，待申请落户或申领居住证后再根据当地入学政策申请入学。 进一步改进积分入学管理： 各地应根据当地实际和教育资源情况，推行与本地居住证积分管理制度相配套的积分入学政策和措施，在给已申领居住证的随迁子女安排就读学校时，应当根据积分高低统筹进行安排，并不断改进积分入学管理。 各地要主动商请有关部门提供流动人口申请入学的积分情况，并及时公布义务教育阶段公办学校新生学位数。要按积分高低排名拟定准入学校拟录取名单，并进行公示，公示期不少于5个工作日。获得入学准入资格的申请人携带相关材料，在规定时间内按准入学校规定为子女办理入学手续。
2017年9月1日	浙江省教育厅	《浙江省义务教育阶段学生学籍管理办法（修订）》	义务教育阶段随迁子女辍学的，就读学校的主管教育行政部门应于每学期末将学生学籍档案转交其户籍所在地县（市、区）教育行政部门。

资料来源：笔者根据各政策文件加工整理所得。

浙江省的流动人口义务教育政策也分为四个阶段。

第一阶段（2000年以前）：以严格排外为主要模式。这一阶段浙江省严格禁止农村子女到城镇学校就读，即使对于符合条件的学生允许借读，也明确规定在借读后必须回到流出地原籍。具体体现在1991年浙江省发布的《浙江省中小学学生学籍管理办法》，其中不仅明确规定"农村中小学学生一般不得转入城镇学校就读"，而且指出"凡属义务教育对象不能在户口所在地就读，必须到异地借读的，须取得借读学校证明，报护口所在地学校作义务教育对象登记，填写'登记卡'，并持'登记卡'和转学证明到借读学校取得借读学籍。借读期满须随身带回'登记卡'和毕业考试成绩报告单，到户口所在地学校取得《浙江省义务教育证书》"。

第二阶段（2001—2005年）：收费、允许借读并存的"两为主"模式。相比江苏省而言，浙江省更早地从2001年开始确立"两为主"的模式。具体体现在2001年，浙江省人民政府颁布的《关于加快基础教育改革与发展的决定》明确规定："坚持以流入地区政府管理为主，以全日制办中小学为主的原则，采取多种形式，依法保障流动人口子女接受义务教育的权利。"然而与江苏省不同的是，在这一阶段实行的"两为主"，既存在向学生收费，又存在借读的模式。值得一提的是，2002年11月，浙江省教育厅印发《浙江省高标准高质量普及九年制义务教育要求及实施办法（试行）》，要求各县（市、区）努力做到"四高四化"，即普及程度高、师资合格率高、经费投入高、教育质量高和学校布局合理化、办学条件标准化、教学管理规范化、办学特色多样化。这一规定同样涵盖了流动人口子女的义务教育，足见浙江教育强省的理念。2003年6月，浙江省人民政府发布的《浙江省义务教育收费管理办法》明确指出："学校可以向学生收取杂费、代管费；向学生提供住宿的，可以收取住宿费；接收借读学生的，可以收取借读费，但不再收取杂费。"这一方面表明存在借读模式；另一方面允许学校收取杂费、代管费、住宿费、借读费等相关费用。2004年9月，浙江省教育厅发布的《浙江省义务教育阶段学生学籍管理办法（试行）》仍明确指出"允许借读"。2004年11月，浙江省人民政府办公厅发布的《关于进一步做好流动儿童少年义务教育工作的意见》规定："切实减轻教育费用负担，维护流动儿童少年在校权益。流动儿童少年在当地教育部门确定的全日制公办中小学就读的，学校按《浙江省义务教育收费管理办法》（省政府第156号令）有关规定向其收取费用；对家庭确有困难的学生，学校应酌情准予缓交或减免相关费用。以接收流动儿童少年为主的社会力量所办的学校应按价格主管部门核定的收费标准收费。"这一规定尽管提出了减轻流动儿童少年的相关教育费用负担，同时对有困难的学生进行相关费用的减免或缓交，但是也从侧面表明依旧要收取相关费用，并执行《浙江省义务教育收费管理办法》以及价格主管部门的收费标准和办法。

第三阶段（2006—2012年）：享受免费政策、同城同权的"两为主"模式。在这一阶段，浙江省明确取消了相关学费，并将流动人口子女纳入城市教育管理范畴。2006年4月，浙江省人民政府办公厅颁布《关于浙江省义务教育中小学生免除学杂费实施意见的通知》，不仅明确规定"免除学杂费"，而且将"符合条件在转入地接受义务教育的外来（跨省、跨县）务工人员子女"纳入享受免除学杂费政策的对象。2008年11月浙江省人民政府发布的《关于进一步加强和改进进城务工人员子女教育工作的意见》进一步明确指出："凡在居住地就近学校学习或经当地教育行政部门统筹安排进入其他学校就学的符合条件的义务教育阶段进城务工人员子女，与当地学生一样享受省统一规定的免费政策。"为了保证免费政策的实行，该意见也明确要求各级政府加大资金投入，统筹资源配置，改善办学条件，纳入业绩考核。在此基础上，2009年11月，浙江省人民政府发布的《贯彻国务院关于进一步推进长江三角洲地区改革开放和经济社会发展指导意见的实施意见》规定，"将逐步实现流动人口子女教育等同城同权"。2009年11月27日，浙江省第十一届人民代表大会常务委员会第十四次会议通过的《浙江省义务教育条例》更是进一步细化规定，第三条具体指出"实施义务教育，不得收取学费、杂费、借读费、教科书费、作业本费"。

在这一阶段，比较有特色的是浙江绍兴，早在2008年，绍兴市就以实现"外来农民工子女和本地孩子同城待遇"为目标，以"两为主"为方针，积极创新体制机制，较好地解决了农民工子女入学难的问题。比较典型的做法为有以下几种。①纳入政务范畴，保证民工子女正轨入学。《关于市区流动人口中义务教育对象就学问题的实施办法》《关于进一步做好流动儿童少年义务教育工作的意见》等文件，对于入学对象、入学模式和管理职责等做出了明确规定。②拓宽入学渠道，保证农民工子女就地入学。坚持以公办学校入学为主，以民办公助和国有民办学校入学为辅，以民办学校入学为补充。③实行"入学绿卡"制度，保证农民工子女方便入学。为符合入学条件的民工子女发放"入学绿卡"。民工子女凭"入学绿卡"到指定学校入学，学校应无条件接收。④落实同城待遇，保证农民工子女平等入学。民工子女入学实行"一费制"，贫困家庭子女享受"教育券"，学校在文化学习、奖励评优、入队入团、参加校内外活动等方面，对农民工子女和本地学生一视同仁。①

第四阶段（2013年至今）：以保障平等接受义务教育权利的"两纳入"为主要模式。2013年4月，浙江省人民政府发布的《关于深入推进义务教育高水平均衡发展的实施意见》指出"保障进城务工人员随迁子女平等接受义务教育"。2015年12月，浙江省人民政府发布的《关于进一步推进户籍制度改革的实施意见》同样规定"保障农业转移人口及其他常住人口随迁子女平等享有受教育权利。将随迁子女义务教育纳入各级政府经济社会发展总体规划和财政保障范畴"。此外，在这一阶段还存在另一显著特征，开始着手解决以往未受到重视的流动人口子女异地升学问题。例如，2012年，浙江省人民政府办公厅转发的《关于做好外省籍进城务工人员随迁子女接受义务教育后在我省参加升学考试工作的实施意见》提出，要"有序解决随迁子女升学考试问题"。2015年12月，浙江省人民政府发布的《关于进一步推进户籍制度改革的实施意见》同样明确指出："逐步完善和落实随迁子女在流入地接受普惠性学前教育、中等职业教育和符合条件的随迁子女同等享受免学费、助学金等政策，完善接受义务教育后就地参加初升高及高中毕业就地参加高考的升学考试办法。"这一规定在一定程度上解决了流动人口子女义务教育问题的系统性、前瞻性和根本性，毕竟流动人口子女义务教育问题不仅仅局限于义务教育阶段，还与义务教育之前的学前教育、义务教育之后的高中教育、中职教育甚至更高一级的高等教育密切相关，应该嵌入同一个整体，做出统筹规划。

7.3.3 上海市

上海市作为长三角地区经济增长的龙头，带动了整个长江流域的经济发展。1992年10月，中共十四大报告指出，要"以上海浦东开发开放为龙头，进一步开放长江沿岸城市，尽快把上海建成国际经济、金融、贸易中心之一"。上海市的繁荣与发展吸引了大批外来人口。总的来看，上海解决流动儿童义务教育问题的思路是"公办为主"和"政府主导"。具体解决流动人口子女义务教育问题的政策如表7-4所示。

---

① 《2008年绍兴年鉴》，绍兴市人民政府网站，http://www.sx.gov.cn，2008年9月22日。

表7-4　上海市流动人口子女义务教育政策演化脉络

颁布时间	颁布部门	政策名称	主要内容
1998年11月18日	上海市教育委员会	《上海市中小学学籍管理办法》	本市外来流动人口子女借读，按市教委、市公安局沪教委基（1998）59号文办理。 借读学生应具有本市临时户口或暂住户口证明，其户籍所在地县级以上教育行政部门或乡镇人民政府证明，父母工作单位证明，学历证明。小学一年级新生还须有出生地派出所的年龄证明、独生子女证明及儿童预防接种证明或健康检查表。借读申请由区县教育行政部门批准。 借读生小学毕业后要求继续借读，应重新申请办理借读手续。
2004年2月10日	上海市人民政府办公厅	《关于切实做好进城务工就业农民子女义务教育工作的意见》	进城务工就业农民子女义务教育工作要贯彻"以流入地政府管理为主、以全日制公办中小学就读为主"的原则。支持社会力量举办以接受进城务工就业农民子女为主的学校，并将其纳入本市民办学校管理范围。 努力减轻进城务工就业农民子女教育费用的负担，切实维护进城务工就业农民子女在学校的权益。学校要根据物价部门核定的本市义务教育阶段各类学校收费项目和收费标准，向就学的进城务工就业农民子女收取费用。 学校对就学的进城务工就业农民子女要一视同仁，在接受教育、参加团队组织、担任学生干部、评优奖励、课外活动等方面，应与本市学生同等对待。
2004年7月1日	上海市教育委员会	《关于进一步加强本市以接收进城务工就业农民子女为主学校管理工作的意见》	对接收进城务工就业农民子女为主的学校加强管理和督导，规定接收进城务工就业农民子女为主的学校必须符合基本条件和要求。
2006年2月9日	上海市教育委员会	《上海市中小学学籍管理办法（修订）》	符合条件的进城务工就业农民子女在义务教育阶段就读免收借读费。
2007年8月27日	上海市人民政府	《上海教育事业发展"十一五"规划纲要》	加强农民工子女教育工作，采取多种形式解决农民工子女入学问题，提高农民工子女在公办中小学就读的比例；制订农民工子女学校设置标准，逐步将农民工子女学校纳入民办教育管理范畴。

续表

颁布时间	颁布部门	政策名称	主要内容
2008年1月20日	上海市教育委员会	《关于进一步做好本市农民工同住子女义务教育工作的若干意见》	加强农民工同住子女义务教育工作"一揽子"计划：提高农民工同住子女进公办学校的比例；委托民办学校接收农民工同住子女；将农民工子女学校纳入民办教育管理体系等，确保在沪工作和居住的农民工同住子女接受义务教育的权利。 本市将不再新增农民工子女学校。现有的农民工子女小学中，符合条件者将逐步转为民办，到2010年基本纳入本市民办教育管理体系进行规范管理。
2008年9月8日	上海市教育委员会、上海市财政局、上海市公安局、上海市劳动和社会保障局	《关于继续做好本市农民工同住子女进入义务教育阶段公办学校就读免借读费工作的意见》	本市农民工居住子女享受进入义务教育阶段公办学校就读免借读费政策，必须提供父母的农民身份证明、上海市居住证或就业证明。 各区县应根据公办学校的实际在校人数，做好学校拨付经费，配置教学设施设备、发放教科书等工作。 市财政在安排教育经费转移支付时，将公办学校接收的农民工同住子女计算在学生数之内，逐年增加市集中使用的教育附加用于农民工同住子女义务教育的投入。 各区县要根据本区县经济社会发展以及城镇建设等情况，做好本区县各乡镇、街道义务教育阶段常住学龄人口（包括农民工同住子女）的统计预测工作，并根据本区县各区域常住人口变化情况及时做好学校建设规划，确保在沪工作或居住的适龄农民工同住子女接受义务教育。
2010年1月27日	上海市教育委员会	《关于加强以招收农民工同住子女为主的民办小学规范管理的若干意见》	逐步改善本市以招收农民工同住子女为主的民办小学的办学条件，健全学校财务管理，加强师资队伍建设，规范教育教学常规管理，促进健康发展。到2012年，使以招收农民工同住子女为主的民办小学成为办学行为规范、教育质量稳定、校园安全和谐、学生健康发展、家长社会认可的学校。 各相关区县要将以招收农民工同住子女为主的民办小学列入区域教育事业发展

续表

颁布时间	颁布部门	政策名称	主要内容
			规划，列入区县教育行政部门业务管理体系，定期研究这类学校出现的新情况、新问题，切实加强管理、指导与服务。各相关区县教育行政部门要与区县政府其他相关职能部门、乡镇（街道）形成工作合力，共同为以招收农民工同住子女为主的民办小学的健康发展创造良好的条件和环境。 各相关区县要将以招收农民工同住子女为主的民办小学纳入本区县义务教育经费保障范围，逐步增加财政投入，加大扶持力度。各相关区县教育行政部门要建立健全这类学校的成本核算机制，在市级基本成本补贴的基础上，依据成本补足办学所需经费。各相关区县教育行政部门要在市教委有关以招收农民工同住子女为主民办小学办学经费使用结构与使用办法相关规定的基础上，制定本区县实施细则，并予以稳妥推进。
2010年9月10日	上海市教育委员会	《上海市中长期教育改革和发展规划纲要（2010—2020年）》	完善非本市户籍常住人口教育保障机制试验。适应非本市户籍常住人口增长趋势，保障各类群体学有所教。非本市户籍常住人口子女在义务教育阶段以公办学校接纳为主，全面实行免费教育。探索建立与居住证制度相适应、体现各级各类教育特点、公办和民办学校共同参与的非本市户籍常住人口非义务教育阶段的就学制度。
2011年12月23日	上海市教育委员会	《上海市基础教育改革和发展"十二五"规划》	通过公办学校扩大接收比例、政府向民办小学购买学位等政策，切实保障外来从业人员随迁子女接受义务教育的权益。 在发展目标上，90%以上的外来从业人员随迁子女进入公办学校就读，以招收随迁子女为主民办小学教育质量达到全市的基本水平。 保障外来从业人员随迁子女接受义务教育。各区（县）在推进郊区学校建设的基础上，进一步扩大公办学校招收外来从业人员随迁子女的比例，引导公办学校主动帮助外来从业人员随迁子女融

续表

颁布时间	颁布部门	政策名称	主要内容
			入城市。逐步缩小以招收随迁子女为主民办小学的规模。建立完善以招收随迁子女为主民办小学办学成本跟踪机制,继续加大对随迁子女义务教育的专项经费投入,改善教师待遇,提升教育质量。进一步改善以招收随迁子女为主民办小学的教育设施。加强以招收随迁子女为主民办小学的督导、教研指导、年检和办学绩效评估等。
2012年 1月31日	上海市 人民政府	《上海市教育改革和发展"十二五"规划》	按照"两个为主"的要求,妥善解决来沪从业人员随迁子女的义务教育问题,将农民工子女学校逐步纳入民办教育管理,并改善其办学条件。来沪从业人员随迁子女在公办学校和政府委托的民办学校接受义务教育的比例达到100%。从2008年起,在中职学校试点招收来沪从业人员随迁子女。 健全民办三级幼儿园与来沪从业人员随迁子女看护点审批制度,妥善解决来沪从业人员随迁子女接受学前教育与看护的难题。 保障来沪从业人员随迁子女受教育权利。继续扩大义务教育阶段公办学校招收来沪从业人员随迁子女的比例,提高其接受义务教育的质量。扩大中等职业教育招收来沪从业人员随迁子女的比例,逐步试点在本市中职毕业的来沪从业人员随迁子女就读高职的政策。
2012年 12月27日	上海市教育委员会等	《进城务工人员随迁子女接受义务教育后在沪参加升学考试工作方案》	建立健全上海市居住证管理制度,以此为依据,提供有梯度的公共服务,有序推进进城务工人员随迁子女接受义务教育后升学考试工作。
2013年 12月11日	上海市教育委员会、上海市发展和改革委员会、上海市人力资源和社会保障局、上海市公安局	《关于来沪人员随迁子女就读本市各级各类学校的实施意见》	持"上海市居住证"人员,或连续3年在街镇社区事务受理服务中心办妥灵活就业登记(逐步过渡到3年)且持有"上海市临时居住证"满3年(逐步过渡到3年)人员,其随迁子女在本市接受义务教育,可向"上海市居住证"或"上海市临时居住证"登记居住地所在区县教育主管部门申请。各区

续表

颁布时间	颁布部门	政策名称	主要内容
			县教育主管部门根据区域内教育资源配置情况，统筹安排随迁子女进入义务教育阶段学校就读。
2014年1月2日	上海市教育委员会	《关于2014年本市义务教育阶段学校招生入学工作的实施意见》	区县教育行政部门结合本地区实际制定实施细则，先安排户籍地与实际居住地一致的适龄儿童、少年就近入学，再根据登记入学人数和学校资源分布情况在区域内统筹安排"人户分离"适龄儿童、少年入学。跨区县就读的本市户籍小学五年级学生，应在就读学校参加小学毕业考试。小学毕业后可根据实际情况回户籍所在地区县就读初中，也可在就读学校所在区县就读初中。关于随迁子女入学工作，小学阶段以进入公办学校为主，部分地区公办教育资源紧缺的，可统筹安排进入政府委托的民办小学就读。小学毕业学生统一安排至全日制初中就读。初中学校应告知学生及家长完成义务教育后报考高中阶段学校的相关规定和政策。2014年，来沪人员适龄随迁子女需在本市接受义务教育的，须提供父母一方在有效期内"上海市居住证"；或者父母一方满2年的"上海市临时居住证"和有效的在街镇社区事务受理中心办理的灵活就业登记证明。由父母持上述有效证件、户口簿、随迁子女的"上海市临时居住证"，到居住地所在区县教育行政部门申请就读，由区县教育行政部门统筹安排入学。
2015年11月20日	上海市教育委员会	《关于做好2016年上海市普通高校招生报名工作的通知》	考生父母双方或一方原属上海市常住户籍（含上海支内、支边、支疆职工或知青），且考生须是参加本市中考并具有本市高中阶段完整学习经历的应届生或2015年已列入本市高考报名库的历届毕业生。原持有上海市蓝印户口的本市高中阶段学校应届毕业生，由各区县教育局（高招办）汇总名单后送本区公安分局或县公安局进行比对审核，经区县教育局审核后方可报名。

续表

颁布时间	颁布部门	政策名称	主要内容
			考生为积分达到标准分值的"上海市居住证"持证人的同住子女,且在本市参加中考或父母一方连续持有"上海市居住证"3 年,同时须本市高中阶段学校毕业,这一情形下非本市户籍人员可在沪报考。
2016 年 8 月 15 日	上海市人民政府	《上海市教育改革和发展"十三五"规划》	不断完善随迁子女就读政策,保证符合条件的随迁子女全部接受免费义务教育。 全面保障符合条件的随迁子女义务教育权益。
2017 年 1 月 12 日	上海市教育委员会	《上海市基础教育改革和发展"十三五"规划》	明确责任分工,加强督导检查,进一步优化中小幼学校的设点布局,努力满足符合条件常住人口的就学需求,逐步扩大随迁子女就读公办学校比例。 建立公办学校与以招收随迁子女为主民办小学协同发展机制,加强以招收随迁子女为主民办小学的督导、教研指导、检查和办学绩效评估工作。
2018 年 1 月 11 日	上海市人民政府办公厅	《关于来沪人员随迁子女就读本市各级各类学校的实施意见》	持"上海市居住证"且参加本市职工社会保险满 6 个月,或持"上海市居住证"且连续 3 年在街镇社区事务受理服务中心办妥灵活就业登记的,其适龄随迁子女在本市接受义务教育,可向"上海市居住证"登记居住地所在区教育主管部门申请。各区教育部门根据区域内教育资源配置情况,统筹安排随迁子女进入义务教育阶段学校就读。

资料来源:经笔者加工整理所得。

上海市的流动人口子女义务教育政策也可以分为四个阶段。

第一阶段(1998—2003 年):以借读为主要模式。这一阶段尽管允许外来人口子女在上海进行借读,但对于外来人口有相关条件的规定,如工作证明、暂住证明等,而且需要向居住所在地的教育主管部门提出申请,经过批准才可以借读。直接体现在 1998 年 11 月上海市教育委员会发布的《上海市中小学学籍管理办法》规定:"借读学生应具有本市临时户口或暂住户口证明,其户籍所在地县级以上教育行政部门或乡镇人民政府证明，父母工作单位证明，学历证明。小学一年级新生还须有出生地派出所的年龄证明、独生子女证明及儿童预防接种证明或健康检查表。借读申请由区县教育行政部门批准。"另外，典型的障碍还体现在该办法规定"借读生小学毕业后要求继续借读，应重新申请办理借读手续"。

第二阶段（2004—2009年）：以"两为主"为特征的借读模式。这一阶段确立了"以流入地政府管理为主、以全日制公办中小学就读为主"，即"两为主"的原则，与此同时，仍然采用"借读"方式，不仅规定了外来人员的子女申请借读的条件和门槛，而且逐步由收取借读费用向免收借读费用转变。最早在2004年，上海市人民政府办公厅发布的《关于切实做好进城务工就业农民子女义务教育工作的意见》明确规定"进城务工就业农民子女义务教育工作要贯彻'以流入地政府管理为主、以全日制公办中小学就读为主'的原则"。与此同时，该通知尽管明确了"努力减轻进城务工就业农民子女教育费用的负担，切实维护进城务工就业农民子女在学校的权益"，但是仍然需要收取相关费用，体现在"学校要根据物价部门核定的本市义务教育阶段各类学校收费项目和收费标准，向就学的进城务工就业农民子女收取费用"等具体规定。截至2006年，相关收费规定演变为"符合相关条件的可以免收借读费"，直接体现在2006年2月9日上海市教育委员会发布的《上海市中小学学籍管理办法（修订）》规定"符合条件的进城务工就业农民子女在义务教育阶段就读免收借读费"。显然，当时并未全面取消借读费。直到2008年，尽管外来务工人员需要提供相应的借读证明，但是上海市教育委员会等公布的《关于继续做好本市农民工同住子女进入义务教育阶段公办学校就读免借读费工作的意见》明确规定"本市农民工居住子女享受进入义务教育阶段公办学校就读免借读费政策"。简而言之，这一阶段由"普遍收取借读费"到"部分收取借读费"，再到"全面取消借读费"演进的"两为主"模式构成了这一阶段流动人口子女义务教育的典型特征。与此同时，在这一阶段值得肯定的是，办理借读的流程和手续逐渐简化，相关借读的规定和要求趋于降低。此外，在这一阶段，为了弥补公办学校学位的供给不足问题，上海市进行制度创新，加强对非正规的农民工子女学校的资助、指导和规范化管理，并将其纳入民办教育管理，进而提升流动人口子女义务教育的办学水平和接收能力。

第三阶段（2010—2015年）：以"两纳入"为主要模式。在"两为主"的基础上，这一阶段形成了"两纳入"（纳入区域教育事业发展规划、纳入本区县义务教育经费保障范围）的模式。与其他省份显著不同的是，在这一阶段，不仅对于公办中小学实行"两纳入"，而且对于民办中小学也同样实行这一模式。具体体现在2010年1月27日上海市教育委员会发布的《关于加强以招收农民工同住子女为主的民办小学规范管理的若干意见》规定"各相关区县要将以招收农民工同住子女为主的民办小学列入区域教育事业发展规划，列入区县教育行政部门业务管理体系，定期研究这类学校出现的新情况、新问题，切实加强管理、指导与服务"，以及"各相关区县要将以招收农民工同住子女为主的民办小学纳入本区县义务教育经费保障范围，逐步增加财政投入，加大扶持力度"。此外，这一阶段，还对流动人口子女完成义务教育之后的升学问题，做了相关规定和指导，如升入中专、高中等。

第四阶段（2016年至今）：以"迈向全面保障"为主要模式。在这一阶段，开始启动"全面保障"为特征的流动人口子女义务教育。具体体现在2016年8月15日上海市人民政府发布的《上海市教育改革和发展"十三五"规划》指出"不断完善随迁子女就读政策，保证符合条件的随迁子女全部接受免费义务教育"，在此基础上"全面保障符合条件的随迁子女义务教育权益"。

这里需要说明的是，对于持上海市蓝印户口的拥有者（投资者、购房者或者引进人才等）基本上可以享受正式户口的利益，持有人才引进类上海市居住证人员的子女，有史以来一直享有上海市户籍人口子女义务教育同等的待遇，与农民工随迁子女形成鲜明对比。

7.4 流动人口子女义务教育政策评价

7.4.1 全国流动人口子女义务教育政策评价

自20世纪90年代以来，我国流动人口子女义务教育的政策规制先后经历了以"借读为主"的限制流动（1992—2000年）、以"两为主"

的积极探索（2001—2005年）、以"保障平等"的目标明确（2006—2013年）和以"两纳入"为主的深度推进（2014年至今）四个阶段。其内在的逻辑演进路径为：相比20世纪90年代以前，流动人口子女义务教育成为社会问题，发生制度诱致性变迁，由政策空白转为被动的政策出台，随之走向政策的积极应对，明确了流入地政府和学校的责任和主体，再到追求更高层次的保障流动人口子女平等义务教育权利阶段，最后到截至目前的纳入流入地区域教育规划与纳入财政保障的统筹推进阶段。

就未来流动人口子女义务教育政策演进趋势来看，将呈现以下几个方面的特征。首先，就政策目标来看，中央将从根本上解决长期以来流动人口子女义务教育存在的二元结构失衡问题，尤其是东部地区、中部地区和西部地区不同区域和空间及其内部发展不均衡的问题，最终推进流动人口子女能够平等享受真正意义上的义务教育与教育公平（起点公平、过程公平和结果公平）。其次，从机制设计上，下一步政策顶层设计将进一步权衡和优化当下中央政府、流入地政府、流出地政府、流动人口、城市户籍居民等多重主体之间在教育财政、教育资源和要素等多方面的博弈，尤其要调动流入地政府、流出地政府以及"省、市、区县"各级政府的主动性和积极性，实现其与中央政策目标上的激励相容，由以往相互间的"行政壁垒和区域竞争"转向"统一框架和区域协同"。最后，目前的"两纳入"即"纳入本地的教育发展规划""纳入财政保障范畴"，其根本问题是后者，也就是如何从根本上解决流动人口子女义务教育的经费保障问题。未来的政策设计需要由目前以"区县一级财政占主导"向"中央、省、市、区县之间如何合理划分"转变，在这一过程中尤其需要改变以往政策设计的模糊性和抽象性，注重政策的明确性和具体可操作性。

7.4.2 长三角地区流动人口子女义务教育政策评价

第一，从长三角地区流动人口子女义务教育政策演进过程来看，江苏省先后经历了以借读为主要方式（2000—2003年）、以"两为主"为主要模式（2004—2007年）、以"两纳入"为主的保障平等受教育权利（2008—2016年）、以推进教育现代化的"两纳入"为目标（2017年至今）四个阶段；浙江省先后经历了主要以严格排外为主（2000年以前）、以收费和允许借读并存的"两为主"（2001—2005年）、以享受免费政策和同城同权的"两为主"（2006—2012年）、以保障平等接受义务教育权利的"两纳入"为主（2013年至今）四个阶段；上海市则先后经历以借读为主要模式（1998—2003年）、以"两为主"为特征的借读模式（2004—2009年）、以"两纳入"为主要模式（2010—2015年）、以"迈向全面保障"为主要模式（2016年至今）四个阶段。

从上述"两省一市"流动人口子女义务教育政策的演进过程，可以归纳得到长三角地区的政策演进历程：第一阶段（2003年之前），主要以借读为特征；第二阶段（2004—2012年），主要以"两为主"为特征；第三阶段（2013—2016年），主要以"两纳入"为特征；第四阶段（2017年至今），主要以教育现代化、全面保障平等教育权利为目标的深度推进特征。总体来看，长三角地区流动人口子女义务教育政策呈现由严格禁止到明显排挤，再到被动接受，又到积极解决，最后到统筹规划，全面保障平等受教育权利等。尽管这一政策演进过程从理论层面来看，对于流动人口子女而言呈现逐步利好的态势，然而，在实践过程中，仍受到诸多因素的抑制和制约，如发达地区和城镇部门以及本地居民的排挤与歧视、公办学校学位规模和办学质量、师资规模和水平、财政教育经费的硬性约束、办学规划、民办学校尤其是农民工子弟学校政策的不确定性、教育用地安排等。距离真正的"一视同仁"、"义务教育"和"教育公平"还有很长的一段路要走。

第二，与全国流动人口子女义务教育的政策演进相比，长三角地区的流动人口子女义务教育政策的演进呈现以下特征。①以"借读"为主的模式持续到了2003年，其中上海市在2004年仍存在"借读"模式，浙江省甚至维持到了2005年，而全国持续到2000年左右。②就"两为主"的模式来看，长三角地区则基本从2004年开始，相对晚于全国的2001年。其中浙江省与全国相对一致，2001年开始启动"两为主"的模式，但是仍存在借读模式并允许收费。而江苏省和上海市均起步于2004年，相对晚于全国。③就"两纳入"模式的启动时点来看，长三角地区主要从2013年开始在"两为主"的基础上探索"两纳入"的创新与探索，相对早于全国一年。具体来看，长三角地区的江苏省比全国相对先进行试点，从2008年便开始"两纳入"的模式探索；上海市于2010年便开始启动"两纳入"模式，同样早于全国的2014年。④就"两纳入"模式下的深度推进阶段来看，长三角地区主要起步于2017年，并以全面保障平等受教育权利、推进教育现代化为主要目标，从这一阶段划分的启动时点来看，相对晚于全国的2014年，但是其目标要高于全国，全国主要停留在完善和优化"两纳入"的模式。

第三，就长三角地区内部不同省市之间的流动人口子女义务教育政策演进过程来看，呈现以下差异化特征。①就以借读为主要方式的阶段来看，江苏省基本持续到2003年，而浙江省持续到2005年，甚至在这一年仍然收取借读费等在内的相关费用，上海市保持得更晚，直到2009年，说明上海在流动人口子女教育的推进力度上要弱于江苏省和浙江省。②就以"两为主"为主要模式的阶段而言，浙江省最早，开始于2001年，而江苏省和上海市均起步于2004年，均晚于浙江省。③就以"两纳入"为主要模式的阶段来看，江苏省从2008年开始，启动最早；上海市相对较晚，起步于2010年；而浙江省最晚，持续到2013年才启动。④就更高层次的深度推进阶段来看，江苏省起步于2017年，并以推进教育现代化为目标；而浙江省开始于2013年，早于江苏省，并以保障平等接受义务教育权利为目标；上海市于2016年启动，早于江苏省但晚于浙江省，而且以"全面保障流动人口子女义务教育平等受教育权利"为目标。

第四，从长三角地区内部不同省市之间的流动人口子女义务教育政策的制定部门来看，以各省市的教育主管部门为主，与此同时，教育问题不单纯是教育，还涉及社会保障、经济、公共安全、城市规划等方方面面，进而离不开多个部门的相互协同，如财政部门、发展改革部门、公安部门、社会保障部门、机构编制部门等，尤其值得一提的是，各省市多个文件直接由省、市人民政府直接制定并发布。

进一步从"两省一市"发布的相关政策文件数量来看，浙江省和上海市相同，均高于江苏省，其中由省、市人民政府直接制定并发布的相关政策文件浙江省最多，上海市次之，江苏省最少；其中除教育部门、省市人民政府及办公厅之外，涉及多个相关部门制定或参与制定的政策文件数量江苏省最多，浙江省次之，上海市最少。具体来看，①从江苏省的相关政策文件发文数量来看，自 2000 年以来累计 14 个，而且，其中 5 个由江苏省人民政府及办公厅发布，分别是《关于深入推进义务教育优质均衡发展的意见》《关于印发江苏教育现代化指标体系的通知》《江苏省流动人口居住管理办法（试行）》《关于进一步完善城乡义务教育经费保障机制的通知》《江苏省人口发展"十三五"规划》。除江苏省教育厅、江苏省人民政府及办公厅之外，4 个文件由其他相关部门制定或参与制定并发布，还有其他 6 个相关部门，如江苏省机构编制委员会办公室、江苏省公安厅、江苏省发改委、江苏省财政厅、江苏省劳动和社会保障厅、江苏省综合治理委员会。②对于浙江省而言，自 1991 年以来相关政策文件发文数量累计达 18 个，其中由浙江省人民政府及办公厅直接指定并发布的文件达 10 个，分别是《关于加快基础教育改革与发展的决定》《浙江省义务教育收费管理办法》《关于进一步做好流动儿童少年义务教育工作的意见》《关于浙江省义务教育中小学生免除学杂费实施意见的通知》《关于进一步加强和改进进城务工人员子女教育工作的意见》《贯彻国务院关于进一步推进长江三角洲地区改革开放和经济社会发展指导意见的实施意见》《关于做好外省籍进城务工人员随迁子女接受义务教育后在我省参加升学考试工作的实施意见》《关于深入推进义务教育高水平均衡发展的实施意见》《关于进一步推进户籍制度改革的实施意见》《关于进一步完善城乡义务教育经费保障机制的通知》。除了浙江省教育厅及办公室、浙江省人民政府及办公厅之外，2 个相关文件由浙江省人民代表大会常务委员会讨论通过并发布。③再看上海市，1998 年以来累计出台 18 个涉及流动人口子女义务教育相关规定的政策文件，其中 5 个文件由上海市人民政府及办公厅直接制定并发布，分别是《关于切实做好进城务工就业农民子女义务教育工作的意见》《上海教育事业发展"十一五"规划纲要》《上海市教育改革和发展"十二五"规划》《上海市教育改革和发展"十三五"规划》《关于来沪人员随迁子女就读本市各级各类学校的实施意见》。除上海市教育委员会、上海市人民政府及办公厅之外，1 个相关文件涉及其他多个部门参与，即 2008 年 9 月 8 日上海市教育委员会、上海市财政局、上海市公安局、上海市劳动和社会保障局等 4 个部门联合发布的《关于继续做好本市农民工同住子女进入义务教育阶段公办学校就读免借读费工作的意见》。

第五，从长三角地区流动人口子女义务教育政策的制度创新来看，具有代表性的如发放义务教育证、义务教育登记卡以及实行积分制等。早在2006年8月，江苏省就开始实行向流动人口子女发放义务教育证的方式，凭借这一证书无论在公办学校还是在民办学校均可以享受义务教育阶段免除学杂费、信息技术教育费和取暖费等在内的福利。同年11月，浙江省对于流动人口子女采取义务教育登记卡的登记制度，进而建构统一的电子学籍管理系统，推进了流动人口子女义务教育的信息管理。江苏省、浙江省和上海市均进行了"积分制"的制度创新。2014年，江苏采用"积分制"的落户政策，具体根据就业年限、居住年限、参加城镇社会保险的年限，采用"积分制"的落户政策，达到积分以后即可获得江苏"居住证"并在本地落户。2015年，具有代表性的是江苏苏州将"积分制"应用到了流动人口子女义务教育方面，体现在2015年12月22日发布了《苏州市义务教育阶段流动人口随迁子女几份入学实施细则（试行）》，明确了按照"统一领导、以区为主、属地管理"的原则组织积分入学政策，在此基础上，具体根据流动人口参加积分管理累积的分值和当年度公办学校起始年级的可供学位数，分学校按积分由高到低的顺序安排适龄儿童进入义务教育阶段公办学校就读。浙江省更是在全省范围内尝试推行了"积分制"，体现在2016年5月浙江省教育厅在《贯彻落实〈浙江省人民政府关于进一步推进户籍制度改革的实施意见〉的通知》中，专门制定和细化了"积分制"相关办法，如"各地应根据当地实际和教育资源情况，推行与本地居住证积分管理制度相配套的积分入学政策和措施，在给已申领居住证的随迁子女安排就读学校时，应当根据积分高低统筹进行安排，并不断改进积分入学管理。"

第六，长三角地区内部不同省市流动人口子女义务教育政策的执行力度不同，往往会带来差异化的政策效果。例如，浙江省人民政府于2008年11月2日发布的《关于进一步加强和改进进城务工人员子女教育工作的意见》要求，"各级政府加大资金投入，统筹资源配置，改善办学条件，纳入业绩考核，为符合条件的进城务工人员子女入学提供基本保障"。"纳入业绩考察"应该说充分调动了浙江省各级政府的积极性与创造性，其结果是，浙江省率先在全省实行了"流动人口子女入学卡"制度,即流动儿童凭流出地教育部门开出的入学卡到流入地接受义务教育。这样不仅减轻了由户籍制度引起的义务教育投资拨款方式的制约,而且缓解了浙江省各级政府的财政负担,使中央政府、流出地和流入地的地方政府三方共同承担流动儿童少年接受义务教育经费,这种政策对全国的流动儿童义务教育措施起到了示范作用,而且将在全国普及开来。由此可见,制定政策部门的权威性以及政策与政府部门的业绩是否挂钩,都会对政策的实施效果起到一定的影响。

然而,与江苏省和浙江省不同的是,改革开放以来,上海市对于持有蓝印户口和人才引进类上海市居住证人员的子女,都是按照上海市常住人口子女的待遇对待;但是对于农村流入的劳动力,在2006年以前一直收取借读费。同样是从"外地"流入的人口,上海以差别对待的方式凸显了其对"人才""资本"的尊重,在人才竞争的背景下,这一政策无可厚非,然而与此同时也从侧面体现了其对从农村流入的流动人口子女的歧视。一般而言,持有蓝印户口和人才引进类上海市居住证的人员,往往为高层次、高素质劳动力,而且收入和消费能力较高,而他们的子女接受义务教育享受较高的政策扶持,更不需要缴纳借读费;但是那些从农村流入的劳动力,大多数文化层次相对较低,在上海从事的是非正式的、低收入的体力劳动,其流动子女义务教育往往不能进入正式的公办学校,而且要缴纳各种各样名目的借读费,这无疑给这样的家庭带来了一定额外的经济负担,也提升了流动成本。像这样的差别对待,必然会拉大收入差距,产生"马太效应"。这样一来,政府在劳动力要素流动方面非但没有起到弥补市场失灵的作用,反而抑制劳动力要素资源的有序流动。

此外,在部分政策的制定上,相比全国流动人口子女义务教育政策而言,长三角地区存在一定的滞后性,即在中央下达文件之后,相隔一段时间才出台相应的规定,滞后于中央的政策。有学者认为,地方政府为了执行中央政府的政策,必然存在一定的滞后性,然而在长三角地区部分省市一些流动人口子女义务教育政策的出台和制定,滞后期相对较长。比如对于取消借读费这一规定,2003年,国务院办公厅转发了教育部等部门制定的《关于进一步做好进城务工就业农民子女义务教育工作的意见》,要求对农民工子女教育"流入地政府要做到收费与当地学生一视同仁；流出地政府禁止在办理转学手续时向学生收费"，这对收借读费作了明令禁止。但是，江苏省2005年取消借读费，上海市2006年明确提出取消借读费，而浙江省2009年才取消借读费。这种政策执行上的滞后性，不仅说明全国有关流动人口子女义务教育政策存在缺乏强制力的局限性，而且也表明截至目前长三角地区各省、市对于流动人口子女教育问题尽管政策相比以往有较大的改进，然而主动性、积极性仍较为不足，甚至依旧存在排外的主观倾向。

伴随大规模的劳动力流入长三角地区，在促进长三角地区迅猛发展的同时，也给当地政府带来不小的"压力"，而流动人口子女义务教育就是其中之一，在这一过程中，无论是全国还是长三角地区的流动人口子女教育政策随之产生，再到逐步完善，"渐进性"构成了政策出台并不断完善的主旋律。在一系列政策的助推下，众多流动人口子女在长三角地区得到了较好的教育。但因长三角地区各级政府的主动性、积极性欠缺以及区域内教育资源短期供给尤其是公立学校学位数的供给能力有限，流动人口子女义务教育总体状况与城镇户籍人口子女义务教育相比仍存在较大差距，甚至部分流动人口子女仍只能在非正式的、条件相对简陋的农民工子弟学校和民办学校就读。

总的来看，截至目前，长三角地区流动人口子女义务教育政策仍存在诸多问题，需要进一步完善与优化。首先，作为全国经济增长重要引擎的长三角地区，其流动人口子女义务教育政策同样需要发挥"敢于创新"的"领头羊"功能，尤其在全国范围内发挥一定的示范效应，为全国前沿性相关政策和制度的创新提供试验田。长期以来，长三角地区内部的部分省、市对中央流动人口子女义务教育政策在执行方面存在一定的滞后性，积极性和主动性较为缺乏，执行效果欠佳，着实让人遗憾。其次，截至目前，尽管长三角地区明确了流动人口子女教育政策的"两为主"和"两纳入"，然而仍缺乏科学、合理、有效的政策机制，尤其是积极、有力的责任主体。一方面，将长三角地区视为一个有机整体来看，显然缺乏有效的、统一的管理和服务机构，专门承担并进行统筹规划和推进流动人口子女的义务教育；另一方面，长三角地区范围内的省、直辖市以及地级市、区县之间不同层级的政府及其相应的主管部门，同样缺乏明确而又合理的责任划分①。再次，从下一步政策优化的重点来看，"两纳入"既需要探索建构流动人口子女义务教育的专项财政机制，解决根本上的经费不足问题，又要进行流动人口子女义务教育的供给侧结构性改革，从根本上解决较高质量、较高水平的教育供给短缺的问题。最后，无论是全国还是长三角地区流动人口子女义务教育政策，主要以"通知""办法""规定"等形式的文件为主，而缺乏具有权威性的、强制性的、专门性的法律法规，导致长期以来在推进流动人口子女义务教育问题的过程中，缺乏强有力的制度保障。

以上三章分别对长三角地区流动人口的户籍制度、医疗保险政策和随迁子女义务教育政策进行了细致的分析，长三角地区在上述方面的政策安排所存在的问题也有了较为明显的体现。如何寻找突破口？未来的发展方向何在？也许其他国家和地区的相关政策能够为之提供相关借鉴。因此，在下一章，笔者将通过不同国家和区域之间的区域比较与国际比较，探究这一系列问题。

---

① 值得借鉴的是，1966年美国联邦教育部设立了专门的"流动儿童教育计划"（Migrant Education Program，MEP），用以保证流动儿童得到平等的教育机会。在该政策的主导下各州设立了相应的教育项目，比如建立流动儿童身份识别与认证项目，不仅鉴别流动儿童身份，而且收集流动儿童的相关信息；建立流动儿童记录传输系统，使得流动儿童信息在不同学校进行传输和共享；建立流动儿童家长咨询委员会，让家长参与MEP的设计、实施和评价。从财政角度，美国教育经费是以学生人数为单位发放，每个学生的经费随着学生的流动而流动，不足的部分由联邦政府补足，这一政策设计保障了流动儿童的受教育权利，也防止各州政府相互扯皮和推诿。此外，学生到了新学区，有专人辅导孩子，使其适应新学校的教育。可见，美国联邦政府和各州政府对流动儿童的重视程度都很高，专门建构了一套有序的政策实施体系，从顶层设计到中间执行，再到最后的效果评估与反馈，都让该政策的直接受益者——流动儿童的家长，全程参与。由此，家长对流动儿童的教育的重视度也随之上升，在政策制定过程中，家长需求可以得到体现；在政策实施过程中，得到家长的支持配合；在政策执行效果方面，家长会对政策效果进行评价并反馈，进而促进下一轮的政策不断完善。这样不仅形成一个政策制定—执行—评价的良性循环，而且促使全社会参与其中。

第8章 长三角地区流动人口政策比较
——基于国际与区域的双重比较

8.1 流动人口政策区域和国际比较的必要性

本章从国际和区域两个方面的双重比较展开，以期为长三角地区流动人口政策制定提供双重的参照系：一方面，区域间的政策比较，主要对长三角地区与珠三角地区、京津冀地区进行区域间的政策比较，涵盖户籍制度、医疗保险、流动人口子女教育等方面；另一方面，国家间的政策比较，主要以美国、欧盟和日本的流动人口政策为代表，对长三角地区流动人口政策进行国际比较。

长期的理论研究与经验事实均说明了人口是发展的核心要素。我国改革开放的40余年，是工业化与城镇化高速发展的40余年，是人口大规模流动的40余年，也是流动人口政策不断演进与制度逐步变迁的40余年。人口在地区间、城乡间的大规模流动不仅促进了我国人口红利的实现，进而推动了我国经济的快速增长，而且加速了产业结构的优化和区域间的内在联系。在这一过程中，城镇化的快速推进，大量人口涌入城市，对城市资源环境、基础设施乃至公共服务提出了诸多挑战，影响了城市的可持续发展。其中，作为我国经济发展的增长极与发达程度最高的区域之一，长三角地区吸引了大量人口流动至此形成集聚，规模达5000万人。如此数量的流动人口，既是城市发展的重要动力，也为城市建设提出了诸多难题。流动人口政策不仅影响到每一个流动人口的微观选择，在中观上对区域发展、应对城市病等问题具有现实意义，在宏观上更对经济、政治、文化、社会等多方面产生深刻影响。目前，长三角地区正处在推进内部一体化、促进新型城镇化、打造世界一流城市群等多重时代背景叠加的重要阶段，如何从政策完善和制度创新的角度出发，解决好流动人口规模调整期之下城市群发展的诸多问题，如何实现将流动人口与经济、环境、社会的协调可持续发展，如何打造世界一流城市群……这些已成为长三角地区城市群亟待解决的现实问题。

在长三角一体化背景下，本章尝试以长三角地区的流动人口政策①为范本，基于政策文本和内在机制的分析，并结合与不同区域、国家之间流动人口政策的比较，探索未来我国长三角地区在流动人口问题上进行政策改进和制度创新的路径和方法。

本章的贡献在于：首先，国内外学者对于我国流动人口政策的分析主要集中在宏观的全国战略设计或是各典型城市的具体政策安排，关于中观区域政策的讨论和分析相对较少；其次，有关长三角地区流动人口政策的讨论不仅相对较少，而且相对集中对该区域自身政策的分析，缺乏跨区域、国际的比较分析；最后，对于长三角地区不同方面的流动人口政策之间形成综合讨论的研究成果也相对较少。本章通过将长三角地区的流动人口政策同珠三角地区、京津冀地区等我国重要城市群以及部分发达国家的政策安排进行对比，认为长三角地区在各项流动人口政策的改革中已有一定进展，相较于国内其他地区的改革进程有自身的独到之处，但个别政策和制度安排仍有改革力度相对不足的情况，并较之个别发达国家在流动人口的服务与保障上仍有显著差距。在此基础上，长三角地区仍需要借鉴发达国家和地区以及我国其他区域的成功经验，进一步在推进户籍改革的大背景下探索对流动人口市民化的改革思路，发挥自身作为经济增长重要引擎的角色功能，彰显在我国进一步改革开放大环境下的创新示范效应。

8.2 流动人口政策比较研究现状

在笔者的研究视野里，目前学界涉及流动人口政策的比较研究主要集中于关于流动人口政策演进历史的比较研究、长三角地区与其他地区

---

① 事实上不同的历史时期我国中央地方各项政策中关于流动人口的表述较为多样，包括"流动人口""民工潮""外来人口""农民工""进城务工人员""返乡潮"等。本书并不做区分，并且在研究过程中为了表述的方便和研究的需要，笔者将关于流动人口的政策和措施统称为流动人口政策，包括户籍政策、医疗保险、随迁子女义务教育政策等。

和全国范围的流动人口政策的比较研究以及流动人口政策未来改进与前瞻的研究三个方面。

关于流动人口政策演进历史的比较研究，关信平认为自20世纪80年代中期以来我国流动人口政策在"管控"和"服务"两种模式之间摆动，目前渐趋平衡，呈现对流动人口公共服务覆盖更广、管理更人性化的趋势；张希（2019）认为新中国成立以来，流动人口政策先后经历了两次人口自由流动和管制流动的演进周期，1978年以来则先后经历了人口流动放开、管制、加快和深化四个阶段。

关于长三角地区与其他地区和全国范围的流动人口政策的比较研究，樊士德和严文沁（2015）认为长三角地区的流动人口政策与微观管制措施相较于中央政府产生了更加直接、具体的影响。王峰（2018）认为北京、上海、深圳等先发地区在流动人口管理上分别构建了自身的复合管理机制，并协调运作，起到了积极作用。

关于流动人口政策未来改进与前瞻的研究，都阳等（2014）认为全面深化户籍制度改革将在未来为中国的经济发展带来明显收益；樊士德和严文沁（2015）认为长三角地区应该循序渐进地推进户籍政策的协调与完善，以促进区域的经济增长；蔡昉（2017b）认为应该通过户籍制度改革促进农业劳动力转移，降低农业劳动力占比。

综上所述，已有研究为本章提供了丰富多元的视角和理论基础，但尚存在以下不足：首先，相关研究基本上以单个方面政策的讨论为主，尝试归纳整体的流动人口政策体系的研究较少；其次，相关研究主要以宏观层面着眼全国或是以微观层面选取具有代表性的个别城市进行研究，对于长三角区域一体化背景下的中观层面缺乏深度的探讨；最后，缺乏区域间和国家间的政策比较。这也为本章留下了进一步深入和拓展的空间。

为尽可能体现当下各地区对流动人口的政策管理与服务情况，笔者重点选取了近十年各地有关流动人口的户籍制度、医疗保障、随迁子女义务教育等政策内容进行讨论和比较，以保证分析的时效性。其内在的逻辑依据在于以下几个方面。首先，关信平（2014）认为户籍制度所导致的户籍与定居的分离构成了我国流动人口的本质特征，而公共管理及社会服务制度则依托于这一户籍制度之上，可见户籍制度是分析流动人口政策的核心所在。其次，在社会保障中，医疗保险是目前众多社会保障当中相对来说参保人数最多、影响最大的政策之一。最后，刘明轩等（2016）在对江苏的调研过程中发现，民工子弟的受教育权利未得到有效保障已成为推进新型城镇化建设中的实际问题，而国家发改委在《2019年新型城镇化建设重点任务》中也首先强调了随迁子女就学与流动人口医保等问题，要求"公办学校向随迁子女普遍开放，完善随迁子女在流入地参加高考的政策，推进建立统一的城乡居民医保制度"等。基于此，笔者认为户籍政策、医疗保障政策、流动人口子女义务教育政策在理论分析上具有代表意义，且符合现实中长三角地区在推进新型城镇化、促进区域一体化中所遇到的实际问题，适合作为分析长三角地区流动人口政策体系的主要参考样本。

8.3 流动人口政策的区域比较

综合地区发展程度以及宏观层面的战略规划，笔者选取了与长三角地区在经济发展程度和发展战略地位相近的珠三角地区①和京津冀地区进行区域比较。根据估算，长三角地区、珠三角地区和京津冀地区三个地区的经济份额占全国的40%以上。与此同时，三个地区对于人口的吸纳能力居全国前列。

8.3.1 珠三角地区流动人口政策概述

为了对长三角地区和珠三角地区流动人口政策进行深入比较，首先对珠三角地区最新的流动人口政策进行概述。

---

① 关于珠三角地区的相关概念主要有："珠三角"、"大珠三角"和"泛珠三角区域"。"珠三角"首次由广东省委在1994年提出，最初有广州、深圳、佛山、东莞、中山、珠海、江门、肇庆、惠州9个城市；"大珠三角"包括"广佛肇 + 清远"（广州、佛山、肇庆 + 清远 + 云浮 + 韶关）、"深莞惠 + 汕尾、河源"（深圳、东莞、惠州 + 汕尾 + 河源）、"珠中江 + 阳江"（珠海、中山、江门 + 阳江）三个新型都市区；"泛珠三角"包括珠江流域地域相邻、经贸关系密切的福建、江西、广西、海南、湖南、四川、云南、贵州和广东9个省区，以及香港特别行政区和澳门特别行政区，简称"9 + 2"。本章所探讨的珠三角地区指最初的广东省9个城市。

(1) 户籍政策

自 2010 年以来，珠三角地区广东省统筹考虑地区经济社会发展和城市综合承载能力，对于外来流动人口，以居住证为载体，实行积分入户政策，呈现显著的阶梯化特征。这一主要特征可以从 2015 年 6 月 24 日《广东省人民政府关于进一步推进户籍制度改革的实施意见》中得到印证。主要体现在以下几个方面。第一，严格控制广州、深圳两个超大城市的人口规模，重点偏向符合本地经济社会发展急需的各类专业人才。第二，逐步调整珠海、佛山、东莞、中山等部分城市的入户政策，除珠海适当控制落户节奏外，进一步降低准入门槛、畅通入户渠道、扩大积分入户规模。第三，有序放开惠州、肇庆等部分地级市的落户限制。第四，除广州、深圳、珠海、佛山、东莞和中山之外，全面放开涵盖县级市市区、县人民政府驻地镇和其他建制镇等在内的建制镇和小城市的落户限制。第五，专门将"优先解决流动人口存量问题"作为有效解决户口迁移中的重点问题，并明确要求"各地要重点解决进城时间长、就业能力强、可以适应产业转型升级和市场竞争环境、长期从事一线特殊艰苦行业人员的落户问题。要进一步放宽集体户口设置条件，允许符合条件的人员向已在本地落户的亲友搭户，通过多种方式解决流动人员落户问题"。

具体来看，深圳、广州两个城市则严格控制人口规模，强调对人口结构的调控。深圳在 2016 年颁布的《深圳市户籍迁入若干规定》中要求在"扩大户籍人口规模，优化人才素质结构"的基础上，对于居住社保迁户以积分制办法实施审批制落户，而人才引进和纳税迁户则采用核准制，满足一定学历、技能水平或纳税贡献的人员即可申报，表达出了明显的对于高学历、高技能、高收入人群的偏好。此外在各项条件中突出强调了对入户申请人年龄的限制，显示出年轻化的偏好。而广州在 2017 年《广州市人民政府办公厅关于印发广州市推动非户籍人口在城市落户实施方案的通知》中则强调以"人才引进落户为主，积分制入户和政策性入户为有效补充"的全方面方位落户政策体系，突出引进人才入户在落户政策中主体地位，适当放宽入户年龄要求，大力吸引高校毕业生、技术工人、职业院校毕业生和留学归国人员等高层次人才、技能人才、创新创业人才、产业急需人才。对于合法稳定就业或创业、年龄在 45 周岁以下、持广东省居住证、缴纳社会保险满 4 年、总积分满 100 分的人员，可申请积分制入户广州。根据官华平（2018）的统计，广州市自 2010 年实行积分落户政策以来逐年增加落户指标，由最初的 2000 个增加到 2017 年的 6000 个，如果包括随迁的家属，实际落户的外来人口规模达到 13000 个以上。在这一过程中，落户政策明显向高学历、高技能人才倾斜，而低技能、低学历劳动力障碍和阻力较大。

珠海、佛山、东莞、中山四市的入户政策正在逐步调整。2015 年，《广东省人民政府关于进一步推进户籍制度改革的实施意见》规定："在珠海、佛山、东莞、中山市合法稳定就业满 5 年并有合法稳定住所，参加社会保险满 5 年的人员，本人及其共同居住生活的配偶、未成年子女、父母等，可以在当地申请登记常住户口，其中珠海市可根据经济特区人口发展的特点，适度控制落户节奏，对合法稳定就业和合法稳定住所的范围、条件等做出较严格的规定。"2018 年 3 月，珠海进一步取消计划生育，纳税入户，夫妻投靠的婚龄、父母投靠子女身边有无子女等前置条件。与该市户籍人员共同居住生活的配偶、未成年子女、父母，可直接迁入；社保、居住证连续满 5 年并在珠海有稳定住所即可直接申请入户①。中山市已取消积分入户，连续居住并参加社保达到一定年限即可办理入户。佛山市设置稳定居住就业入户，居住满 3 年、合法稳定就业满 3 年（连续缴纳社会保险满 3 年或连续经商满 3 年，可互补叠加），并有合法稳定住所（含租赁）的人员可在居住地申请入户，并另有积分入户相互补充，总体门槛相较于以往有所降低，如居住及社保年限要求由 5 年下调至 3 年。

惠州、江门、肇庆三市落户限制正在有序放开。2016 年，惠州发布《惠州市进一步推进户籍制度改革实施方案》，购房入户政策全面宣告结束，强调"稳定居住、就业入户"的户口迁移政策。江门从 2019 年 1 月起取消了积分入户和投资入户政策，允许应届毕业生先入户再就业，在江门市城区就业、参加社保满半年就可申请入户。2018 年，肇庆取消了积分制入户条件，有合法稳定住所，持有居住证并连续居住满半年以上

---

① 《广东珠海开始执行大幅放宽户口迁入政策》，http://news.sina.com.cn/o/2018-03-01/doc-ifyrzinh0774633.shtml，2018 年 3 月 1 日。

的人员就可以入户。

近年来,珠三角地区流动人口的户籍政策具体如表 8 – 1 所示。

表 8 – 1　珠三角地区流动人口户籍政策的演化脉络

省市	颁布时间	政策名称	主要内容
广东省	2010 年 6 月 23 日	《广东省人民政府关于开展农民工积分制入户城镇工作的指导意见》	适用对象：在我省务工的农业户籍劳动力，凡已办理"广东省居住证"、纳入就业登记、缴纳社会保险的，均可申请纳入积分登记（在市内就业的本市户籍农民工申请纳入积分登记管理，各地可以给予办理"广东省居住证"，并加注特殊标识）。符合积分入户条件的农民工，可选择在就业地镇（街）或产权房屋所在地镇（街）申请入户，其配偶和未成年子女可以随迁。 积分指标和分值：农民工积分制入户城镇的积分指标由省统一指标和各市自定指标两部分构成。省统一指标包括个人素质、参保情况、社会贡献及减分指标；各市的自定指标应当包括就业、居住、投资纳税等情况，具体指标和分值可根据当地产业发展和人才引进政策设定。省统一指标全省互认、流通和接续。原则上农民工积满 60 分可申请入户，具体入户分值由各地级以上市人民政府根据当年入户计划和农民工积分排名情况确定。 入户管理：按照总量控制、因地制宜、统筹兼顾、稳妥有序的原则，确定农民工入户城镇的规模。农民工入户城镇计划指标重点向中小城市和县城、中心镇倾斜。每年年初由省发展改革委会同省人力资源社会保障厅、公安厅将农民工积分制入户城镇计划指标下达各市，各市在年底前将办理情况上报省相关主管部门。具体办理程序和管理办法由各地级以上市人民政府制定。
广东省	2015 年 6 月 24 日	《广东省人民政府关于进一步推进户籍制度改革的实施意见》	（一）全面放开建制镇和小城市落户限制。除广州、深圳、珠海、佛山、东莞、中山外，在县级市市区、县人民政府驻地镇和其他建制镇有合法稳定住

续表

省市	颁布时间	政策名称	主要内容
			所（含租赁，下同）的人员，本人及其共同居住生活的配偶、未成年子女、父母等，可以在当地申请登记常住户口。 （二）有序放开部分地级市落户限制。在河源、韶关、梅州、汕尾、阳江、肇庆、清远、潮州、云浮等中小城市的城区合法稳定就业满 3 年并有合法稳定住所，同时按照有关规定参加社会保险满 3 年的人员，本人及其共同居住生活的配偶、未成年子女、父母等，可以在当地申请登记常住户口，其中综合承载压力较小的城市，可以适当放开就业和参加社会保险的年限限制。城区人口数量达到大城市以上规模的汕头、惠州、江门、湛江、茂名、揭阳市，参照执行上述城市落户政策。 （三）逐步调整珠三角部分城市入户政策。在珠海、佛山、东莞、中山市合法稳定就业满 5 年并有合法稳定住所，参加社会保险满 5 年的人员，本人及其共同居住生活的配偶、未成年子女、父母等，可以在当地申请登记常住户口，其中珠海市可根据经济特区人口发展的特点，适度控制落户节奏，对合法稳定就业和合法稳定住所的范围、条件等做出较严格的规定。要进一步降低准入门槛、畅通入户渠道、扩大积分入户规模，保障符合条件人员的正当合法权益。 （四）严格控制超大城市人口规模。广州、深圳市要根据综合承载能力和经济社会发展需要，加快调整人口结构，重点吸纳本地经济社会发展急需的各类型专业人才落户。要按照总量控制、公开透明、公平公正的原则，对达到规定标准条件的人员，允许在当地申请常住户口。
广东省	2017 年 3 月 31 日	《广东省人民政府办公厅关于印发推动非户籍人口在城市落户实施方案的通知》	（一）全面放开放宽重点群体落户限制。除广州、深圳市外，全面放宽农业转移人口落户条件。以农村学生升学和参军进入城镇的人口、在城镇就业居住

续表

省市	颁布时间	政策名称	主要内容
			5年以上和举家迁徙的农业转移人口以及新生代农民工为重点，促进有能力在城镇稳定就业和生活的农业转移人口举家进城落户。各市要全面放开对高校毕业生、技术工人、职业院校毕业生和留学归国人员的落户限制，全面实行农村籍高校学生来去自由的落户政策，高校录取的农村籍学生可根据本人意愿，将户口迁至高校所在地，毕业后可根据本人意愿，将户口迁回原籍地或迁入就（创）业地。 （二）调整完善超大城市和特大城市落户政策。广州、深圳市可以具有合法稳定就业和合法稳定住所（含租赁）、参加城镇社会保险年限、连续居住年限等为主要依据，区分城市主城区、郊区、新区等区域，重点解决符合条件的普通劳动者落户问题。户籍人口与非户籍人口比重低于1∶1的城市，要进一步放宽外来人口落户指标控制，加快提高户籍人口城镇化率。 （三）调整完善大中城市落户政策。省内大中城市均不得采取购买房屋、投资纳税等方式设置落户限制。城区常住人口300万以下的城市不得采取积分落户方式。省内大城市的落户条件中，对参加城镇社会保险的年限要求不得超过5年，其他城市不得超过3年。
广东省	2017年7月27日	《广东省流动人口服务管理条例》	流动人口服务管理实行居住登记和居住证制度。 各级人民政府负责本行政区域内流动人口的服务管理和权益保障工作。 各级人民政府应当将流动人口的服务管理工作纳入国民经济和社会发展规划，逐步实现基本公共服务均等化。 流动人口的服务管理工作所需经费纳入各级人民政府财政预算。

续表

省市	颁布时间	政策名称	主要内容
广州市	2017年12月30日	《广州市人民政府办公厅关于印发广州市推动非户籍人口在城市落户实施方案的通知》	构建"引进人才入户为主体，积分制入户和政策性入户为有效补充"的全方面方位落户政策体系。一是加大引进人才入户力度，增加安排各区的引进人才落户指标，特别对黄埔、花都、南沙、增城等区将进一步加大支持力度。二是进一步完善积分制入户办法，科学设置积分制入户指标体系，在积分制项目中设置地区导向的指标，有序推进在我市长期稳定就业和居住的各类来穗人员及其随迁家属落户。三是实行以人为本的户籍迁入政策，解决好各类落实政策人员入户问题。
广州市	2018年12月29日	《广州市积分制入户管理办法》	在本市合法稳定就业或创业、年龄在45周岁以下、持本市办理的有效的"广东省居住证"、缴纳社会保险满4年、按照《广州市来穗人员积分制服务管理指标体系及分值表》计算总积分满100分的人员，可申请积分制入户。 积分制入户人员按分值从高到低进行排名。分值相同时按照在本市缴纳社会医疗保险时间排名；在本市缴纳社会医疗保险时间排名相同的情况下，按照在我市连续办理"广东省居住证"的时间排名。凡经两轮排名后排序相同，作并列排名处理。凡并列排名者具有同等积分制入户资格。
深圳市	2016年8月8日	《深圳市人民政府关于印发深圳市户籍迁入若干规定的通知》	以核准制办理人才引进迁户、纳税迁户，以审批制办理居住社保迁户，居住社保迁户以积分制为实施方法。突出强调了对人才素质结构优化的需求。 持有深圳市居住证，且在深具备合法稳定就业和合法稳定住所（含租赁）条件的人员，在年度计划安排额度内，经审批可办理居住社保迁户。居住社保迁户以积分办法实施，积分主要指标为参加深圳社会养老保险年限和拥有深圳合法产权住房年限（或合法租赁住房），具体办法，由市发展改革部门会同市公安等部门另行制定。

续表

省市	颁布时间	政策名称	主要内容
珠海市	2018年2月12日	《珠海市户口迁移管理实施办法》	规定了户籍迁入的条件，租赁住房不得作为户籍迁入地。属于本市经济社会发展需要的经营管理人才、专业技术人才、技能人才、社会工作人才等人才，根据人才引进核准相关规定核准引进后，准予迁入。
佛山市	2016年5月17日	《佛山市人民政府办公室关于印发佛山市进一步推进户籍制度改革实施方案的通知》	规定了人才引进入户、稳定居住就业入户、积分入户的门槛及条件。允许租赁住房作为户籍迁入地。积分入户。进一步推进新市民积分入户政策，并统筹考虑各区经济社会发展和城市综合承载能力，适时调整积分入户的分值及入户指标。健全居住证积分管理制度。以居住证为载体，实施新市民积分入户政策，建立健全与居住年限、参加社会保险年限等条件相挂钩的基本公共服务提供机制。居住证持有人可通过积分等方式，阶梯式享受基本公共教育、基本公共医疗卫生、就业扶持、住房保障、社会福利、社会救助、公共文化、计划生育等方面的服务。

资料来源：笔者根据相关政策文件整理得到。

(2) 医疗保险政策

根据笔者对相关医疗保险的政策文件检索发现，除了2013年的《广东省流动就业人员基本医疗保险关系转移接续暂行办法》之外，广东省乃至珠三角地区并无直接的有关流动人口医疗保险的相关政策。有关医疗保险的政策文件主要有《广东省关于建立城镇居民基本医疗保险制度的实施意见》《广东省全面推进生育保险和职工基本医疗保险合并实施方案》《广东省进一步深化基本医疗保险支付方式改革实施方案》等，而且基本偏向城镇居民。2007年，广东省发布的《广东省关于建立城镇居民基本医疗保险制度的实施意见》要求进一步扩大城镇职工基本医疗保险覆盖面，并将进城务工的农民工纳入城镇职工基本医疗保险；2009年，广东省又进一步出台了《中共广东省委、广东省人民政府关于深化医药卫生体制改革的实施意见（征求意见稿）》《广东省医药卫生体制改革近期重点实施方案（2009—2011年）（征求意见稿）》等文件，明确提出未来三年实现包括企业退休人员、在校学生、非公有制经济组织从业人员和农民工在内的全体城乡居民的基本医疗保障的全覆盖。

进一步梳理发现，截至目前，珠三角地区流动人口在流入地主要通过四种方式参加医疗保险：①参加统账结合的城镇职工基本医疗保险；②参加单建住院统筹的医疗保险；③参加专门的劳务工医疗保险；④参加居民医疗保险。其中，第二种是流动人口在城镇参加医疗保险的主要方式。需要强调的是，珠三角地区仅允许就业的流动人口参加职工社会医疗保险。深圳在2013年发布的《深圳市社会医疗保险办法》要求"用人单位应当为其本市户籍职工参加基本医疗保险一档，为其非本市户籍职工在基本医疗保险一档、二档、三档中选择一种形式参加"。广州市要求用人单位为职工参加职工社会医疗保险。佛山、珠海等市则允许非户籍职工参加基本医疗保险一档或二档。不同参保档次决定了报销待遇的差异。珠三角地区在医疗保险上对流动人口仍存在着较大的户籍歧视。

除缺乏专门的、直接的有关流动人口医疗保险的政策之外，2013年之前缺乏区域内部不同城市间的流动人口医疗保险转移接续办法，直到2013年广东省出台相应的办法，专门明确了流动就业人员在省内跨统筹区转移职工医保关系的相关规定和流程。2017年发布的《广东省人民政府办公厅关于印发推动非户籍人口在城市落户实施方案的通知》明确："落实进城落户农民参加城镇医疗保险的政策。进城落户农民在农村参加的基本医疗保险可规范接入城镇基本医疗保险。完善并落实医保关系转移接续办法和异地就医结算办法，妥善处理医保关系转移中的有关权益，加强医保关系转移接续管理服务，确保基本医保参保人能跨制度、跨统筹地区连续参保。"然而，这只是针对进城落户的农民，而非全部的外流人口。2018年，专门性的医疗保障机构即广东省医疗保障局成立，民生与医疗保障工作取得突出成效，尤其体现在全面实现异地就医医保"一站式结算"，既避免了传统来回就医地和报销地之间的"跑腿"问题又解决了以往异地就医时的"垫资"问题。更值得一提的是，伴随着2019年信息化平台的研发与应用，广东省异地就医直接结算实现了三个全覆盖：一是覆盖医疗保障所有项目，实现了基本医疗保险、大病保险、医疗救助"一站式"结算;二是覆盖所有参保人群;三是覆盖全省所有县级行政区域①。

尽管珠三角地区在流动人口医疗保险政策上逐步完善并实现了全覆盖,但是因流动人口自身流动性高、到医院就诊率低、报销手续复杂、报销比例低、可携带性较差、政策与实践间的不匹配、预期的不确定性等原因,流动人口的医疗保障实施效果并不显著。根据杨丹娜(2013)的调查研究,60%的农民工未参加医疗保险,尽管40%的农民工参加了城镇医疗保险,但52%的人不了解医疗保险的相关报销规定和办法,仅不到7%的人表示了解。

近年来,代表性的有关珠三角地区流动人口医疗保险政策如表8-2所示。

表8-2 珠三角地区流动人口医疗保险政策的演化脉络

省市	颁布时间	政策名称	主要内容
广东省	2007年9月14日	《广东省人民政府关于建立城镇居民基本医疗保险制度的实施意见》	进一步扩大城镇职工基本医疗保险覆盖面。将混合所有制、非公有制经济组织从业人员以及各类灵活就业人员、进城务工的农民工纳入城镇职工基本医疗保险。
广东省	2013年4月2日	《广东省流动就业人员基本医疗保险关系转移接续暂行办法》	参保人跨统筹地区转移职工医保关系时,只转移基本医疗保险关系和个人账户,统筹基金不转移。各统筹地区对参保人在不同统筹地区参加职工医保的缴费年限应当互认,予以累计计算。缴费年限不重复计算,医保待遇不重复享受。跨省转移职工基本医疗保险关系的,按国家规定执行。
广东省	2014年10月8日	《推进珠三角一体化2014—2015年工作要点》	全省基本实现基本医疗保险异地就医即时结算。
广州市	2015年5月31日	《广州市社会医疗保险办法》	本市行政区域内的国家机关、企事业单位、个体经济组织、社会团体、民办非企业单位等用人单位应当为其职工参加职工社会医疗保险。

---

① 丰西西、王宇丹:《广东省医保局正式挂牌一周年,交出了一份亮眼的"成绩单"》,http://news.ycwb.com/2019-10/25/content_30366487.htm,2019年10月25日。

续表

省市	颁布时间	政策名称	主要内容
深圳市	2013年9月29日	《深圳市社会医疗保险办法》	用人单位应当为其本市户籍职工参加基本医疗保险一档，为其非本市户籍职工在基本医疗保险一档、二档、三档中选择一种形式参加。
佛山市	2016年12月22日	《佛山市基本医疗保险管理办法》	用人单位和职工应当共同缴纳基本医保费。由用人单位为整体统一选择参加基本医保一档或二档。
珠海市	2016年4月26日	《珠海市人民政府关于印发珠海市基本医疗保险办法的通知》	用人单位应当为职工参加基本医疗保险，其中本市户籍职工参加基本医疗保险一档，非本市户籍职工可以参加基本医疗保险一档或二档。

资料来源：笔者根据相关政策文件整理得到。

(3) 随迁子女义务教育政策

2011年珠三角地区开始贯彻国家有关流动人口子女义务教育的"两为主"政策规定，体现在同年7月18日发布的《广东省人民政府办公厅关于做好进城务工人员随迁子女义务教育工作的意见》，其中明确规定："各地级以上市要按照国家和省的要求，落实以输入地政府管理为主、以公办学校为主的原则，结合本市经济社会发展规划及人口分布与变化趋势，完善随迁子女义务教育政策，为其平等接受义务教育提供制度保障。"在这一政策的助推下流动人口子女义务教育在珠三角地区基本得到了保障，然而按照中央有关流动人口子女义务教育"两为主"的规定，流动人口子女义务教育以"公办学校"为主，但是因珠三角地区外流劳动力规模大，随迁子女基数大，形成了公办学校教育资源需求与供给之间显著的缺口，导致流动人口子女在民办学校就读的比重很高，根据相关测算，有些年份甚至达到了50%以上，部分城市如广州，刚超过33%（国家人口和计生委流动人口司，2011）。这里值得一提的是，即使在进入公办学校就读的流动人口子女中，需要满足积分制的相关条件，并且按积分高低进行排序。到2018年，珠三角地区开始在"两为主"的基础上实施"两纳入"的模式，最直接的体现是同年7月19日广东省印发《广东省推动义务教育优质均衡发展行动方案》，该方案要求："强化流入地政府责任，将随迁子女义务教育纳入城镇发展规划和财政保障范围，完善以居住证为主要依据的随迁子女入学政策,切实简化优化随迁子女入学流程和证明要求。坚持以公办学校为主安排随迁子女就学,公办学校学位不足的,可以通过政府购买服务方式安排随迁子女到普惠性民办学校就读,依法保障随迁子女平等接受义务教育。"从上述规定中,足以发现珠三角地区公办学校学位供给到了 2018 年仍存在短缺。该方案还提出"到 2020 年,各地均按照国家'两为主、两纳入'的要求完成相关工作",这也构成了供给不足的典型例证。

在珠三角地区内部,广州和深圳两市的公办学位供给更为紧张。深圳市对于非深户籍人员子女在本市接受义务教育,实行免试就近入学和积分入学制度,要求父母持深圳居住证并连续在深居住满一年、缴纳社保满一年,按积分高低入学。广州市对于随迁子女义务教育同样实行积分制,而且条件与深圳同样较为严格。值得肯定的是,珠三角地区对于流动人口子女在享受义务教育后,符合一定的条件,可以继续在高中受教育甚至在该区域参加高考。

近年来,代表性的珠三角地区的流动人口子女义务教育政策具体如表 8-3 所示。

表 8-3 珠三角地区的流动人口子女义务教育政策

省市	颁布时间	政策名称	主要内容
广东省	2010 年 6 月 23 日	《广东省人民政府关于开展农民工积分制入户城镇工作的指导意见》	对达到入户城镇积分条件取得入户指标,但不愿意交出所承包的土地、林地的农民工,实行农民工城市居民居住证制度。农民工城市居民居住证在"广东省居住证"上做相应的标识,有效期最长为 3 年。农民工城市居民居住证持证人除享有"广东省居住证"持证人享有的权益和公共服务外,还可在居住地享有下列权益和公共服务:(一)其子女可享受户籍居民子女同等的义务教育待遇;(二)创办企业的,可享受户籍居民同等补贴扶持政策,所办企业可以申请各级科技项目资助资金等。积极解决农民工子女义务教育问题。各级政府要将解决农民工子女义务教育问题纳入当地城镇建设发展规划和义务教育总体规划,增加公办学校资源。鼓励

续表

省市	颁布时间	政策名称	主要内容
			社会力量举办主要招收农民工子女的民办学校,在用地、贷款和师资培训等方面给予政策扶持。加快完善农民工子女接受义务教育的服务机制。有条件的地区可实行农民工子女凭积分入读公办学校制度。
广东省	2011年7月18日	《广东省人民政府办公厅关于做好进城务工人员随迁子女义务教育工作的意见》	完善随迁子女义务教育配套政策。各地级以上市要按照国家和省的要求,落实以输入地政府管理为主、以公办学校为主的原则,结合本市经济社会发展规划及人口分布与变化趋势,完善随迁子女义务教育政策,为其平等接受义务教育提供制度保障。要认真贯彻落实《广东省流动人口服务管理条例》,保障在同一居住地连续居住并依法缴纳社会保险费满五年、有稳定职业、符合计划生育政策的居住证持证人子女与常住户口学生同等接受义务教育。公办学位不能满足随迁子女入学需要的县(市、区),要按照《关于开展农民工积分制入户城镇工作的指导意见》(粤府办〔2010〕32号)要求,实行随迁子女凭积分制入读公办学校制度。具体办法由各县(区、市)人民政府制订。 健全经费保障机制。各地要把符合接受免费义务教育条件的随迁子女纳入公共财政保障范围,根据免费义务教育学生人数等因素,拨付生均公用经费,核定教职工编制,配置教学设施设备,发放教科书。对不符合当地免费入学条件的,可按地级以上市原规定的所在学校普通生标准收取书杂费,但不得收取借读费。 完善各级财政合理分担机制。省财政根据中央对我省随迁子女接受义务教育的奖励政策,结合各地义务教育阶段实际接收随迁子女人数和经济状况,给予财政资金奖励。各级财政要继续加大义务教育规范化学校建设投入,并向欠发达地区和薄弱学校适当倾斜,切实提高经济欠发达地区城镇义务教育学校办学条件,为随迁子女在城镇就读创造条件。

续表

省市	颁布时间	政策名称	主要内容
广东省	2012年12月29日	《关于做好进城务工人员随迁子女接受义务教育后在我省参加升学考试工作的意见》	(一)积分入户的随迁子女在我省参加高考的条件。按照《关于开展农民工积分制入户城镇工作的指导意见》(粤府办〔2010〕32号)、《关于做好高技能人才入户城镇工作意见的通知》(粤府办〔2012〕66号)的要求,异地务工人员、高技能人才及其随迁子女在我省入户的,随迁子女不受入户年限、就学年限等限制,自2013年起可在我省报名参加高考,并可与入户地户籍考生同等录取。 (二)随迁子女就读中职学校在我省参加高考的条件。经县(市、区)人民政府主管部门认定的在我省具有合法稳定职业、合法稳定住所并连续3年以上持有我省居住证、按国家规定在我省参加社会保险累计3年以上的进城务工人员,其随迁子女具有我省中职学校3年完整学籍的,自2014年起可在我省报名参加高等职业学院招收中职学校毕业生招生考试,并可与我省户籍考生同等录取。 (三)随迁子女就读普通高中在我省参加高考的条件。经县(市、区)人民政府主管部门认定的在我省具有合法稳定职业、合法稳定住所并连续3年以上持有我省居住证、按国家规定在我省参加社会保险累计3年以上的进城务工人员,其随迁子女在我省参加中考并在父母就业所在城市具有高中阶段3年完整学籍的,自2016年起可在我省报名参加高考,与我省户籍考生同等录取。
广东省	2017年7月27日	《广东省流动人口服务管理条例》	流动人口服务管理实行居住登记和居住证制度。 县级以上人民政府及其有关部门应当为居住证持有人提供下列基本公共服务:(一)义务教育;(二)基本公共就业服务;(三)基本公共卫生服务和计划生育服务;(四)公共文化体育服务;(五)法律援助和其他法律服务;(六)国家和居住地人民政府规定的其他基本公共服务。

续表

省市	颁布时间	政策名称	主要内容
广东省	2018年7月19日	《广东省推动义务教育优质均衡发展行动方案》	完善随迁子女入学机制。强化流入地政府责任，将随迁子女义务教育纳入城镇发展规划和财政保障范围，完善以居住证为主要依据的随迁子女入学政策，切实简化优化随迁子女入学流程和证明要求。坚持以公办学校为主安排随迁子女就学，公办学校学位不足的，可以通过政府购买服务方式安排随迁子女到普惠性民办学校就读，依法保障随迁子女平等接受义务教育。特大城市和随迁子女特别集中的地方，要根据实际制定出台随迁子女入学的实施意见或具体办法。到2020年，各地均按照国家"两为主、两纳入"的要求完成相关工作。
广州市	2010年1月28日	《广州市发改委等部门关于进一步做好优秀外来工入户和农民工子女义务教育工作的意见》	分级管理，以区为主。要按照以流入地政府管理为主和全日制公办中小学就读为主的要求，由各区（县级市）政府为主组织实施来穗务工就业农民子女义务教育工作。（一）进一步完善来穗务工就业农民子女义务教育的政策措施。1. 各级政府要把来穗务工就业农民子女义务教育纳入经济社会发展规划，采取多种形式确保符合就学条件的来穗务工就业农民子女在广州接受义务教育。2. 逐步提高来穗务工就业农民子女入读公办学校的比例。3. 加大对以接收来穗务工就业农民子女为主的民办学校的服务和管理力度。（二）协同推进来穗务工就业农民子女义务教育工作。
广州市	2016年11月	《广州市人民政府办公厅关于进一步做好来穗人员随迁子女接受义务教育工作的实施意见》	明确了我市以保障性入学和积分制入学的方式，解决来穗人员随迁子女接受义务教育工作。凡符合我市义务教育阶段学校招生政策性照顾条件的随迁子女，或在申请所在区连续居住并在我市依法缴纳社会保险费满5年、有稳定职业、符合计划生育政策的居住证证人的随迁子女，或符合申请所在区确保统筹安排学位条件的随迁子女，由区教育局在辖区内公办学校统筹学位。对不符合确

续表

省市	颁布时间	政策名称	主要内容
			保统筹安排学位条件的随迁子女，各区以积分制入学的方式统筹安排到辖区内的公办学校或政府补贴的民办学校就读；凡持有在我市办理"广东省居住证"满1年的来穗人员，可为其随迁子女申请积分入读义务教育阶段小学一年级和初中一年级。具体细则由各区制定并组织实施。
深圳	2018年1月21日	《深圳市人民政府关于印发非深户籍人员子女接受义务教育管理办法的通知》	坚持以流入地的区政府管理为主，统筹义务教育学校学位，努力解决非深户籍人员子女义务教育问题。 市、区政府根据经济社会发展情况制定教育发展规划，将非深户籍人员子女义务教育统一纳入规划，统筹安排。 各区政府建立学位供需协调机制，提前建设学校，扩大学位供给，合理配置资源。 非深户籍人员子女在本市接受义务教育，实行免试就近入学和积分入学制度。 同时具备下列条件的非深户籍人员子女可向居住地所在片（学）区义务教育学校申请就读，按积分高低安排学位：（一）凡年满6周岁，有学习能力的非深户籍人员子女；（二）父母双方或一方持有具有使用功能的深圳经济特区居住证；（三）申请学位时，父母双方或一方在我市连续居住满1年、连续参加社会保险（养老保险和医疗保险）满1年。父母已经死亡或没有监护能力，由其他法定监护人监护的非深户籍人员子女申请就读，按照本条规定办理。

资料来源：笔者根据相关政策文件整理得到。

8.3.2 长三角地区与珠三角地区的流动人口政策比较

（1）共性特征

长三角地区与珠三角地区都是我国经济发展程度较高、社会政策较为完善的地区，在一定程度上得益于国家的政策扶持，反过来其经济的飞跃式发展为全国经济提供了"发动机",其自身的部分政策创新也为全国提供了一定的先行经验。总的来看,长三角地区及珠三角地区的流动人口政策与中央在全国范围的制度安排基本相吻合,各地区结合中央要求对自身的政策进行了优化与调整,部分政策安排较全国具有一定的领先性和示范性,因此也为双方的政策比较和前瞻提供了借鉴意义。

从两个地区内部不同层级城市的具体政策来看,长三角地区的上海与珠三角地区的广州、深圳作为超大城市,近年来吸引了较大规模的外来人口流入,其政策在户籍准入、医疗保险以及其他福利给予等方面的门槛普遍高于同一地区其他城市。与此同时,上述超大城市作为我国的重要经济增长点,产业结构突出高精尖行业,尤其偏好吸引高素质、高技能、高层次人才流入,进而为其提供一系列优惠政策,而形成鲜明对照的是,在户籍制度方面,却时常为较低技能、较低学历的流动人口设置障碍,使其处于"流而不迁"的状态。与之相对应的,作为两个地区中的其他城市,因其外流人口规模、经济发展程度的吸引力等因素,流动人口政策往往呈现相较于超大城市更为开放、更为宽松的政策倾向。省会城市的流动人口政策往往介于超大城市与地级市之间。

从户籍制度来看,居住证制度和积分制入户是两个地区在流动人口政策中的核心,而且大部分社会保障、公共服务等权利都依赖居住证甚至是否落户来实现,这已成为各地在流动人口公共服务与管理上的共同抓手。此外,两个地区也都在居住证基础上,围绕就业、教育、创业等情况对流动人口予以评估、赋权。贯穿这一政策思路的内在逻辑是一方面要对于在当地有稳定居住、工作,为城市发展贡献力量的外来人口提供切实的福利待遇;另一方面要避免城市公共资源被流动性过高、居留时间过短的人浪费。在这一过程中,长三角地区和珠三角地区对于外来低技能、低学历的外流人口仍旧呈现一定的排外倾向,比如长三角地区的上海市和珠三角地区的广州市均在针对外来人口的积分制管理办法中,对于高中以下学历不进行积分。

从附着在户籍制度背后的医疗保障、流动人口子女义务教育等社会福利的改革力度上来看,尽管两地区在流动人口政策改革均体现了较为积极的改革意愿并带来实际的政策调整,然而,截至目前户籍歧视在两个地区依然存在,这也决定了两地在改革过程也仍然存在对本地居民的偏向性，本地户籍与流动人口之间的待遇差距仍然客观存在。无论是医保还是随迁子女就学，不难发现流动人口获得同等的社会福利待遇所需的时间、精力成本远高于本地户籍人口，更何况在个别城市流动人口甚至无法取得与户籍人口相同的社会福利。

简而言之，两个地区在流动人口户籍制度、医疗保险和随迁子女义务教育政策存在以下方面的共性特征：基于全国的政策安排进行自身的政策设计，部分政策规定在全国较为领先，发挥了一定的示范和引领效应；充分利用居住证和积分制等制度对流动人口进行管理和服务；超大城市和省会城市的政策门槛要显著高于其他城市；尽管近年来政策的演进进程加快，但仍在一定程度上带有对外来流动人口的歧视和排挤烙印。

（2）差异分析

在户籍制度方面，尽管均有积分制，但是珠三角地区的积分制改革要早于长三角地区，早在2009年，珠三角地区的中山市就出台了《中山市流动人员积分制管理暂行规定》《中山市流动人员积分制管理实施细则》等文件，这构成了典型例证。即使从整个区域范围的推行时间来看，长三角地区的积分制改革也晚于珠三角地区2010年的积分制改革。这里选取长三角地区的上海市与珠三角地区的广州市进行比较。2018年，广州市人民政府办公厅印发的《广州市积分制入户管理办法》规定，对于外来人口积分制服务管理指标体系包括基础指标、加分指标和减分指标三个部分，其中，基础指标包括合法稳定住所、合法稳定就业、文化程度和年龄四个方面；加分指标包括技术能力、创新创业、急需工种或职业资格和服务行业、社会服务和公益、纳税情况、表彰奖项六个方面；减分指标涉及信用情况、违法违规与刑事犯罪两个方面。而2018年开始执行的《上海市居住证积分管理办法》①规定，积分指标体系由基础指标、加分指标、减分指标和一票否决指标组成。基础指标包括年龄、教育背景、专业技术职称和技能等级、在本市工作及缴纳职工社会保险年限四个方面；加分指标包括创业人才、创新创业中介服务人才、紧缺急需专业、投资纳税或带动本地就业、缴纳职工社会保险费基数、特定的

---

① 上海市积分管理办法与广州市的不同，其积分达到标准分值，仅表示可以享受相应的公共服务待遇，而落户条件在这一基础上必须具备更高的条件，广州市达到积分要求即可申请落户。

公共服务领域、远郊重点区域、全日制应届毕业生、表彰奖励、配偶为本市户籍人员十个方面；减分指标包括提供虚假材料、行政拘留记录和一般刑事犯罪记录三个方面；一票否决指标主要指有违反国家及本市计划生育政策规定行为记录或严重刑事犯罪记录的情形。总的来看，上海市入户要求比广州市更高，具体体现在：第一，上海市要求积分满120分，才能享受相应的公共服务待遇，落户还需具备其他更为苛刻的条件，如居住证满7年，买房、社保缴纳满7年等，而广州市要求积分满100分即可申请入户；第二，对于缴纳社会保险方面，尽管上海市规定缴纳社会保险满6个月即可享受相应的公共服务待遇，但是入户条件为缴纳社会保险满7年，而广州市只需要缴纳社会保险满4年；第三，上海市专门设立了"一票否决指标"，而广州却并未设立这一指标；第四，上海市对于全日制应届高校大学毕业生，只积10分，而广州市对于只要文化程度在本科及以上学历的均积50分；第五，在加分指标的纳税情况中，广州市既包括普通劳动者的纳税，又包括所投资创办企业的纳税，而上海市只针对投资纳税情形。然而，也存在部分指标广州市要比上海市严格，比如在年龄方面，广州市要求年龄在45周岁以下，而上海市并不存在明确限制，仅仅是在年龄指标中，规定了60周岁以下可以获得积分。为了尽可能地增强两个地区在户籍制度上比较的代表性，这里进一步选取长三角地区的地级市宁波市和珠三角地区的佛山市，宁波市对于本科学历仅积25分，而佛山市需要积80分，而且总分要求前者远高于后者。

在医疗保险方面，长三角地区和珠三角地区主要呈现以下几个方面的差异。首先，两地区的医疗保险模式存在不同之处。广东省将外来人口的医疗保险直接纳入城市的医疗保险，尽管长三角地区的部分城市与其有相同之处，比如江苏南京，但是上海与其明显不同，建立了独立于城镇社会保障体系之外的医疗保险模式。广东的医疗保险模式有助于建构城乡一体化的医疗保险体系，但是其费率较高，增加了用人单位和流动人口的短期负担，进而导致参保的主动性和积极性不高。而上海医疗保险模式则结合了流动人口尤其是外来农民工的特征，参保费率较低，而且相应的费用由用人单位承担，缺点在于不利于助推城乡一体化的医疗保险体系的形成。其次，就两个地区医疗保险的政策协同性而言，长三角地区要高于珠三角地区。早在2009年长三角地区就产生了专门的医疗保险政策文件，例如，江苏省人力资源和社会保障厅、上海市人力资源和社会保障局、浙江省人力资源和社会保障厅及安徽省人力资源和社会保障厅联合印发的《长三角地区医疗保险经办管理服务合作协议》，以及江苏省人力资源和社会保障厅、浙江省人力资源和社会保障厅、安徽省人力资源和社会保障厅联合印发的《关于长三角地区职工基本医疗保险关系转移接续的意见》等。而根据笔者的梳理发现，并未见到专门的珠三角地区医疗保险政策规定。最后，两个地区的医疗保险的一体化程度或关系转移接续时间表不同。一方面，长三角地区医疗保险的一体化程度在某种意义上要高于珠三角地区，前者允许流动人口在区域内参加医疗保险，而后者的部分城市将流动人口排挤在外；另一方面，在不同城市间的关系转移接续工作的推进方面长三角地区也要早于珠三角地区。2009年，江苏省人力资源和社会保障厅、浙江省人力资源和社会保障厅、安徽省人力资源和社会保障厅联合印发的《关于长三角地区职工基本医疗保险关系转移接续的意见》构成了典型的例证。这一政策文件的出台很大程度上扩大了医疗保障覆盖面，促进了长三角地区人才和劳动力的合理流动，优化了人力资源配置，推进长三角一体化的医疗保障体系的形成和长三角地区医疗保障制度全面协调可持续发展。当然，值得肯定的是，近年来珠三角地区的医疗保障异地转移接续工作也取得了显著的进步，尤其是在广东省医保局成立之后，广东省异地就医直接结算实现了医疗保障所有项目、所有参保人群、全省所有县级行政区域的全覆盖，然而，美中不足的是仍存在一定程度的城乡户籍上的歧视问题。

在随迁子女义务教育方面，长三角地区与珠三角地区主要呈现以下几个方面的不同。首先，在"两为主""两纳入"等政策方面，长三角地区的部分省市在时间表上早于全国的政策规定，而珠三角地区在一定程度上要滞后于全国的政策规定。其次，长三角地区和珠三角地区对于流动人口子女设置的入学门槛类型不同。根据汪传艳（2013）的研究，我国发达地区和城镇针对外来人口子女的入学主要设置了"积分制模式""优惠政策模式"和"材料准入模式"三种门槛模式。"积分制模式"主要是依据流动人口子女的父母的受教育程度、职业资格、技能、工作年限、计划生育、纳税、社会服务等特征和条件来测算相应的积分，并根据积分排名和当地公立学校学位的供给指标最终确定进入公办学校就读的人选；而"优惠政策模式"则指只有符合享受本地优惠政策人员的子女才有资格就读公立学校，如本地引进的海外人才、创业人才、高学历和高技能等高层次人才；"材料准入模式"即要求流动人口提交一定的证明材料如居住证明、户口簿、子女出生证明、就业证明、缴纳社会保险证明等并对材料的完备性、真实性进行审核，以此来确定是否具备就读公立学校的资格。根据上述三种模式的划分，长三角地区主要采用"材料准入模式"，当然也有部分城市采用"积分制模式"；而珠三角地区主要采用的是"积分制模式"和"优惠政策模式"。再次，就入学的障碍或门槛来看，长三角地区要低于珠三角地区。通过上述三种模式的界定、分析和比较，显然"积分制模式"和"优惠政策模式"对于流动人口子女的入学障碍要高于"材料准入模式"，因此主要采用第三种模式即"材料准入模式"的长三角地区的入学难度相对较低，而主要采用前两种模式的珠三角地区的入学难度较高。2011年7月，《广东省人民政府办公厅关于做好进城务工人员随迁子女义务教育工作的意见》直接规定："公办学位不能满足随迁子女入学需要的县（市、区），要按照《关于开展农民工积分制入户城镇工作的指导意见》（粤府办〔2010〕32号）要求，实行随迁子女凭积分制入读公办学校制度。"其中，广州市更为明显，2016年11月，《广州市人民政府关于进一步做好来穗人员随迁子女接受义务教育工作的实施意见》直接指出："对不符合确保统筹安排学位条件的随迁子女，各区以积分制入学的方式统筹安排到辖区内的公办学校或政府补贴的民办学校就读。"对于不符合相应条件的，安排到民办学校就读。最后，在流动人口子女义务教育的政策实施效果上，珠三角地区的流动人口子女在公办学校就读的比重要低于长三角地区。然而，值得肯定的是尽管对于流动人口子女义务教育方面，珠三角地区在一定程度上与长三角地区还有差距，但是在流动人口子女享受义务教育后的升学工作迈出了较大的一步，相比长三角地区，珠三角地区早早开始探索异地中考和高考制度，尽管有一定的数额限制，但在一定程度上保障了随迁子女在义务阶段之后的平等教育权利。

8.3.3 京津冀地区流动人口政策概述

同样，为了对长三角地区和京津冀地区流动人口政策进行深入比较，首先对近年的京津冀地区流动人口政策进行简要梳理。

（1）户籍制度

京津冀地区落户门槛整体偏高。北京市作为全国政治中心、文化中心、国际交往中心和科技创新中心，长期以来一直是全国范围内落户难度最大的城市。除传统的暂住证制度、居住证制度、人才集体户制度、集体户制度、本地城市户籍等户籍制度供给模式（李晓壮，2015）之外，2016年北京市开始实行积分落户制度。2016年8月11日，北京市发布的《北京积分落户管理办法（试行）》规定了四项资格条件，包括持有北京市居住证、法定退休年龄以下、在京连续缴纳社保达7年以及无刑事犯罪记录，并设有设置落户额度限制。根据相关统计，2018年，超过12万人申请积分落户，但是最终实际成功落户的为6019人，落户通过率为4.8%，若将2018年北京764.6万常住外来人口作为分母，积分落户通过率仅有7.9‰（王红茹，2019）。而2019年计划落户人数同样为6000人，申报人数达10万多人，最终取得落户资格的为6007人，积分落户通过率为5.6%，若将2019年北京745.6万常住外来人口作为分母，积分落户通过率仅有8.1‰。在强调以总量控制的原则、推进非首都功能疏解和人口总量布局调控的背景下，2016年9月，《北京市人民政府关于进一步推进户籍制度改革的实施意见》专门设置了如下工作目标："到2020年，全市常住人口控制在2300万人以内，城六区常住人口在2014年基础上下降15个百分点左右，人口区域布局更趋合理，人口服务管理水平明显提升；基本建立与全面建成小康社会相适应，有效支撑社会管理和公共服务，依法保障公民权利，以人为本、科学高效、规范有序的新型户籍制度。"

与其他城市相同，获得天津市户口的途径主要有积分落户、人才引进、双创特区、投靠亲属（配偶、子女、父母或继父母等）等。其中，积分落户是流动人口落户天津的重要方式。2015年12月31日，天津市人民政府印发的《天津市居住证管理办法》规定，"离开常住户口所在地，来津居住半年以上，符合有合法稳定就业、合法稳定住所、连续就读条件之一的境内来津人员，可以申领居住证"。对于有效天津市居住证的持有人，满足在境内具有合法有效户籍身份、在津具有合法稳定的落户地点、居住证积分达到申报指导分值以及被在津的用人单位（包括机关、团体、事业单位、企业、民办非企业单位以及个体经济组织等）招用（或在津投资办企业）且在津依法缴纳社会保险满 1 年、未达到退休年龄等条件，可以申请积分入户。在京津冀地区中，尽管相比北京市，天津市积分落户难度较低，但是同样实行积分入户人口指标总量控制，相比其他省份落户难度并不低，对于流动人口更为突出，直接体现在2016 年天津市人民政府发布的《关于进一步推进户籍制度改革的意见》，其中规定："逐步放开市内户口迁移限制。在全市范围内，对具有本人名下合法固定住所的本市户籍人口，逐步放开本人及其共同居住生活的配偶、子女、父母在市内的迁移限制，实现全市户籍人口的自由迁移流动。"尽管天津市逐步放开了户口迁移限制，但是即使对于原持有天津户籍人口也未完全取消迁移限制，并不能自由迁移流动。此外，天津市还规定："完善居住证积分落户制度。在严格控制人口规模的前提下，根据综合承载能力和城市发展需要，以具有合法稳定就业和本人、配偶名下合法固定住所，参加社会保险年限，连续居住年限等为主要指标，完善积分项目和分值设置，按照总量控制、公开透明、有序办理、公平公正的原则，有效解决人口存量，合理引导人口增量。"也就是说，对于重点针对流动人口所实行的居住证积分落户制度，也是建立在严格控制人口规模的前提下。

河北省是京津冀地区中流动人口落户条件最为宽松的省份。2017 年 1 月 18 日，《河北省人民政府办公厅关于推动非户籍人口在城市落户的实施意见》规定："放开放宽重点群体落户限制。以农村学生升学参军进入城镇的人口、在城镇稳定就业居住的人口、举家迁徙的农业转移人口、新生代农民工为重点，以合法稳定住所（含租赁）和稳定职业为主要标准，促进有能力在城镇稳定就业和生活的农业转移人口举家进城落户。"这里将流动人口尤其是农业转移人口和新生代农民工作为重点的落户群体，落户政策呈现逐步放松的态势，其中，"合法稳定住所"和"稳定职业"构成两个主要标准。与此同时，即使在大中城市的落户条件也进一步降低，体现在"大中城市均不得采取购买房屋、投资纳税等方式设置落户限制，在城市落户条件中对参加城镇社会保险的年限要求，不得超过 3 年"，"对不能再合法稳定住所（含租赁）落户的人员，允许其在社区公共户口落户"等直接的政策规定。这里值得一提的是，河北省石家庄市在全国范围内可谓率先大幅度响应国家发改委《2019年新型城镇化建设重点任务》中关于"城区常住人口100万以下（中小城市和小城镇）、城区常住人口100万—300万（Ⅱ型大城市），全面取消落户限制"的要求，2019年3月宣布"零门槛落户"，申请者只需凭借身份证、户口簿即可向落户地派出所申请落户，而且配偶、子女、父母户口也可一并随迁。石家庄市公安局2019年3月18日发布的《关于全面放开石家庄市城镇落户限制的实施意见》规定："全面取消在城区、城镇落户的'稳定住所、稳定就业'基本迁入条件限制，实行以群众申请为主，不附加任何条件，按户口迁入途径分类登记备案的'零门槛'准入政策，形成公民在城区、城镇落户的'有意就迁入，户口随人走'自由流动新格局。"

近年来，京津冀地区代表性的有关落户的政策文件，如表8-4所示。

表8-4 京津冀地区户籍政策的演化脉络

省市	颁布时间	政策名称	主要内容
北京市	2016年8月11日	《北京市人民政府办公厅关于印发〈北京市积分落户管理办法（试行）〉的通知》	申请人申请积分落户应同时符合下列条件：持有本市居住证；不超过法定退休年龄；在京连续缴纳社会保险7年及以上；无刑事犯罪记录。积分落户指标体系由合法稳定就业、合法稳定住所以及教育背景、职住区域、创新创业、纳税、年龄、荣誉表彰、守法记录指标组成。总积分为各项指标的累计得分。
北京市	2016年9月8日	《北京市人民政府关于进一步推进户籍制度改革的实施意见》	进一步完善户籍管理政策，建立城乡统一的户口登记制度，实施居住证制度，加快建设实有人口和常住人口动态监测平台，稳步扩大城镇基本公共服务覆盖面。到2020年，全市常住人口控制在2300万人以内，城六区常住人口在2014年基础上下降15个百分点左右，人口区域布局更趋合理，人口服务管理水平明显提升；基本建立与全面建成小康社会相适应，有效支撑社会管理和公共服务，依法保障公民权利，以人为本、科学高效、规范有序的新型户籍制度。

续表

省市	颁布时间	政策名称	主要内容
			贯彻执行好本市积分落户政策，建立政策实施会商和联动审核机制，规范操作流程，按照总量控制、公开透明、有序办理、公平公正的原则，有序推进长期在京稳定就业和生活的常住人口落户工作。
天津市	2015年12月31日	《天津市人民政府关于印发天津市居住证管理办法的通知》	离开常住户口所在地，来津居住半年以上，符合有合法稳定就业、合法稳定住所、连续就读条件之一的境内来津人员，可以申领居住证。 居住证积分指标体系包括基本分、导向分、附加分和负积分。总积分为各项指标的累计得分。
天津市	2016年4月20日	《天津市人民政府关于进一步推进户籍制度改革的意见》	逐步放开市内户口迁移限制。在全市范围内，对具有本人名下合法固定住所的本市户籍人口，逐步放开本人及其共同居住生活的配偶、子女、父母在市内的迁移限制，实现全市户籍人口的自由迁移流动。 全面深化居住证制度。以居住证为载体，建立健全与居住年限等条件挂钩的基本公共服务提供机制。实现居住证持有人阶梯式享有基本医疗卫生、义务教育、就业扶持、住房保障、社会福利、社会救助、公共文化、计划生育等公共服务。 完善居住证积分落户制度。在严格控制人口规模的前提下，根据综合承载能力和城市发展需要，以具有合法稳定就业和本人、配偶名下合法固定住所，参加社会保险年限，连续居住年限等为主要指标，完善积分项目和分值设置，按照总量控制、公开透明、有序办理、公平公正的原则，有效解决人口存量，合理引导人口增量。

续表

省市	颁布时间	政策名称	主要内容
天津市	2017年3月2日	《天津市推动非户籍人口在城市落户工作方案》	全面放开本市户籍迁移限制。在全市范围内，以合法稳定住所为前提，放开对本市户籍人口的迁移限制，实现全市户籍人口的自由迁移。全面放宽本市农业转移人口在城镇落户条件，引导在城镇地区有合法稳定住所和合法稳定就业的农业转移人口举家在城镇落户，促进户籍人口城镇化率稳步提高。调整非户籍常住人口在津落户政策。统一并放宽夫妻投靠、亲属投靠在津落户政策；积极稳妥解决无户口人员登记、返津落户等历史遗留户口问题。优化居住证积分落户制度。在《天津市居住证管理办法》基础上，结合国家相关政策，综合考虑在津居住年限、落户区域、教育程度、职业技能等因素，合理调整居住证积分指标体系，适度增加在滨海新区、武清区、宝坻区、静海区、宁河区、蓟州区落户的积分分值。重点解决来津时间长、就业能力强、适应本市经济社会发展需要、具有合法稳定住所的普通劳动者落户问题。
河北省	2016年6月8日	《河北省人民政府关于深化户籍制度改革的实施意见》	加快落实户籍制度改革政策。按照我省深化户籍制度改革的实施意见，加快推进户籍制度改革，着力解决农村学生升学和参军进入城镇的人口、在城镇就业居住5年以上人口、举家迁徙的农业转移人口等重点群体在城镇落户问题。开展户籍制度改革情况专项检查，清理限制户口迁移的"门槛"和障碍。推进教育、就业、医疗、养老、住房保障等领域配套改革，开展农村土地确权登记颁证，探索土地承包权、宅基地使用权、集体收益分配权退出机制，推动"三权"与户口脱钩，调动农村转移人口进城落户的积极性。全面实行居住证制度。认真贯彻实施《河北省居住证实施办法（试行）》，建立健全为居住证持有人提供国家和省规定的基本公共服务和便利的机制。综合考虑连续居住年限等因素，建立居住证梯度赋权机制。将流动人口纳入城镇基

续表

省市	颁布时间	政策名称	主要内容
			本公共卫生计生服务范围，各项服务指标达到国家规范和省定标准。建立健全公共就业服务提供机制，保障城镇常住人口享有与本地户籍人口同等的劳动就业权利，并提供就业政策法规咨询、职业指导、职业介绍等基本公共就业服务。推动居住证持有人享有与当地户籍人口同等的住房保障权利，将符合条件的农业转移人口纳入当地住房保障范围。各地要积极创造条件，逐步扩大为居住证持有人提供公共服务和便利范围，提高服务标准，防止基本公共服务与居住证制度脱钩。
河北省	2017年1月18日	《河北省人民政府办公厅关于推动非户籍人口在城市落户的实施意见》	有序放开城镇户口迁移条件，不断创新户籍管理制度和方法。放开放宽重点群体落户限制。以农村学生升学参军进入城镇的人口、在城镇稳定就业居住的人口、举家迁徙的农业转移人口、新生代农民工为重点，以合法稳定住所（含租赁）和稳定职业为主要标准，促进有能力在城镇稳定就业和生活的农业转移人口举家进城落户。全面放开对高校毕业生、技术工人、职业院校毕业生、留学归国人员的落户限制。实行农村籍高校学生来去自由的落户政策，高校录取的农村籍学生可根据本人意愿，将户口迁至高校所在地，毕业后可根据本人意愿，将户口迁回原籍地或迁入就（创）业地。完善城镇落户措施。大中城市均不得采取购买房屋、投资纳税等方式设置落户限制，在城市落户条件中对参加城镇社会保险的年限要求，不得超过3年。
石家庄市	2019年3月18日	《石家庄市公安局关于全面放开我市城镇落户限制的实施意见》	全面取消在城区、城镇落户的"稳定住所、稳定就业"基本迁入条件限制，实行以群众申请为主，不附加任何条件，按户口迁入途径分类登记备案的"零门槛"准入政策，形成公民在城区、城镇落户的"有意就迁入，户口随人走"自由流动新格局。实行户口准入"一证迁"。

续表

省市	颁布时间	政策名称	主要内容
			省外户口人员申请迁入我市市区、县（市）城区和建制镇的，凭居民身份证向落户地派出所申请户口迁入，同时可随迁配偶、子女、双方父母户口。 省内户口人员申请迁入我市市区、县（市）城区和建制镇的，凭居民身份证和户口簿向落户地派出所申请"一站式"办理落户，同时可随迁配偶、子女、双方父母户口。

资料来源：本表内各信息系笔者手工整理。

（2）医疗保险政策

在参保范围上，京津冀地区将流动人口纳入城镇职工基本医疗保险。早在2004年北京市社会和劳动保障局颁布的《北京市外地农民工参加基本医疗保险暂行办法》规定："外地农民工参加本市基本医疗保险，由用人单位缴纳基本医疗保险费，外地农民工个人不缴费。用人单位以上一年本市职工月平均工资60%为基数、按2%的比例按月缴纳基本医疗保险费，其中1.8%划入基本医疗保险统筹基金，0.2%划入大额医疗互助资金。按本办法缴费，外地农民工不建个人账户，不计缴费年限，缴费当期享受相关待遇。"这一模式主要为大病统筹医疗保险模式。直到2012年，相关医疗保险缴费政策发生改变，不仅缴费标准转换为按城镇职工标准进行缴纳，而且农民工由以往的个人不缴费转变为缴费。具体体现在2012年北京市社会保险基金管理中心发布的《北京市关于农民工参加基本医疗保险有关问题的通知》要求："2012年4月，市社保中心统一将基本医疗保险系统中农民工的缴费人员类别调整为'农村劳动力'，缴费标准调整为城镇职工缴费标准，即用人单位按缴费基数的10%缴纳，农民工个人按缴费基数的2%和每月3元缴纳。"这标志着北京市对于农民工的医疗保险模式由之前的"大病统筹医疗保险模式"转变为社会统筹与个人账户相结合的"统账结合医疗保险模式"。

2019年12月11日，天津市第十七届人民代表大会常务委员会第十五次会议通过的《天津市基本医疗保险条例》规定："国家机关、企业、事业单位、社会团体、民办非企业单位、有雇工的个体工商户等用人单位及其职工,应当参加职工基本医疗保险。"职工基本医疗保险费由用人单位和职工共同缴纳。

近年来,河北省与天津市相同,扩大了城镇社会保险覆盖面,依法将与用人单位建立稳定劳动关系的农民工纳入城镇职工基本医疗保险,并按规定办理社会保险关系转移接续。

为了推动京津冀地区医疗保障协同发展,2019年6月,北京市、天津市和河北省共同签署了《京津冀医疗保障协同发展合作协议》,这一协议主要围绕异地就医门诊直接结算、医疗产品集中采购和医疗保障协同监管等方面推进合作,这标志着京津冀地区医保同城化、信息化和一体化迈出了较大的一步,但覆盖人群包括长期异地居住人群、长期在异地工作人员、异地安置退休人员、异地转诊人群,而外出农民工暂时并不在保障范围内。可见对于大部分流动人口来说,异地就诊的及时报销结算仍然是较大的困扰。

近年来,京津冀地区代表性的有关流动人口医疗保险政策文件如表8-5所示。

表8-5 京津冀地区流动人口医疗保险政策的演化脉络

省市	颁布时间	政策名称	主要内容
北京市	2012年3月19日	《北京市关于农民工参加基本医疗保险有关问题的通知》	农民工按照1%比例参加医疗保险的参保人员,自2012年4月起,统一按照城镇职工缴费标准缴费。2012年4月,市社保中心统一将基本医疗保险系统中农民工的缴费人员类别调整为"农村劳动力",缴费标准调整为城镇职工缴费标准,即用人单位按缴费基数的10%缴纳,农民工个人按缴费基数的2%和每月3元缴纳。
北京市	2016年7月13日	《北京市人民政府关于进一步做好农民工服务工作的实施意见》	扩大农民工参加城镇职工社会保险覆盖面。依法将与用人单位建立稳定劳动关系的农民工纳入本市城镇职工基本养老保险、基本医疗保险、生育保险和工伤保险。完善社会保险关系转移接续政策。
天津市	2017年3月2日	《天津市推动非户籍人口在城市落户工作方案》	完善城乡统一的基本医疗保险制度。按照本市有关规定,本市行政区域内的机关、团体、企事业单位、民办非企业单

続表

省市	颁布时间	政策名称	主要内容
			位、其他组织和有雇工的个体工商户应当参加职工基本医疗保险。持有天津市居住证的未就业成年非户籍常住人口和持有天津市居住证、流动人口居住登记凭证、天津市居住证受理回执等有效证明的未入学入托的儿童（含新生儿），可以按规定参加居民基本医疗保险。
天津市	2019年12月11日	《天津市基本医疗保险条例》	国家机关、企业、事业单位、社会团体、民办非企业单位、有雇工的个体工商户等用人单位及其职工，应当参加职工基本医疗保险。无雇工的个体工商户、未在用人单位参加职工基本医疗保险的非全日制从业人员以及其他灵活就业人员（以下统称灵活就业人员），可以参加职工基本医疗保险或者城乡居民基本医疗保险。学生、儿童和其他未就业城乡居民，可以参加城乡居民基本医疗保险。
天津市	2020年2月20日	《关于农籍职工参加城镇职工基本医疗保险和生育保险有关问题的通知》	本市行政区域内的各类用人单位应依法为农籍职工参加城镇职工基本医疗保险和生育保险。用人单位在与农籍职工协商一致基础上，可继续按农籍职工个人缴费基数之和的8.5%缴纳城镇职工基本医疗（生育）保险费，农籍职工本人不缴费，继续享受城镇职工基本医疗保险和生育保险相关待遇，不建立医疗保险个人账户。
河北省	2015年5月18日	《河北省人民政府关于进一步做好为农民工服务工作的实施意见》	扩大城镇社会保险覆盖面，促进农民工依法参加城镇社会保险。实施"全民参保登记计划"，推进农民工等群体依法全面持续参加社会保险。依法将与用人单位建立稳定劳动关系的农民工纳入城镇职工基本养老保险和基本医疗保险，按规定办理社会保险关系转移接续。对劳务派遣单位或用工单位侵害被派遣农民工社会保险权益的，依法及时纠正。整合各项社会保险经办管理资源，优化经办业务流程，提高对农民工的社会保险服务水平。

续表

省市	颁布时间	政策名称	主要内容
河北省	2016年5月12日	《河北省人民政府关于整合城乡居民基本医疗保险制度的实施意见》	农民工和灵活就业人员依法参加城镇职工基本医疗保险,有困难的可按照统筹地区规定参加城乡居民基本医疗保险。

资料来源：笔者根据相关政策文件整理得到。

(3) 随迁子女义务教育政策

总体来看，京津冀地区对随迁子女义务教育政策较为严格，其中，北京市尤为突出。尽管长期以来北京市对于流动人口子女的义务教育采取免收借读费，以公办学校为主，并辅以政府委托办学、购买民办学位，将流动人口随迁子女教育纳入本市教育发展规划，建立相应的保障体制，进而切实保障其平等接受义务教育的权利，但是截至目前仍存在一定程度的限制，具体体现在：北京市对于流动人口随迁子女入学严格规定必须通过由适龄儿童父母或其他法定监护人持本人在京务工就业证明、在京实际住所居住证明、全家户口簿、在京暂住证、户籍所在地街道办事处或乡镇人民政府出具的在当地没有监护条件的证明五证审核，方可在区教委所指定学校就读。2018年之前对不满足"五证"条件的，政策默许其可以选择民办学校就读，然而之后政策变得更为严格。2019年，北京市教育委员会发布的《关于2019年义务教育阶段入学工作的意见》规定，"各区要加大民办学校学籍监管力度，不得招收不符合条件的学生在校就读"。

与此同时，北京市的随迁子女升学政策也最为严苛，中考阶段无北京正式户口的只有符合"9类人"① 的应届初三学生才能在京报名并报考

---

① 这里的9类人是指由人力资源和社会保障部门认定的属"原北京下乡知青子女"的考生；由区台办认定的属"台胞子女"的考生；由博士后管委会办公室开具介绍信和"博士后研究人员进站批准函"人员子女证明的考生；由人民解放军相关政治部门认定的属"随军子女"的考生；由市人力资源和社会保障部门签发的"北京市工作居住证"（有效期至2019年12月31日）人员子女的考生；父（或母）一方有本市常住户籍的考生；由中建二局第一建筑工程有限公司认定的属"中建二局第一建筑工程有限公司职工子女"中的非农业户籍考生；由首钢矿业公司认定的属"职工子女"中河北省户籍的考生；由中国化学工程第六建设公司北京分公司认定的属"化六建北京分公司子女"中的非本市户籍的考生。

相应的学校。不符合的外地考生只能在京参加借考,不能参加北京市中招志愿填报。高中阶段同样限制进城务工人员随迁子女只能参加高等职业学校招生考试,不可在京参加高考。

受财政资金、学校数量、教学设施、教师规模等方面的约束,天津市对于流动人口子女义务教育在供求之间同样存在较大的缺口和矛盾,对此,天津市对于居住证持有人随迁子女申请在本市接受义务教育,需要提供有效的居住证、居民户口簿、合法居所证明、务工就业证明以及随迁子女儿童预防接种证明等。

在京津冀地区中,河北省对流动人口随迁子女义务教育的限制性最少,要求各级教育行政部门必须坚持"以流入地政府管理为主,以公办学校接收为主"的原则,将符合规定条件的农民工随迁子女全部纳入流入地教育发展规划,将农民工随迁子女义务教育经费全部纳入流入地财政保障范围,具体通过压实区县责任制度、落实与本地学生同等待遇、完善转入转出制度等多重举措,推进流动人口随迁子女平等接受义务教育的权利。

近年来,我国京津冀地区流动人口随迁子女义务教育政策的演化脉络主要如表8-6所示。

表8-6 京津冀地区流动人口随迁子女义务教育政策的演化脉络

省市	颁布时间	政策名称	主要内容
北京市	2011年3月24日	《北京市中长期教育改革和发展规划纲要(2010—2020年)》	推动义务教育优质均衡发展。以公办学校接收为主,完善来京务工人员随迁子女接受义务教育的保障体制。实施"来京务工人员子女接受义务教育三年规划方案"。
北京市	2016年7月13日	《北京市人民政府关于进一步做好为农民工服务工作的实施意见》	切实保障农民工随迁子女平等接受义务教育的权利。将农民工随迁子女教育纳入本市教育发展规划,合理规划学校布局,科学核定公办学校教师编制,保障符合条件的农民工随迁子女平等接受义务教育权利。在坚持以公办学校为主接收农民工随迁子女就学的基础上,可采取政府购买服务等方式保障农民工随迁子女在依法举办的民办学校接受义务教育。进一步加大经费投入,按照公办学校农民工随迁子女实际在校人数核拨公

续表

省市	颁布时间	政策名称	主要内容
			用经费,并对接收农民工随迁子女的民办义务教育学校给予适当补助。在义务教育阶段实行农民工随迁子女与本市户籍学生混合编班,在接受教育、参加各类活动、评优选先及奖励等方面,与本市户籍学生享受同等待遇。
北京市	2019年4月1日	《北京市教育委员会关于2019年义务教育阶段入学工作的意见》	非本市户籍的适龄儿童少年因父母或其他法定监护人在本市工作或居住,需要在本市接受义务教育的,由其父母或其他法定监护人持本人在京务工就业证明、在京实际住所居住证明、全家户口簿、北京市居住证(或有效期内居住登记卡)等相关材料,到居住地所在街道办事处或乡镇人民政府审核,通过审核后参加学龄人口信息采集,并到居住地所在区教委确定的学校联系就读。学校接收有困难的,可申请居住地所在区教委协调解决。 严格学籍管理。北京市中小学学籍管理信息系统将依据小学和初中入学服务系统建立新生学籍。各区要加大民办学校学籍监管力度,不得招收不符合条件的学生在校就读。
天津市	2016年3月23日	《天津市居住证持有人随迁子女在本市接受教育实施细则》	居住证持有人随迁子女申请在本市接受义务教育应提交下列基本材料: (一)在有效期内的居住证原件及复印件。 (二)居住证持有人及其随迁子女的居民户口簿原件及复印件。 (三)居住证持有人及其随迁子女在本市合法居所的证明,包括居住证持有人自有住房不动产权证书原件及复印件,或者居住证持有人与配偶、父母、子女共有住房不动产权证书原件及复印件,或者居住证持有人房屋租赁登记备案证明原件及复印件;已签订《天津市商品房买卖合同》或《天津市房产买卖协议》尚未取得不动产权证书的,提供《天津市商品房买卖合同》或《天津市房产买卖协议》原件及复印件、契税完税证明原件及复印件。

续表

省市	颁布时间	政策名称	主要内容
			（四）居住证持有人在本市的务工就业证明，包括工商营业执照、税务登记证件、依法签订的劳动合同或确立劳动关系存在的有效证明等原件及复印件，并提供居住证持有人在本市的社会保险缴费凭证。在本市灵活就业的居住证持有人需提供工作单位或居住地所在乡镇、街道办事处开具的就业证明原件及复印件，并提供在本市的社会保险缴费凭证。 （五）本市或原户籍地卫生部门签发的随迁子女儿童预防接种证原件及复印件。
天津市	2017年3月2日	《天津市推动非户籍人口在城市落户工作方案》	保障进城落户农民子女和居住证持有人随迁子女平等享有受教育权利。根据人口规模结构变化，做好教育空间规划，加强资源调控，确保本市农业转移人口随迁子女平等享有受教育权利，按照国家和我市招生入学政策及学籍管理规定，依托全国中小学学籍信息管理系统，为符合条件的学生办理入学、升学和转学手续。落实居住证持有人随迁子女义务教育属地安置、属地管理制度。将居住证持有人随迁子女教育工作纳入各区总体发展规划，根据常住人口变化情况，科学规划学校布局，加快中小学、幼儿园建设，合理配置教育资源。将居住证持有人随迁子女学籍管理纳入本市学籍管理系统，实行全市统一管理的学籍档案制度。
河北省	2015年5月18日	《河北省人民政府关于进一步做好为农民工服务工作的实施意见》	落实教育政策，确保农民工随迁子女平等接受教育。合理规划中小学布局，增加城镇教育储备，抓好新建居民小区配套学校、幼儿园建设。坚持以流入地政府为主、以普惠性幼儿园为主，妥善解决农民工随迁子女学前教育问题。将符合规定条件的农民工随迁子女全部纳入流入地教育发展规划，将农民工随迁子女义务教育经费全部纳入流入地财政保障范围，实现农民工随迁子女基本在流入地全日制公办中小学校平等接受义务

续表

省市	颁布时间	政策名称	主要内容
			教育。做好农民工随迁子女接受义务教育后在流入地参加升学考试工作。加强留守流动儿童家庭教育指导服务工作，创新留守流动儿童帮扶救助项目。
河北省	2017年9月1日	《河北省义务教育阶段学生学籍管理办法实施细则（修订）》	进城务工人员随迁子女可以在流入地接受义务教育，学生就读学校应为其建立、接管学籍。各级教育行政部门必须坚持"以流入地政府管理为主，以公办学校接收为主"的原则，做好进城务工人员随迁子女接受义务教育工作。建立以居住证为主要依据的随迁子女入学政策，对符合规定条件的进城务工人员随迁子女，县级教育行政部门要按照相对就近入学的原则统筹安排在公办学校就读。公办学校学位不足的可以通过政府购买服务方式安排在普惠性民办学校就读。进城务工人员随迁子女因监护人务工地跨省、市、县迁移（不含省辖市中心城区之间迁移）的，可以转入监护人新的务工所在地学校。

资料来源：笔者根据相关政策文件整理得到。

8.3.4　长三角地区与京津冀地区的流动人口政策比较

（1）共性分析

总的来看，长三角地区与京津冀地区两个地区的流动人口政策呈现以下几个方面的共性特征：一是基于全国的制度安排进行了自身的政策设计；二是主要围绕居住证制度对流动人口进行管理与服务；三是两个区域内部超大城市（长三角地区的上海市和京津冀地区的北京市）的政策门槛显著高于其他城市；四是尽管近年来两个地区流动人口政策得到了较大程度的完善与改进，然而与本地居民仍有差距。

在户籍政策方面，长三角地区与京津冀地区的共同特征主要表现在以下几个方面。首先，长三角地区的上海市和京津冀地区的北京市入户难度均在全国范围内排名前列，堪称入户最难的两大城市，由此也显著高于区域内的其他城市。其次，居住证制度和积分落户成为两个地区流动人口管理和服务的重要政策，尽管积分制为流动人口尤其是进城务工人员的落户提供了可能，但是两个地区尤其是北京市和上海市的积分落户条件往往超出了这一群体大部分人的条件和能力。再次，两个区域中的两个超大城市即上海市和北京市在户籍的政策安排上对于高科技、高学历、高技能等高层次人才呈现逐步放松的态势，而对于流动人口尤其是进城务工人员均有较为明显的限制和排挤特征，而且总体上呈现更为严格的收紧态势。最后，尽管京津冀地区的落户条件总体高于长三角地区，但前者的河北省大幅度放松了流动人口的落户条件，河北省省会城市石家庄开始实行"零门槛"落户。这也导致京津冀地区内部的落户政策呈现"最严、最松"的分布特征。尽管长三角地区的浙江杭州，为了引进人才，也开始逐步放松入户条件和要求，但是也并未做到真正的"零门槛"。

在医疗保险政策方面，为了比较的方便，本章选取长三角地区的上海市和京津冀地区的北京市进行比较发现，共同点主要体现在以下几个方面：首先，无论两个城市在不同的阶段采用什么样的医疗保险模式，保障项目均包括住院医疗费用；其次，当下两个城市采用的医保模式均为统账结合医保模式，且都将其纳入了城镇职工医疗保险；最后，目前两个城市对于流动人口尤其是农民工的医疗保险保障项目均为门诊和医疗费用，缴费主体包括个人和单位，且均设立个人账户。

在随迁子女义务教育政策方面，长三角地区和京津冀地区的共同特征主要体现在以下方面。一是在中央相关制度安排的背景下，目前两个地区均按"两为主""两纳入"的基本要求逐步推进流动人口随迁子女义务教育工作。二是两个地区内部在流动人口随迁子女义务教育政策松紧程度上均呈现"较严格、较宽松"并存的特征，长三角地区的上海市偏向较严格，而浙江省和江苏省相对较为宽松；京津冀地区的北京市较严格，而天津市和河北省相对较为宽松。与此同时，除了作为首都的北京市和直辖市的上海市之外，两个地区内部的省会城市、其他直辖市的流动人口随迁子女义务教育入学门槛同样会高于其他地级市。三是从未来两个地区的流动人口随迁子女义务教育的政策演进来看，长三角地区的上海市和京津冀地区的北京市两个超大城市均将呈现趋紧的态势，这与两个城市未来功能定位的进一步聚焦相关。

(2) 差异分析

在户籍制度方面，长三角和京津冀两个地区的主要差别体现在以下几个方面。首先，总的来看，京津冀地区的落户门槛要显著高于长三角地区，尤其是京津冀地区的北京市更为突出，随着后续京津冀地区区域协同的进一步推进和北京非首都功能的进一步疏解，相比长三角地区的绝大部分城市，北京市对于流动人口的落户规定会更为严格，条件也会更高。王红茹（2019）一文的副标题直接提出"北京户籍指标大多是按计划分配，积分落户是九牛一毛"。其次，从居住证的申请条件来看，以京津冀地区的北京市和长三角地区的上海市为例，前者的申请条件要比后者高。北京市规定，来京人员持有已满6个月且在有效期的北京市居住登记卡或暂住证，并符合在京有合法稳定就业、合法稳定住所、连续就读条件之一的，可以申领北京市居住证，而上海市规定，在上海市合法稳定居住、合法稳定就业、参加上海市职工社会保险满6个月或因投靠具有上海市户籍的亲属、就读、进修等需要在上海市居住6个月以上的，可以申请上海市居住证。北京市要求必须居住6个月以上，而上海市则是准备工作或居住6个月以上。再次，北京市积分落户办法的推行要晚于上海，而且指标体系构成与上海市不同，具体包括四个资格条件、两项基础指标和七项导向指标。其中资格条件分别是持有北京市居住证、法定退休年龄以下、在京连续缴纳社会保险7年以及无刑事犯罪记录；合法稳定就业、合法稳定住所为两项基础指标；导向指标主要包括教育背景、职住区域、创新创业、纳税、年龄、荣誉表彰、守法记录指标七个方面。最后，北京市并未设置积分落户的最低分值，而是根据年度人口调控情况以及申请人的积分情况，最终确定落户人员，而上海市则设置了120分的最低分值。

在医疗保险政策方面，为了比较的方便，同样选取长三角地区的上海市和京津冀地区的北京市进行比较，发现不同之处主要体现在以下几个方面。首先，北京有专门的针对流动人口尤其是农民工的医疗保险相关制度和办法，而上海市则并无专门的文件和制度。其次，北京市在2012年4月1日之前采用的是大病统筹医疗保险模式，而且仅仅保大病、保当期，保障项目仅仅为住院医疗费用，而普通的门诊并未涵盖，缴费主体为单位缴费，个人无须缴纳，不设个人账户。但是在2011年7月1日前，上海采用的是综合保险模式，保障项目除了住院医疗费用之外，还包括日常药费补贴；缴费主体也与北京市2012年4月1日前不同，有固定单位的单位缴纳，没有固定单位的农民工自己缴纳，无论是单位缴纳还是农民工自己缴纳均设立个人账户。再次，尽管上海市2011年7月1日和北京市2012年4月1日之后均采用了统账结合医疗保险模式，参保对象、保障项目、缴费主体等都相同，但是缴费标准、单位和个人缴费比例不同：北京市按照用人单位全部职工缴费工资为基数，单位缴费10%，个人按上一年月平均工资的2%和每人每月3元缴纳；而上海市则以上一年全市职工月平均工资的60%为基数，单位缴费6%，个人缴费1%，如果按月缴纳的基本医疗保险费低于30元，个人医疗账户计入标准按每月30元执行。最后，需要强调的是，尽管成立了国家级的京津冀区域协同发展领导小组，并于2016年发布了《京津冀协同规划纲要》，但是京津冀地区在流动人口医疗保险一体化程度方面要低于长三角地区。目前京津冀地区在跨省市异地就医直接结算仍处于试点探索阶段，相比已全面铺开的长三角地区仍有一定差距。从这一视角来看，长三角地区流动人口医疗保险的一体化为全国其他地区和省份提供了一定的经验借鉴。但是，京津冀地区流动人口医疗保险一体化工作在强有力的组织保障和政策保障助推下会加速推进。

在随迁子女义务教育政策方面，长三角地区和京津冀地区的不同之处主要体现在以下方面。首先，当前两个地区在按中央"两为主""两纳入"的基本要求逐步推进流动人口随迁子女义务教育的过程中，京津冀地区的时效性更高，而长三角地区相对较为滞后。例如，北京市在中央2001对于流动人口随迁子女义务教育"两为主"的政策规定出台之后，2002年便发布了《北京市对流动人口中适龄儿童少年实施义务教育的暂行办法》，落实"两为主"的政策要求。而长三角地区中除浙江省之外，上海市和江苏省的回应时间为2004年，相对较晚。其次，总体来看，京津冀地区的流动人口随迁子女义务教育入学门槛要高于长三角地区，不仅体现在北京市对于流动人口随迁子女进入公立学校就读需要经过上文所提到的"五证"审核，而且还要受到所在区县和街道的学位数量供给、教学设施等多方面的制约。伴随着京津冀地区区域协同的推进，尤其是北京市非首都功能的疏解，北京市的流动人口随迁子女义务教育政策相比区域内其他省市和长三角地区难度不仅不会降低，反而可能会逐步提升。再次，与两个城市一个作为政治文化中心、一个作为金融中心功能定位不太相称甚至矛盾的地方在于，长三角地区的上海市直到2008年对于流动人口随迁子女才真正免收借读费，而北京市则在2004年底即开始免收借读费。最后，在推进流动人口随迁子女义务教育工作的过程中，京津冀地区的北京市基本实行区县负责制，甚至是部分乡镇负责，而相对弱化了市一级政府理应承担的职责。与之不同的是，上海市早在2004年便形成了"市、区县、街道（乡镇）"共同分担的流动人口随迁子女义务教育的三级职责分担机制，并且在2008年之后更进一步强化了市一级政府的责任，甚至在教育经费的财政投入、教育教学支持等方面发挥关键作用。

8.4　流动人口政策的国际比较

8.4.1　美国流动人口政策述评

美国是一个市场经济程度相对较高的联邦制国家，对于流动人口政策而言，联邦政府并没有制定全国统一的相关政策，而是将这一政策交由各个州政府和地方政府去制定。然而，尽管对于流动人口的流动问题，美国宪法并未明确规定迁徙权是基本的人权，但是实际上迁徙权隐含在宪法所规定的基本权利中（曹淑江和张辉，2007）。尽管美国并没有制定统一的流动人口政策，但美国采取了社会安全号码制度（Social Security Number，SSN），该制度的功能由最初的申报纳税这一主要功能拓展为拥有个人基本信息登记和身份证明、就业服务、收入获取、保费缴纳、社会保障和社会福利的获取、合约签订、金融服务的享受等综合性的、多元的服务功能，这在很大程度上加强了流动人口的管理和服务。社会安全号码制度与我国户籍制度最大的不同在于：社会安全号码制度不仅不存在我国传统的户籍制度所带有的出生籍贯和城乡等差异化特征，而且也不像我国户籍制度背后附载着可以享受不同的子女教育、医疗保险、养老服务等系列社会福利和社会保障，更不像我国户籍制度所呈现的传统的典型二元结构特征，很大程度上限制了人口在城乡间、地区间、部门间、产业间的流动和迁移，相反，笔者认为这一制度为人口流动提供了便利。

在流动人口的医疗保险等社会保障方面，同样在各州之间也存在排挤和歧视问题。美国的部分州为了阻止本州之外的穷人或准备福利搭便车的潜在的新来者进入本州，针对外来流动人口①在免费医疗保障、福利获取、政治投票权等领域设置一定的门槛，并且以法律形式加以明确，比如康涅狄格州、宾夕法尼亚州等规定新来者或新的州公民必须在本州居住满1年方可申请享受。根据牟效波（2014）的研究，具有代表性的是1969年的"夏皮罗案"，即康涅狄格州、宾夕法尼亚州和哥伦比亚特区因拒绝向在当地居住不满1年的新来者或新的州公民提供福利援助而遭到起诉，最终三个联邦地区法院均判决各州有关新来者或新的州公民福利获取条件的相关法律条文违反宪法。最后的裁决指出"所有公民都可以自由地在我们国家的领土范围内旅行而不受那些对这种移动施加不合理限制的法律、裁定和规章的制约"（熊卫平，2008）。这一判决不仅保障了公民在一国范围内自由迁徙的权利，而且也保障了新来者或新的州公民在迁入州平等享受医疗保险等系列社会保障和社会福利的权利。对此，有学者认为，美国针对差异化的微观主体如新来者或新的州公民对于不同社会保障制度的需求的权衡与考量，所构建的多层次的、多元的、较为平等的社会保障体系，满足了流动人口对医疗保险等社会保障和社会福利动态性、持续性的现实需求，促进了美国人口在州之间和州内、在不同行业间和行业内、在不同职业间的有序流动，这也让美国成为人口流动尤其是人才流动频率最高、最为成功的国家之一（吴克昌、张强，2012）。

在流动人口子女教育政策方面，美国联邦政府不仅专门制定了相应的法律法规，而且设立专门的管理机构，为流动人口子女教育提供法律和机构保障。一方面，为了解决流动人口子女受到平等教育问题，美国联邦政府1966年通过对《初等和中等教育法》的修订与完善，制定了

---

① 在美国一般不采用"流动人口"这一表述，而采用"新来者"（new comer）、"新的州公民"（new state citizen）等表述。

"流动学生教育计划"（Migrant Education Program，MEP）。该计划旨在帮助那些因为父母亲工作变动，家庭居所不断发生变动的流动人口子女，为这一群体提供高质量的与内容广泛的资助和服务，确保流动人口子女在跨州或跨地区迁移时，避免受到学科课程设置、学籍、成绩评定标准等方面的差异而受到不公平待遇，通过与校方合作、多元化计划的制定、克服语言及文化障碍等方式确保流动人口子女受到正规的平等受教育权利（袁方成，2008）。具体运行方式为由联邦政府提供财政经费支持，各个州政府进行申请和实施。2001年为了进一步降低流动人口子女与非流动人口子女间受教育权利之间的差距，还制定了《不让一个孩子掉队法》（No Child Left Behind Act）。另一方面，美国教育部还先后成立了流动人口教育办公室（Office of Migrant Education）和流动教育协调支持中心（Migrant Education Coordination Support Center），不仅加强了对各州流动人口子女教育项目和工作成效的评估、管理和监督，而且为各州的工作提供技术、资金等方面的支持，以及促进不同州之间流动人口子女教育工作的合作。

美国各州也对新来者或新的州公民设置一定的条件，进而实行与本州居民子女差异化的受教育待遇。除了上述医疗保险所提到的居住满1年以上的门槛外，部分州还设置了固定时间居住要求（Fixed-point Residency Requiremnets），也就是要求如若要享受平等的受教育权，必须在某一个规定的时点之前或一段时期如出生时点或某个年龄之前等，必须是本州的居民。此外，有的州还设置了真诚定居要求（Bona Fide Redidency Requirements），即针对目前居住在本州且计划无限期定居在本州的居民进行识别，如果通过识别即可享受本州居民的同等待遇，免费获得进入基础教育公立学校就读的权利，甚至在高等教育中享受学费优惠待遇。上述在本州居民和外来居民之间差别化的受教育权利的直接例证是，明尼苏达州法律规定，只有在该州居住满1年的大学生方可享受奖学金，否则不能享受，而且在相关案件的诉讼中竟然得到了最高法院的支持。然而，近年来针对流动人口子女在不同州之间受到的歧视和排挤得到了一定程度的改进，公平的和平等的受教育权利得到了较大的保障。"普莱勒案"（Plyler v Doe）即美国联邦最高法院判决即使对于居住在得克萨斯州的非法移民的子女，也不能剥夺其免费进入公立学校就读的受教育权利（邵宁和王立影，2011）。

8.4.2 欧盟流动人口政策概述①

流动人口一般是发生在国家内部，而欧盟却并非一个国家，它是全球范围一体化程度最高的国家联合体和经济政治组织，在一定程度上欧盟各成员国之间的人口流动，系欧盟内部的移民，尽管有众多不同，但在一定程度上类似于我国各地区和省域之间的人口流动。因此，欧盟内部的流动人口政策对于我国具有一定的借鉴意义。

在流动人口管理和服务方面，欧盟并未采用我国统一的户籍制度。一方面，对于欧盟各成员国的人口而言，通过发放欧盟护照为其在各成员国之间的流动提供便利。从1985年开始执行的《申根协定》规定申根区成员国公民可在申根区内自由迁徙，各国不再对其进行边境检查。持有欧盟任一国家的护照都可在欧盟各个成员国自由通行、定居、生活、学习、工作。另一方面，对于非欧盟国籍的人口，则要求其合法稳定居住满5年，可申请欧盟长久居民证，凭借这一长久居民证可以在欧盟各成员国自由居住、工作、学习（曾凯华，2018）。事实上，长期以来欧盟在不同阶段始终注重促进人口的自由流动。20世纪50年代欧洲共同体建立后，《建立欧洲共同体条约》以各成员国间的人员、货物、服务与资本自由流动为标志来确定内部统一大市场的形成。在当初人员自由流动便被提到最重要的地位。后来建立欧盟的《欧盟条约》采用了"欧洲公民"的表述，并从法律层面提升其在欧盟各个成员国的地位，进而将人员自由流动提到了新的高度。欧洲共同体条约进一步通过立法的形式，规定欧盟公民有权在各个成员国内部自由流动，并且享有居留、工作、获取报酬等与流入国公民同等的国民待遇等。

在医疗保险等社会保障方面，早在1957年，为了推进欧洲经济共同体的建立，法国、联邦德国、意大利等六国所签订的《罗马条约》不仅明确了人口在各成员国间的自由流动，而且确定取消不同成员国间差异化的社会保障和社会福利的国家和地域障碍，以实现无歧视的同等社会

---

① 考虑到欧盟作为在政治、经济各方面都高度一体化的政治、经济联盟，此处讨论的流动人口不仅包括单一国家内部的跨地区流动人口，也包括欧盟各个国家之间的跨国流动人口。

福利。随后的"欧盟社保法令"确定了"国民待遇原则",即对于加入了欧盟一个成员国的公民,当在欧盟成员国间进行迁移时,迁入国必须为其提供同等的社会保险和社会福利待遇。其中医疗保险主要涉及生育与疾病两个方面,并且建立了累计计算、现金津贴与非现金津贴、健康保险卡、跨国就医等多方面的内在医疗保险机制。应该说这一法令为欧盟范围内的流动人口提供了医疗保险全面的服务规定,尽管相对较为完善,但是仍存在不同成员国的国别差异、转移效率较低、时间与成本较高等局限性(贾晋京和刘仰知,2015)。此外,21世纪初,欧盟还制定了"欧盟议会劳动力技能和流动的行动计划",对于医疗保险开始实行欧盟各成员国范围内统一的电子医疗卡,进而确保持有人可以在欧盟内部的任何一个地方获得及时的医疗服务(曾凯华,2018)。

在流动人口随迁子女教育政策方面,欧盟相应的政策总体上呈现与我国相似的循序渐进式的演进特征,先后主要经历了初期的被动同化、中期的主动与被动并存的整合趋向以及最新的积极推进平等和融合等三个阶段。在这一过程中,流动人口随迁子女由最初单纯地仅能获得接近教育设施的权利,转化为尽管因父母受迁入国的排挤和抵制而出现短期波动外,在文化权利和母语教育权的获得上发生显著改观,最后到教育机会和权利上的平等以及与迁入国在文化上的求同存异,进而实现融合(王慧娟,2015)。欧盟流动人口随迁子女在迁入国平等受教育权的获得除了上文所提到的欧盟护照和长久居民权在欧盟范围内所提供的保障外,主要得益于两个层面的政策安排:在宏观层面,欧盟通过反歧视法的制定对各成员国进行规制,推动各成员国在相应政策上的放松和在行动上的合作,既促进了人口在欧盟范围内的自由流动,又保障了随迁子女的平等教育权利;在微观层面,以学校为主体,以流动儿童语言适应项目、儿童早期发展支持项目、资优儿童支持项目等系列项目为载体,实现流动人口随迁子女在迁入国的教育融合。

8.4.3 日本流动人口政策梳理

在流动人口户籍制度方面,日本与中国存在较为类似的做法,但其将常用的户籍文本称为"住民票",以居住地为基础设立,类似于我国的户口簿,同样以家庭为单位登记了每个人的身份、夫妻关系、父子

（女）关系等，纳税、办理保险等均离不开住民票。日本宪法规定了公民可以自由迁徙的权利，进而实行"户口随人走"的制度。当发生人口迁移时，只需到当地的区役所（类似于我国的区政府）而非公安部门，办理当地新的"住民票"，因此，住民票因居住地变化而发生变更。

在流动人口医疗保险等社会福利政策方面，日本实行的是全民的强制式国民健康保险，该制度基本是每月按上一年收入的一定比例缴纳，居民在享受医疗服务时采用直接报销的模式，并实行终身制。"没有医疗保险就没了生命"在日本形成了契约，构成了国民健康保险制度尤为重要的典型例证。对于流动人口而言，国民健康保险可以随之自由迁移。具体而言，当居住地和工作地发生变化时，"住民票"和"国民健康保险"也随之变更，借此流动人口可以在迁入地享受平等的包括医疗保险在内的一系列社会福利。

在流动人口随迁子女教育政策方面，日本不仅通过《宪法》《教育基本法》等法律的制定，为流动人口随迁子女（含移民日本的随迁子女）在义务教育阶段享受免费到公立学校就读的平等权利提供制度和法律保障，而且通过家长和教师联合会的组建、额外的学业辅导等方式为流动人口随迁子女更好更快地融入迁入地的新环境提供多元化的支持和帮助。

这里值得强调的是，日本特别注重身份管理，除了上述的"住民票"和"国民健康保险"之外，驾照和工作证也都是其身份证明。每当发生人口流动时，流动者会主动到政府管理部门进行变更登记。这在一定程度上也为流动人口管理和服务、异地医疗保险服务的享受、随迁子女的教育以及社会治安的提升等提供了便利和保障。近年来，"住民基本情况网络登记制度"的出台标志着居住和身份管理的电子化。

8.4.4 中国与发达国家流动人口政策的比较

（1）共性分析

我国与美国、欧盟、日本等发达国家和地区流动人口政策的共同特征主要体现在以下几个方面。

第一，我国中央政府为了完善流动人口的管理和服务方面，围绕户籍、医疗保险、养老保险、子女教育等出台了系列政策文件，日本也与之相同，从国家层面制定了统一的法律法规和政策安排，尽管欧盟并非一个国家，但是欧盟从整个区域的视角也制定了相关法律和规定。

第二，无论是我国，还是美国、欧盟和日本，流动人口政策的演进过程均呈现逐步放松、促进人口有序流动的态势。在我国尤其是长三角地区、珠三角地区等逐步减少相互间的行政壁垒，取消制约人口和劳动力在城乡间、地区间、部门间和产业间流动的藩篱和障碍，欧盟各个成员国和美国的各个州也在逐步加强合作，促进人口的合理流动。

第三，为了加强流动人口的管理和服务，事实上每个国家和地区都在一定程度上采取了类似于我国户籍、居住证的制度或管理办法，比如美国的社会安全号制度、欧盟的欧盟护照和长久居民权、日本的"住民票"。

第四，中央政府与地方政府之间的竞争与博弈推动着各国流动人口政策由均衡向非均衡再到新的均衡的动态优化。在我国，中央针对全国范围所制定的流动人口政策为长三角地区、珠三角地区和京津冀地区等各个地区提供了制度安排和行动指南，反过来，各个地区在政策执行过程中所积累的实践经验与暴露的现实问题以及政策创新也对中央的政策安排产生了微妙的影响。美国联邦政府与各个州政府之间、欧盟与欧盟各个成员国之间也同样存在着相互间的合作与竞争问题，进而涉及美国范围内的联邦政府、州政府、迁移者、本地居民以及欧盟范围内的欧盟组织、欧盟各个成员国、迁出国、迁入国、迁移者与本地居民等多元主体之间的多重博弈，在这一过程中也将尤其涉及中央政府的整体利益与地方政府的局部利益，迁入国与迁出国之间、迁移者与本地居民之间的利益如何制衡的问题。

第五，为了促进人口的合理和有序流动，如何消除迁移者在迁入地社会融入中的不平等待遇问题，从根本上保障流动人口及其家属的医疗服务、随迁子女的平等受教育权利等将成为各国流动人口政策进一步完善的重要内容。最基本的经济学原理告诉我们，如若跨地区、跨部门、跨产业间的流动可以带来流动者社会福利的改进，而不是因流动而失去本来可以得到的社会福利，至少获得的社会福利不低于流动前，人口流动才可能得以发生。因此，这一问题是流动人口政策改进与完善绕不开的定律。

第六，各国在流动人口管理和服务的过程中，更多是依靠法律手段和市场化手段来进行调节。如我国的《宪法》《中华人民共和国义务教育法》《中华人民共和国社会保险法》《居住证暂行条例》等，美国的《宪法》《初等和中等教育法》等，欧盟的《欧盟社保法令》，日本的《宪法》《教育基本法》等。

第七，各国流动人口政策的制定和出台将更进一步借助"互联网+"、大数据和区块链等技术和平台，提升信息化程度。比如，我国异地就医医保直接结算系统的运营上线，此次新冠肺炎疫情下的微观个体流动轨迹的全程可追踪；日本"住民基本情况网络登记制度"的出台；欧盟在各成员国范围内统一推出的电子医疗卡；等等。

（2）差异分析

我国长三角地区与美国、欧盟、日本等发达国家和地区流动人口政策的不同之处主要体现在以下几个方面。

第一，与我国中央政府出台系列流动人口政策文件不同的是，美国更多地交由各个州进行管理和规制，当然这在一定程度上类似于我国各个地区如长三角地区、珠三角地区和京津冀地区等也可以出台各自相应的政策，但前提是不能违背中央政府的统一制度安排。

第二，我国的户籍、居住证制度除了便于流动人口的管理和服务功能外，与美国、欧盟和日本等地区和国家不同的是，户籍和居住证背后在一定程度上附载着迁入地本地居民所拥有差异化的医疗服务、养老保险、子女教育、住房补贴等社会福利和社会保障。

第三，尽管相比以前，尤其是伴随着长三角区域一体化、京津冀地区区域协同的有力推进和提升，我国流动人口政策在流入人口的身份认同、医疗保险和随迁子女教育等方面提供了较大幅度的改进与优化，为推动人口的合理流动提供了较为坚实的制度保障，但相比美欧日等发达国家和地区还存在较大的差距，仍有许多需要探索和改进的地方。

第四，值得强调的是，美国、欧盟和日本等发达国家和地区经过长期的探索，所形成的较为完善的跨地区和跨国的人口流动机制以及较为成熟的社会保障和社会福利转移的衔接体系，值得我国学习和借鉴。截至目前，即使对于长期在长三角地区、珠三角地区和京津冀地区等发达地区务工的众多劳动力而言，至今未获得身份上的认同，很难形成安全感和归属感，医疗保险、工伤保险与本地居民之间仍存在无形的鸿沟，流动儿童教育与本地儿童教育之间依然存在诸多差异，这一系列问题已经引起了我国中央政府和地方政府乃至社会的广泛关注和重视，借鉴国外的合理经验，发挥我国潜在的后发优势，增强外流人口的获得感、幸福感等将成为优化和完善我国流动人口政策的核心内容。

第五，在我国，不仅中央政府在流动人口政策上仍存在控制、限制和排挤的现象，而且各个地区和省、市、县等各级政府出于地方的利益保护，地区之间、城乡之间的行政壁垒依旧存在。尽管相比以往，相关政策发生了大幅度的改进，而且未来会进一步放松，然而，与美欧日等发达国家和地区不同的是，流动人口主体流入发达地区和城市后的长期和长久的居留意愿上的不同。美国、欧盟和日本等发达国家和地区的人口流动，在政策宽松尤其是无歧视的条件下，迁移者更多的是出于迁入目标地并寻求更进一步发展和提升的内在动因，这也决定了其最终将实现扎根和融入迁入地。而在我国包括长三角地区、珠三角地区和京津冀地区等在内的发达地区，众多外来人口和劳动力即使在流动人口政策完全放开的假定下，其流动的内在动因和居留意愿与欧美日等发达国家的迁移者并不相同，我国的流动人口实现短期收入的动机更强，对于老一代农民工这一群体表现得更为明显，即使对于新生代农民工而言，持摇摆不定、进一步观望选择态度的也不在少数，而欧美日等发达国家和地区实现长期发展并从根本上融入的目标更为明确。

第六，从各国中央层面和地区层面的流动人口服务和管理的方式来看，我国的行政化程度要高于美欧日等发达国家，计划调控手段在我国也表现得更加明显，而发达国家的市场化程度相对更高。一方面，我国中央政府、各个地区和省市政府所出台的流动人口政策较浓的行政化色彩直接体现在政策文本标题和内容中的"严格限制""严格控制""必须具备"等字眼频繁出现，诸多地区还人为地对于流动人口取得本地居住证和落户城市设置各类门槛以及与发达地区和城市居民之间的差异化福利待遇等，进而借此实现本地区和城市对外来人口和人才的筛选与甄别。另一方面，我国流动人口政策调节所采用的计划手段较为突出。具体体现在长三角地区的上海市和京津冀地区的北京市对于每年积分制落户指标的事先规划和制定等。与之不同的是，美国、欧盟和日本等国家和地区，更多地通过市场化方式（如不同地区的工作和生活的差异化收益与成本等）来实现对流动人口的自行调节，进而也保障了流动人口可以根据自身情况选择工作、生活地区和城市的权利。

8.5 本章小结与政策思考

本章通过长三角地区与珠三角地区、京津冀地区的流动人口政策间的区域比较发现，既有共性特征，又存在差异化特征。各地区流动人口政策在中央统一政策的要求与指导下进行了自身政策的制定、完善与优化，总体呈现逐步放松的态势；各地区内部对于外来人口的行政壁垒逐步消除，排外与歧视程度逐步减低，一体化程度得到提升；人口流动政策由管理功能向服务和管理并进功能的演变速度加快；各地区的超大城市、省会城市的落户政策要严于其他地级城市；居住证与积分制落户的采用和普及；医疗保险服务在各区域内部的关系可结转；随迁子女义务教育平等受教育权的进一步落实等构成了各地区流动人口政策的共同点。与此同时，各地区之间还存在差异化表现：各地区在落实和执行中央流动人口政策的时间表呈现不一，部分地区存在一定的滞后性；部分地区在流动人口政策制定方面在全国范围内进行了政策安排的创新并进行了率先试点，发挥了示范和引领效应，进而为全国流动人口政策的出台、完善与优化提供了实践经验；各地区户籍政策的松紧程度、医疗保险政策模式以及随迁子女义务教育的门槛条件等方面仍存在一定的地区差异，与此同时，上述方面各地区内部也有差异化的政策安排，甚至在区域内部出现部分城市在推进流动人口实现社会融入方面进行了大幅度的乃至根本性的制度改革和创新，而部分城市却仍保持着较严格的甚至趋紧的政策安排。

本章通过我国与美国、欧盟与日本等国家和地区流动人口政策的国际比较，同样发现，在政策的总体演进趋势、流动人口的身份管理、中央政府与地方政府之间的合作与博弈、法律手段和市场化手段的采用、信息化程度的提升等诸多方面表现出相同的选择；而在身份制度设计以及所承载的系列社会福利、人口流动机制、一体化的医疗保险等社会保障体系和社会福利体系、行政化色彩和市场化程度、计划手段的采用频率、流动人口在政策演进过程中的适应性等方面却呈现差异化的政策安排。

基于区域和国际的双重比较，美国、欧盟和日本等发达国家以及珠三角地区和京津冀地区的流动人口政策对长三角地区的政策完善和优化尤其是具体的路径选择具有诸多直接的启示。

第一，在国家层面整体政策与区域层面自身政策的互动和一体化方面，充分借鉴欧盟消除人口在国家间跨国转移的障碍推进流动人口政策一体化的成功经验。一方面，欧盟通过流动人口政策的一体化如欧盟统一的护照和长久居留权、医疗保险的跨国转接、随迁子女教育公平权利的保障等方面消除人口在欧盟范围内的跨国流动障碍；另一方面，各成员国积极响应欧盟整体进行一体化的福利体系设计。

第二，在户籍和居住证制度的进一步完善和优化方面，可以学习日本高效、细致和动态的数字化身份和居住管理模式，尤其是可以借鉴其促进每个居民积极主动参与管理的内在激励机制的设计方案。

第三，在医疗保险等社会保障的制度一体化方面，欧盟利用信息化手段在欧盟范围内推行的统一的电子医疗卡，以及日本在全国范围内所推行的统一的、强制式的"国民健康计划"等均对我国的医疗保险政策改革具有重要的参考价值。

第四，在流动人口随迁子女教育方面，美国成立的专门的流动儿童教育管理机构并推行的专项"流动学生教育计划"，以及欧盟的多元促进项目和计划等均值得我们学习和借鉴。

第五，在区域政策制定、制度体制创新与区域功能定位的协调方面，可以借鉴京津冀地区成立国家级的、权威的、有效的一体化专门协调机构，即"京津冀协同发展领导小组"以及《京津冀协同发展规划纲要》对于北京市、天津市和河北省明确做出的差异化功能定位等经验，进一步明确和彰显区域自身未来发展的独特功能目标定位，制定与之匹配的流动人口政策，与此同时，还可以学习京津冀地区中的河北省在长期以来构成严重制约我国人口流动藩篱的户籍制度方面所做出的重大突破的改革魄力，选择部分省市进行大幅度的制度创新，进一步挖掘和彰显制度和政策创新的潜在效应。

第9章 长三角地区流动人口政策优化路径探索

9.1 主要结论

改革开放40余年来,中国经济保持了近10%的持续高速增长,在这一过程中,人口在地区间、城乡间、部门间抑或产业间的大规模流动构成了中国经济发展过程中典型的特征化事实之一,这一流动过程本身形成了流动人口。长期以来我国的流动人口,不同于西方发达国家的"国内移民"(Internal migration),主要是指离开原户籍所在地(通常为农村或欠发达地区的城市和城镇)流入发达地区和城市,在流入地以谋求就业、生活为目的的人员,但并不拥有所居住城市户籍及其背后所附属的一系列相关的社会福利待遇。按空间布局的形式来划分,主要表现为由农村向城市、由欠发达地区向发达地区、由中西部地区向东部沿海地区。根据国家统计局统计,流动人口从2000年的1.21亿人增加到了2019年的2.36亿人,年均增长3.58%。其中,作为中国经济增长重要引擎以及经济最为发达的地区之一的长三角地区构成了流动人口最为集聚的地区之一:其流动人口规模从2000年的1936万人增加到了2014年的5507万人,年均增长7.75%,相比全国同期年均增长高出2.34个百分点。尽管近年来,我国流动人口总体规模开始呈现逐步下降的态势,但是从长远来看,长三角地区仍将是未来流动人口的主要集聚地。

进一步从外来人口的内在构成来看,以上海市为例,根据2010年第六次全国人口普查数据,上海市外来人口总量猛增至897.7万人,比"五普"增加591.96万人,近900万外来人口中安徽、江苏和河南的比重居外来人口总量排名的前三位,分别占29%、16.8%和8.7%。长期以来,上述在经济转轨过程中所经历的人口流动,不仅是一种社会发展现象,而且实质上是一种经济转轨现象,这一特征化事实在东部沿海地区尤其是长三角地区、珠三角地区等表现得更为显著。

长期以来,在我国既庞大又复杂的人口流动中,政策扮演了十分重要的角色,尤其是基于改革开放40多年的特殊国情,为了考量和平衡社会、经济、政治稳定等多方面的利益,人口流动政策以及相关的制度安排、制度变迁与政策演化在我国人口和劳动力流动过程中所发挥的作用不仅微妙,而且是一个多主体、多利益博弈的复杂过程:从制度层面最初的严格控制与行政壁垒,到社会认同、递延到政策默许,再转向政策认同,最后又升华为政策鼓励。事实上,这一过程不仅构成了全国范围人口流动政策的演化脉络,也构成了区域人口流入和流出政策的演进机制与机理特征。长期以来,城乡间、地区间和产业间的人口与劳动力流动规模、具体流向、空间布局、结构化特征等的动态变化与中国人口流动政策、制度变迁以及体制机制演进具有密不可分的内在联系。

总的来看,改革开放以来,长三角地区流动人口政策与全国流动人口政策演进总体趋势较为一致,先后经历了政策制定的谨慎期(1978—1991年)、政策制定的摇摆期(1992—2001年)和政策制定的普惠期(2002年至今)等阶段,总体上呈现了由"严格控制流动"转向"防范管制式的有限流动",又递进到"允许流动",再到目前最新的"规范流动"等演进特征,在这一过程中,上海市流动人口政策演进呈现"蹒跚"式特征,江苏表现出"扎马步"式的稳步推进特征,浙江则呈现较为"大踏步"式的演进特征。

具体而言,在户籍制度方面,长三角地区流动人口政策先后经历了严格控制与开始松动阶段(1984—1992年)、逐步松动与城市"社会管理问题意识"凸显阶段(1993—2001年)和深化改革与推进城乡一体化阶段(2002年至今)等。基于长三角地区整个区域内部的"两省一市"人口户籍制度的比较发现,"两省一市"不仅表现出由管理向服务和管理并重、户籍限制依存、户籍背后均附载着诸多社会福利等共同特点,而且存在改革方向不太一致、户籍限制松紧不一、城乡一体化进程不同等差异化特征。

在医疗保险政策方面,长三角地区流动人口政策先后经历了以偏向政策缺位的政策暗流期(2002年以前)、"碎片化"为主要特征的政策开源期(2002—2009年)以及区域合作逐步增强的政策汇流期(2009年至今）三个阶段。

在流动人口随迁子女教育方面，长三角地区流动人口政策的演化脉络经历了以下四个阶段：第一阶段（2003年之前），主要以借读为特征；第二阶段（2004—2012年），主要以"两为主"为特征；第三阶段（2013—2016年），主要以"两纳入"为特征；第四阶段（2017年至今），主要以教育现代化、全面保障平等教育权利为目标的深度推进特征。总体来看，长三角地区流动人口子女义务教育政策呈现由严格禁止，到明显排挤，再到被动接受，又到积极解决，最后到统筹规划，进一步保障平等受教育权利等。通过长三角地区整个区域内部"两省一市"的比较发现，流动人口随迁子女教育政策既存在相同之处，又存在差异化的政策安排。

通过进一步的区域和国际的双重纵横比较发现，长三角地区与国内的珠三角地区、京津冀地区等地区之间的流动人口政策不仅存在诸多相似的地方，而且还存在不同的方案设计，与此同时，我国与美国、欧盟和日本等发达国家和地区的流动人口政策同样存在系列相同点和不同点。总体来看，一方面，美欧日等发达国家和地区的流动人口政策演进为我们提供了国际参照系；另一方面，珠三角地区和京津冀地区的流动人口政策设计则为我们提供了国内区域经验。

9.2 对长三角地区流动人口政策的总体评价

受我国户籍制度的影响，迁移人口离开了原来的居住和管理属地，原来依附在户籍上的诸多义务和权利也随之消失，进而发生区域间的动态转移。然而对于"候鸟式迁移"且外生于城镇化之外的流动人口（即并未在流入地实现真正的内生式城镇化），往往不仅获取不了流入地的一系列福利（包括户籍、子女教育、医疗、养老、住房等），而且会牺牲流出地本该拥有的部分权利或福利，如选举权和被选举权等。

为了便于流动人员的管理和服务，我国出台了诸如《关于加强流动人口管理工作的意见》以及各地方政府出台相关的政策文件。该意见自1995年出台后，形成了以流动人口就业证和暂住证制度为核心，人力资源和社会保障部门、卫生和计划生育管理部门、公安机关、工商行政管理部门等共同参与管理的流动人口管理制度和服务体系。与此同时，我国相继出台多个流动人口计划生育方面的管理政策，譬如《流动动人口计划生育工作管理办法》《流动人口婚育证明管理办法》《流动人口计划生育工作条例》和《流动人口疟疾管理暂行办法》等。上述一系列意见、办法和条例办法共同构成了近二十年流动人口管理和服务政策的基础。

就全国而言，对于流动人口的管理和服务政策主要侧重于社会治安和计划生育两个方面。随着经济的发展和劳动力市场的深化，对流动人口的管理和服务政策也发生了相应的变化，主要体现在如下几个方面：第一，流动人口体制管理创新，逐步确立了流动人口服务管理多方联动的工作框架和体制；第二，通过优化与整合打工子女学校以及公办教育资源，推进和确保流动人口子女受教育问题的解决，效果得到较为明显的改变；第三，财政相对较为富足的地方政府开始尝试扩大流动人口社会保障范围，逐步将流动人口纳入工伤保险范畴，建立不同层次的医疗保障体系，有限度地参加城镇职工失业保险，对于居住和就业稳定的人员的养老保险的缴纳办法可以视同城镇职工和居民，并建立流动人口的社会救助和法律援助制度；第四，不断提高流动人口的权益保障，依法保障流动人口享有民主选举与被选举、参与决策、参与管理、参与监督等权利。对全国流动人口政策体制的特点，有学者采用"以户口为中心的战略"来形容（Cheng, 1991；Chan, 1992, 1999）；基于这种户口和户籍制度，中国流动人口进城务工是一个"争取公民身份"的过程（Solinger, 1999；Robert, 2001）。

就长三角地区而言，上述一系列特征在2009年的《关于加快推进流动人口服务管理体制创新促进长江三角洲地区一体化发展的指导意见》中体现得较为明显。该意见提出的体制创新和区域一体化的10项重点任务中，有4项涉及计划生育，包括推进人口与计划生育衔接、改善计划生育民生问题、推进人口计生基本公共服务均等化、实施人口计生服务管理便民利民工程等；有2项体现基于社会治安的管理特点，包括探索城乡统一的人口登记制度、建构流动人口信息化管理体系。此外，"坚持在体制改革上先行先试"则体现了与长三角地区经济发展状况相匹配的体制创新，具有很强的针对性和指向性。比如其中明确指出需以长三角地区改革区域户籍制度、推行以居住证为主的属地化管理制度为契机，开展人口政策调研，改善和保障计划生育民生问题。结合户籍管理制度改革，整合居住证、暂住证和婚育证明等管理制度，探索实行城乡统一的人口属地登记制度，按照全国人口发展功能区规划，逐步地、有条件地解决长期在城市就业和居住的流动人口户籍问题，逐步破除城乡二元社会管理体制。

近年来，长三角地区在流动人口医疗保险方面迈出了较大的步伐。以浙江为例，2010年6月17日，为统一规范流动就业人员基本医疗保障关系转移接续业务经办程序，浙江省结合实际制定了《浙江省流动就业人员基本医疗保障关系转移接续业务经办规程（试行）》。该规程适用于参加城镇职工基本医疗保险、城镇居民基本医疗保险、新型农村合作医疗人员跨制度、跨统筹地区转移接续基本医疗保障关系的业务经办，规定流动就业人员在转移接续期间中断缴费3个月以内的，可按新就业地规定办理补缴手续，补缴后不设待遇等待期；未按规定办理补缴手续或中断缴费3个月以上的，基本医疗保险待遇按当地现行规定执行。再以上海为例，2012年3月29日，上海市发布的《关于外来人员2012年度医保年度转换若干问题的通知》规定，2012医保年度按7%缴纳基本医疗保险费的非城镇户籍外来从业人员，个人缴费部分全部计入个人医疗账户（门诊专用）。外来从业人员住院起付标准和最高支付限额，按照本市城镇职工基本医疗保险有关规定执行。

此外，为了突破当前流动人口管理中的户籍限制问题，长三角地区一些有条件的地市或县域开始试点户籍制度改革。2015年12月11日，苏州出台了《苏州市流动人口积分管理办法》及相关计分标准，只要流动人口在苏州市辖区（不含吴江区）合法居住，已经办理居住证并连续居住一年以上（包含一年），且参加社会保险的流动人口可以申请参加积分管理，积分由基础分、附加分和扣减分等三部分组成，其中基础分为学历、社保、居住情况等的对应分值之和，附加分为计划生育、专利创新、表彰奖励、社会贡献、投资纳税和卫生防疫等对应分值之和，扣减分为违法乱纪、失信等对应分值之和，总积分等于基础分和附加分之和减去扣减分，总积分需要达到一定的水平才能获得户籍人口的福利水平，如享受到社会保障、子女入学方面的优先。再如，温州市平阳县于

2014年7月28日开始推行《平阳县户籍管理制度改革试点工作方案》。该方案提出，将正式取消农业户口、非农业户口的性质划分，统一转换为"居民户口"。

进一步来看，不同阶段长三角地区的流动人口政策导向都给人口与劳动力流动带来了不同程度的社会影响与经济效应，尤其是对人口流动规模、内在结构等方面的影响进而作用于长三角地区的经济增长、产业和经济结构调整以及区域内可持续协调发展；相比中央政府，作为发达地区的长三角地区流动人口政策与微观规制措施对人口流动产生了更为直接和具体的影响，反过来，人口流动对长三角地区的微观规制政策也表现出相对直接的动态反馈功效，进而最终递延到对中央政府人口流动宏观社会经济政策制定的影响，但其对中央政府宏观政策的直接影响相对较为微弱，而且长期以来对人口流动所进行的一系列政策调整，是多重经济主体相互动态博弈与制衡的最终结果。这种动态相互制衡具体体现在中央政府与地方政府之间，发达地区与欠发达地区地方政府之间，外流人口与发达地区抑或城市居民之间，外流人口、城市居民与政府三者之间。我们认为其中存在一定的负向效应，如长期以来长三角地区人口流动政策在不同程度上存在着偏重城市而弱化农村与欠发达县市的政策导向；且外流人口的微观主体福利未得到充分重视；其作用于人口流动应有的经济效应与社会效应并不显著。笔者认为，尽管人口流动政策进程得到了较大程度的推进，但截至目前，长三角地区人口流动人口管理和服务仍存在诸多不足。

9.3 长三角地区流动人口管理和服务中存在的困境

基于上述分析发现，尽管长三角地区的流动人口管理和服务水平已经取得了一定的进步，但是由于大部分流动人口文化程度低、法律意识淡薄、劳动技能缺失，且心理和物质功利化、结构复杂化和行为与目标短视化或短期化，这一系列局限或缺陷也就造成了对长三角地区、区域内各层级地方政府的政策调整、创新和完善未能形成较为良性的倒逼机制，进而导致当前长三角地区对流动人口的管理和服务仍然存在着一些较为突出的问题和困境，比如对流动人口的管理和服务缺乏制度约束；

对流动人口的管理和服务缺乏区域间的协作，即行政壁垒依旧突出；对雇佣单位缺乏监管，责任模糊；流动人口复杂的结构使得管理难度增大等。具体体现为以下几个方面。

第一，对流动人口的管理和服务缺乏制度约束。尽管很多地方都认识到流动人口管理是一个综合性、社会性的工作，也出台了多个文件，要求各个行政部门相互协调来配合对流动人口的管理，但是流动人口管理并没有真正纳入政府行政行为考核体系，缺乏制度约束、责任追究机制，无法形成预期的管理合力，从而造成流动人口管理工作只能由公安机关单独负责。与此同时，无论是中央层面，还是长三角地区的区域层面，长期以来对于流动人口更多的是"管理"观念占主导，尽管近年提出需要由"管理"向"管理和服务"并重转变，但因历史所形成的"路径依赖"，"服务"并未贯穿到相关部门的工作实践中。再加之长三角地区内部的各流入地往往将外来流动人口并未视为本辖区内的组成部分，即上文所述的外来人口并未成为本区域的一员，或并未被城镇化所真正吸收，进而认为无义务给其提供与本辖区内的户籍居民相匹配的一系列福利，加上本辖区本身福利支出压力日益沉重更成为其"护身符"。

此外，笔者在长三角地区的一些地市调研发现，截至目前，外来流动人口对流入地辖区服务水平的满意度并未被纳入政府部门工作考核，更为关键的是，很多政府主管部门忽视外来流动人口对本地经济增长和经济发展，乃至日常的城市运行等方面的重要贡献，将外来流动人口给本地区所带来的交通运输、犯罪、环境污染、就业挤占、其他"城市病"以及原有既定福利分摊等外在负向效应突出化甚至是无限放大，进而视外来人口为自身的"负担"甚至是"累赘"，这也恰恰构成了地方政府部门对外来流动人口持"管理"而非"服务"态度的内在逻辑。这一论点与肖周燕等（2009）的论证相一致。

第二，对流动人口的管理和服务缺乏区域间的协作。流动人口最大的特征就是在不同的行政区域间流动和迁移，而对流动人口管理和服务却缺乏动态的跟踪、管理和服务，使得流动人口在跨区域流动过程出现了诸多矛盾和问题，尤其是不同区域和省份间的行政壁垒仍较为明显。一方面，流出地地方政府最初往往偏向通过提供技能培训和后续教育等方式鼓励人口和劳动力外出务工，而对外流后的情况和问题缺乏动态监测和管理，理所当然地认为外流后所产生的一系列问题是外来人口流入地的管理和服务内容；另一方面，对于跨省份、跨区域的流动人口，截至目前不同区域或省份间缺乏对流动人口管理和服务的系统对接和梳理，进而因信息不对称和不完全而造成管理和服务成本叠加，从而造成资源浪费。从经济学视角来看，辖区短期利益最大化也导致了区域协作的框架至今并未建成，更何况在一定程度上不同省域之间更多的是竞争关系而非合作关系，从这一视角来看，区域和省域间的协同和协作需要进一步加强和完善。

第三，对雇佣单位缺乏监管，责任模糊。《中华人民共和国劳动合同法》[2012年修订，以下简称《劳动合同法》(2012)]出台后，笔者在长三角地区调研发现，尽管《劳动合同法》(2012)有利于劳动者微观个体维护和保障自身权益，提升了在用人单位的对等权利，如用人单位招用劳动者时，应如实告知工作内容、工作条件、工作地点、职业伤害、职业危害、安全生产状况，劳动报酬以及劳动者要求的其他情况，但是，在实践中，劳动合同对实际工作内容并未明确、更未量化，不仅不告知工作本身的危害性，相反还会隐瞒相关信息，而且对实际造成的职业危害不承担责任，甚至连工伤赔偿也得不到保障。这一系列问题在流动劳动者中尤为常见。笔者认为，这在很大程度上是由于相关主管部门对用工单位疏于管理造成的。

从博弈论视角来看，流动人口的一系列主管部门存在监管与不监管的两种策略选择，而雇佣单位相对流动人口而言同样存在履约和不履约的策略选择。也正如上文所述，长三角地区地方政府的微观规制措施对人口流动产生了更为直接和具体的影响，进而相应的主管部门是否作为、是否监管对流动人口福利保障起到决定性影响。发达地区地方政府相关主管部门对外来人口视为"问题"和"累赘"、信息不对称而带来的高额的监管成本、对主管部门政绩考核上激励相容机制的缺失，这些因素导致监管部门偏向选择"不监管"策略，从而构成了"监管部门不监管、雇佣单位不履约"这一纳什均衡形成的最佳注解。

第四，应对流动人口复杂结构的政策滞后。流动人口复杂的结构使得管理和服务难度增大，进而凸显出部分有关流动人口的相关政策和规章制度的滞后性。流动人口结构复杂性体现在四个方面：①新生代流动人口与老一代流动人口交织并存,而且新生代外流人口的比重近年来逐步增大,其诉求以及工作和生活方式发生巨大变化,无疑给流动人口政策的制定和完善增加了复杂性;②交通便利与科学技术的进步,使得跨省份、跨区域的流动更加便利,进而使流动人口的来源地更加多样化;③无论是新生代还是老一代外流人口其流动频次和频率相比以往有所提高,这也给流动人口管理和服务带来困难;④人口外流过程中所衍生出的心理问题、生理问题、留守儿童问题、老人福利损失以及相应的养老问题等,不仅考量流入地地方政府流动人口管理和服务的水平,也涉及流出地地方政府相应的政策如何进一步修订和完善;⑤从流动人口微观个体的内在特征来看,学历结构、技能差异、自身素养、民族差异、社会背景、不同的来源地等因素无疑让流入地地方政府对流动人口的管理和服务更加复杂化。这些都在很大程度上增加了流动人口的管理和服务难度系数。

从政策滞后性的内涵来看,具体包括三个方面:①政策的认识时滞,指的是外来人口规模、内在结构和未来趋势的复杂性使得地方政府的政策制定、管理和服务办法的出台有一个分析、认识和认知的过程,其复杂性在很大程度上决定认知时滞的长短;②政策的决策时滞,指的是从对外来人口多样性与复杂性的认知,到政策的决策,再到实施有一个较长的过程;③政策的效果时滞,即流动人口政策效果的产生、显现再到反馈有一个滞后性。就其具体表现而言,以户籍政策为例,上海市的具体规定和实施意见体现在2004年8月30日的《上海市居住证暂行规定》和2006年的《关于做好农民工工作的实施意见》;浙江省的例证则体现在截至目前仍以2006年8月28日的《浙江省人民政府关于解决农民工问题的实施意见》与2009年6月3日的《浙江省流动人口居住登记条例》为指导意见和实施办法。

9.4 加强和完善长三角地区流动人口管理和服务的对策建议

笔者认为,长期以来流动人口政策是影响人口流动的重要因子。与此同时,从未来城乡间、区域间和空间的动态格局来看,随着劳动年龄人口的绝对下降以及人口老龄化的不断加剧，未来很长一段时期我国将面临人才甚至是普通劳动力竞争的格局，然而，城乡抑或区域间对于人才和普通劳动力的动态竞争或博弈，很大程度上离不开科学和合理的流动人口政策，特别是当下中国正处于传统城市化向新型城市化转型过程中，如何设计合理的流动人口政策路径以及制度安排，也就成为区域和地方政府加强社会管理服务乃至全国进行宏观经济调整的重要命题。

当前，正值我国大力推进城镇化建设，大量人口从农村涌入城市，从中西部地区涌入长三角地区。针对不断增加的流动人口，长三角地区必须尽快解决流动人口管理和服务中存在的问题，才能推动城镇化建设的顺利有序展开。总的来看，长三角地区作为中国经济增长重要引擎的地区之一，在流动人口政策的制定和设计上，需要发挥政策安排和制度创新的示范与引领效应，如释放户籍制度及背后附载的诸如医疗、养老、住房、就业等系列福利制度的改革红利；政策设计以重点改变流动人口的弱势特征为突破口；政策诉求以应对不同阶段、不同流动人口特征（如老一代与第二代流动人口）的多变性和需求的多元化为目标，最终实现拥有居留意愿的流动人口向身份明确、权利平等的永久性居民转变，即让流动人口在城镇和发达地区能够拥有一个稳定的家，并拥有与城镇居民平等的就业权、劳动报酬权、职业安全权、社会保障权、教育培训权、子女教育权和居住权等。具体的、可操作性的路径选择如下。

第一，发挥长三角地区不同省市间的协同效应。

从理论上讲，协同效应最初来源于物理学家哈肯（Haken）所创立的协同论（Synergetics），通常是指庞大的复杂整体系统中不同分支系统之间相互反应、相互耦合而形成的总体效应或集体效应。尽管长三角地区并不是一个真正的独立主体，但是笔者认为，不同省市不应单纯地停留在"虚拟一体化"的框架下从竞争中寻求合作，发挥上述相互间的协同效应，从中观视角来看，长三角地区还应该可以通过区域联合视作一个整体的区域概念，类似于美国的纽约、日本的东京等区域，城市之间以及欧盟的各成员之间的界限逐渐模糊，在此基础上，借鉴美国组建专门的流动人口专项管理机构以及京津冀地区所成立的京津冀协同发展领导小组的办法，建立长三角地区跨省市、多层次的管理和服务机构，如长三角地区一体化协调委员会或统筹办公室等，优化其内在的决策沟通机制，并充分发挥这一专门的和统一的组织保障优势，利用在长三角地区整个区域的规划中构建一个由上而下的无障碍、成体系的合作协调平台以及综合信息登记平台，进一步继续挖掘现有的"长江三角洲城市经济协调会""沪苏浙流动人口计划生育区域联动联席会议"等在推进户籍等各项流动人口政策走向一体化的潜在作用，提高区域流动人口制度创新和再创新的意识和能力，在长三角地区实现体制创新以及社会保障制度的相互衔接和联动并逐渐趋于统一。

这里的内在逻辑在于：一方面，作为中国经济增长的重要引擎，长三角地区理应率先进行与自身经济和社会发展程度相匹配的户籍等制度创新，发挥在全国范围内的示范与引领效应，这种潜在效应的发挥需要整个长三角地区不同行政主体相互间的协同，即面上的共同推进，而非点上的突进；另一方面，尽管长三角地区内部不同省域之间存在竞争关系，但是笔者认为，更多的应是一种合作关系，笔者认为在这种"虚拟一体化"的框架下，发挥相互间的协同，必然会形成经济学意义上的"$1+1>2$"的规模经济、多维主体合作的范围经济与相互间的互利共赢。当然，在不同省域多层次、多维度、多元化的协同过程中，需要在中央政府的统一协调框架下进行，最终为包括劳动力在内的要素有序流动和合理的空间布局提供新的制度安排，充分释放制度改革红利。

第二，积极落实流动人口居住证制度，不断提高流动人口的社会保障水平。

截至目前，中国以典型的户籍制度为核心的诸多制度性障碍构成了人口和劳动力流动的"拦路虎"，对于流动人口和劳动力在就业和行业选择、职位获取、工资收入、社会保障、医疗保险、工作环境、子女教育、住房、工伤赔偿等方面与城市户籍居民相比，均存在差异化待遇。因此，深化户籍制度改革是必然趋势，然而，这又是一个长期过程。最核心的诱因在于，从表面上来看，"户籍"只是一个"身份上的符号"，而关键是背后隐含着或直接关系到其背后的诸多"配套福利"，也就是废除城乡户籍制度，实现公平对待，意味着要取消依附在户籍背后的就业、住房、教育、各类社会保障和福利等的差别权利。

笔者认为，从短期来看，居住证制度可以作为长三角地区外来人口管理和服务的过渡政策；从长期来看，必然呈现与本地居民逐步一体化的趋势。笔者认为，以居住证代替暂住证的这一变化，是对宪法规定的公民自由迁徙权确保的体现，从法律上保证了公民在本土内实现自由居住。但是，从暂住证到居住证的改变，不仅是称谓的变更，而且应该是和居住证相关联或者说背后的居民包括就业、子女教育、计划生育服务、住房、医疗、养老、工伤赔偿等在内的真正福利的进一步提升和改善。我国长期以来实施有差别的社会福利政策，这些差别往往是通过户籍管理来实现的，而当前改善流动人口管理问题的核心在于改变依赖于户籍的各种不平等福利，因此，需要尝试在长三角地区范围内逐步推行由各省市财政统一安排的外来人口与本地居民基本一致的社会福利，并根据各地的具体生活水平辅之以一定的地方福利，这样可以确保流动人口在流动过程中的基本福利保障。各地可以根据流动人口居住时间的长短，分先后、分情况、分批次、分类别地给予一定的社会福利保障，让流动人口也能分享到参与当地经济建设贡献相对应的成果，最终实现长期视角下的真正的区域一体化。

从长期来看，日本单纯的"住民票"身份登记模式、基于居住区域的网格化身份管理模式以及利用信息化手段逐步推行的"住民基本情况网络登记制度"，并辅之以与身份相分离的、较为完善的"国民健康保险计划"等流动人口身份和社会保障管理模式值得我们学习借鉴。此外，京津冀地区的部分省市，如河北省石家庄市2019年所推行的"零门槛"落户制度也值得长三角地区从中总结成功的实践经验，并在区域内进行试点乃至逐步推开。

因此，在具体的政策设计方面，作为我国经济增长的重要引擎，长三角地区流动人口政策的改革与创新，在"十四五"期间乃至未来更长远的经济发展过程中理应在全国范围内继续起到应有的引领与示范效应。比如，在户籍制度上，长三角地区应彻底消除户籍制度的藩篱，尤其实现附着在户籍背后的诸多福利和社会保障以及城镇基本公共服务覆盖常住人口，而非表面上的、纸质"户籍"的消除，进而从根本上破除妨碍人口、劳动力、人才社会性流动的体制机制弊端。在医疗保险政策上，长三角地区可以发挥财政资源相对充足的比较优势，对流动人口实现由以往医疗保险制度上的全覆盖向实际全覆盖的转变，从根本上解决流动人口医疗保险的异地接转、浮萍式和候鸟式流动过程中的医疗关系接续问题。在流动人口随迁子女教育政策上，长三角地区需要率先推进教育公平，保障流动人口随迁子女公平受教育权利和升学机会，确保让流动儿童都能享有公平而有质量的教育。

第三，强化流动人口管理和服务部门的基础建设，做好流动人口各方面的专项工作，提升和优化相应的行政考核标准和体系。

在区域间协同和联动的前提下以及新的制度安排的统一框架下，对于流动人口而言，离不开具体的管理和服务机构，尤其是在当下的中国必不可少。例如，长三角地区不同省市的经济发展部门一般根据需要鼓励或吸引人口流入或流出；卫生和计划生育部门则负责为流动人口提供公共卫生与健康、计划生育管理和服务等工作；教育主管部门则为流动人口本身及其子女教育提供保障；公安和治安部门则负责提供治安和相应的安全等权益保护；人力资源和社会保障部门则负责相应的有形和无形福利保障。

由此，笔者认为，在流动人口管理和服务的过程中，可以借鉴美国和欧盟等发达地区和国家的成功经验，针对流动人口管理和服务中的薄弱环节，设置常态化的定向计划和专项项目，如美国实行的"流动学生教育计划"，欧盟开展的流动儿童语言适应项目、儿童早期发展支持项目、资优儿童支持项目等，通过补短板的方式，推进人口的合理流动以及流动过程中的社会融入，使其获得与对发达地区和城市做出贡献相对应的回报，最终增强其归属感、安全感、获得感与幸福感。需要强化流动人口管理和服务具体责任部门的基础建设，并对上述一系列部门建立相应的流动人口管理和服务满意度的行政考核标准与体系及其配套的评价体系和反馈机制，对流动人口管理和服务过程进行动态反馈和监管，促进流动人口顺利流动，提升区域流动人口管理和服务水平。上述各个方面的考核与反馈工作可以由上文所提及的"长三角地区一体化协调委员会或统筹办公室"等专门的、统一机构牵头，委托专业的、相对独立的第三方来完成，确保专业性、独立性和公平性，进而推进和加快长三角地区各项工作的一体化进程。在这一方面，美国联邦政府在协调各个州政府、欧盟在协调各个成员国过程中，所采取的立法、规则制定、政令发布等，进而推进人员自由流动，并保障迁移者同等的国民待遇，这一规制思路值得借鉴。

第四，加强对流动人口集聚区域的管理和服务，及时发现和排解潜在的矛盾和风险。

国际经验表明，大城市和发达地区聚集了大部分流动人口和劳动力，如美国、欧盟、日本、韩国、泰国、新加坡等国家和地区；在国内，香港也是流动人口集聚的超大城市的典型代表；对于我国大陆而言，尽管近年部分流动人口呈现就近流动和就近城镇化的趋势，但是占主导的空间分布特征仍是向以江苏省、浙江省、上海市为中心的长三角地区和以广东省为中心的珠三角地区集聚和汇集。笔者认为，改革开放40多年中国经济持续高速增长尤其是东部沿海地区的超常规发展在很大程度上取决于低廉的流动人口和劳动力的要素贡献，也就是大规模流动人口的集聚效应带来了经济的高度发展。然而，这一模式即向大城市和超大城市聚集的模式受到了学界的质疑和批评，主要论据集中在交通堵塞、资源和能源供给短缺、环境污染、其他城市病等。这也构成了上文所指出的流动人口被流入地地方政府视为"问题"或"累赘"的典型例证，进而带来了一系列主管部门对外来人口更多的是持"管理"而非"服务"的态度认同。的确，发达地区和大城市对外来人口的不认同或歧视、大城市中新的二元分布格局（即大规模的外来人口集聚区与本地居民居住区明显分开）、流动人口与本地居民之间的文化冲突以及因多元化的输出源所带来的流动人口自身相互间的习惯和文化冲突等都会成为流动人口管理和服务乃至新型城镇化推进过程中的潜在矛盾和风险源，事实上，这些风险源是由流动人口与城市居民之间长期以来根深蒂固所存在的"两种文化""两种身份""两种制度"所决定的。基于此，需要加强对流动人口集聚区域和汇集城市的动态监控和疏导，尤其是在方式方法上进行多重的政策调整和制度创新，进而提升管理和服务水平。

第五，依托"互联网+"和大数据等现代化的信息技术手段，全面提升流动人口管理和服务水平。

当今，互联网技术、云计算、区块链和大数据等信息技术手段呈几何式增长，以席卷全球之势改变着人类的思维、生产和生活方式，极大地提高了生产和管理的效率。近年来，美国、欧盟和日本在流动人口的身份管理、医疗保险、随迁子女教育等方面，均采取了先进的现代电子化、信息化手段进行管理，并取得了较为显著的成效，例如，日本高效、细致和动态的数字化身份和居住管理以及欧盟利用信息化手段在欧盟范围内推行的统一的电子医疗卡等。鉴于我国流动人口的规模大、结构复杂、来源地范围广且随机性强，笔者认为长三角地区能够借鉴现代"互联网＋"和大数据技术的潜在优势，将其应用到流动人口动态化的户籍身份、居住登记、医疗保险、养老保险、随迁子女教育等方面的管理和服务，不仅能够减轻庞大流动人口管理和服务的难题和压力，而且能够进一步提高和改善流动人口管理和服务的水平。从具体的路径上来看：一方面，需要积极加大人、财、物投入，研究和拓展现代互联网和大数据技术在流动人口上述诸多方面的管理和服务上的应用，建立点对点、面对面的动态数据和信息储备；另一方面，要做好人口信息的基础数据采集工作，尤其是在下一代身份证制作以及诸多社会福利和社会保障的配套供给中可以加入相关的智能感应系统，使得流动人口的信息可以通过无线识别技术为多部门所共享，实现整个长三角地区不同省市间各相关部门同步更新、同步处理和同步优化的流动人口动态管理和服务数据库。

第六，注重政策在区域内部的动态调整和优化。

在流动人口的流向方面，尽管近年来中西部地区的省会等特大城市和城市群将成为本地流动人口的新的集聚地和选择地，但是笔者认为，包括长三角地区在内的东部沿海地区仍将是流动人口跨省流动的主要目标地。当然，可能会因区域内部特大城市如上海在人口、产业、功能等方面的主动疏解，流动人口将逐步向周边省市集聚和转移。因此，可以借鉴日本的大城市管理经验以及京津冀地区在协同发展过程中的实践经验，如对于北京市、天津市和河北省所做出的明确的差异化定位，尤其是其中对于北京市非首都功能的疏解等，长三角地区内部尤其是特大城市周边的城市、区乃至城镇应提前做好政策设计，在政策上主动对接，充分利用和发挥外来人口和劳动力的潜在优势。

参考文献

1. Angela Maria Branz Spall, Roger Rosenthal, "Children of the Road: Migrant Students, Our Nation's Most Mobile Population," *Journal of Negro Education* 1 (2003), pp. 55 – 62.
2. Banggu Liao, David W. S. Wong, "Changing Urban Residential Patterns of Chinese Migrants: Shanghai, 2000 – 2010," *Urban Geography* 36 (2015), pp. 109 – 126.
3. Blau, Peter M. & Otis Dudley Duncan, *The American Occupational Structure* (New Jersey: John Wiley and Sons Inc., 1967), p. 269.
4. Cai, Fang, "Removing the Barriers to Labor Mobility: Labor Market Development and Its Attendant Reform," paper represented at World Bank Workshop on National Market Integration in China, Beijing, 2003, pp. 1 – 18.
5. Chan, Kam Wing, "Economic Growth Strategy and Urbanization Policies in China, 1949 – 1982," *International Journal of Urban and Regional Research* 16 (1992), pp. 275 – 305.
6. Chan, Kam Wing, "One Country, Two Systems: Rural-Urban Dualism in the PRC," in Wu, Hsin-hsing, eds., *PRC Political Economy: Prospects under Jiang Zemin* (Taiuan: Graduate Institute of Political Economy, National Cheng Kung University, 1999), p. 182.
7. Cheng, Tiejun, Dialect of Control—The Household Registration (hukou) in Contemporary China (Ph. D. diss., State University of New York, Binghamton, 1991), pp. 292 – 293.
8. Cheng Tiejun and Mark Selden, "The Origins and Social Consequences of China's HukouSystem," *The China Quarterly* 139 (1994), pp. 644 – 668.
9. Cook, Sarah, "Surplus Labor and Productivity in Chinese Agriculture: Evidence from Household Survey Data," *The Journal of Development Studies*

35 (1999), pp. 16-44.

10. Dorothy J. Solinger, *Contesting Citizenship in Urban China Peasant Migrants, the State and the Logic of the Market* (Berkeley: University of California Press, 1999), p. 1.

11. Dwight Perkins and Shahid Yusuf, *Rural Development in China* (Baltimore: Johns Hopkins University Press, 1984), p. 4.

12. Fan Shide and Jiang Debo, "The Reflection and Definition of the Macroeconomic Policy for China's Labor Migration," *WIT Transactions on Information and Communication Technologies* 52 (2014), pp. 1161-1167.

13. Fei, John C. H. & Gustav Ranis, "A Theory of Economic Development," *American Economic Review* 51 (1961), pp. 533-565.

14. Fei-Ling Wang, *Organizing through Division and Exclusion: China's Hukou System* (Stanford University Press, 2005), pp. 85-124.

15. Fields, G. S., "A Welfare Economic Analysis of Labor Market Policies in the Harris-Todaro Model," *Journal of Development Economics* 76 (2005), pp. 127-146.

16. Figlio, D., "Measuring School Performance: Promises and Pitfalls," in L. Stiefel, A. Schwartz, R. Rubenstein and J. Zabel, eds., *Measuring School Performance and Efficiency: Implications for Practice and Research* (Larchmont, NY: Eye on Education, 2005), pp. 119-135.

17. Green, P. E., "The Undocumented: Educating the Children of Migrant Workers in American," *Bilingual Research Journal* 27 (2003), pp. 51-71.

18. Harris, J. R. and Todaro, M. P., "Migration, Unemployment and Development: A Two Sector Analysis," *The American Economic Review* 60 (1970), pp. 126-142.

19. Hertel, Thomas, Fan Zhai, "Labor Market Distortions, Rural-Urban Inequality and the Opening of China's Economy," World Bank Policy Research Working Paper No. 3455, https://ssrn.com/abstract=625332, November 2006, pp. 1-39.

20. Huang Ping and Frank N. Pieke, "China Labor Migration: Some Policy

Issues," *Social Sciences in China* 3 (2005), pp. 112 – 124.

21. Huo Weidong, Deng Guoying, Wang Peng, Yang Xiaojun, "The Pull of Inter-provincial Migration of Rural Labor Force and its Influence on Policy-making," *Ecological Economy* 2 (2006), pp. 25 – 31.

22. Ingrid Nielsen, Russell Smyth, "Unemployment Within China's Floating Population: Empirical Evidence from Jiangsu Survey Data," *Chinese Economy* 39 (2006), pp. 41 – 56.

23. Knight, J. & Lina Song, *The Rural-Urban Divide, Economic Disparities and Interaction in China* (New York: Oxford University Press, 1999), p. 36.

24. Lees, Francis A., *China Superpower: Requisites for High Growth* (New York: St. Martin's Press, 1997), p. 66.

25. Lipset, Seymour M., Reinhard Bendix, *Social Mobility in Industrial Society* (Berkeley: University of California Press, 1959), pp. 204 – 216.

26. Lewis, W. Arthur, "Economic Development with Unlimited Supplies of Labor," *Manchester School of Economic and Social Studies* 22 (1954), pp. 139 – 191.

27. Lu Qi, Wu Peilin, Lu Lixin, "The Relation between the Characteristics of the Migrants and the Economic Development in Beijing and the Regional Differentiation of their Distribution," *Acta Geng Sinica* 60 (2005), pp. 852 – 862.

28. Robert, Kenneth D., "The Determinants of Job Choice by Rural Labor Migrants in Shanghai," *China Economic Review* 12 (2001), pp. 15 – 39.

29. Shields, G. M. and M. P. Shields, "Family Migration and Nonmarket Activities in Costa Rica," *Economic Development and Cultural Change* 38 (1989), pp. 73 – 88.

30. Solinger, Dorothy J., "Citizenship Issues in China's Internal Migration: Comparisons with Germany and Japan," *Political Science Quarterly* 114 (1999), pp. 455 – 478.

31. Todaro, M. P., "A Model of Labor Migration and Urban Unemployment in Less Developed Countries," *The American Economic Review* 59 (1969), pp. 138 – 148.

32. Whalley, John & Shuming Zhang, "Inequality Change in China and (Hukou) Labor Mobility Restrictions," https://www.nber.org/papers/w10683, No. 10683, 2004, pp. 1-30.

33. Whalley, John & Shunming Zhang, "A Numerical Simulation Analysis of (Hukou) Labor Mobility Restrictions in China," *Journal of Development Economics* 83 (2007), pp. 392-410.

34. Zhu Yu & Chen Wenzhe, "The Settlement Intention of China's Floating Population in the Cities: Recent Changes and Multifaceted Individual-level Determinants," *Population, Space and Place* 4 (2010), pp. 253-267.

35. 白莹：《天津市户籍制度的形成与发展趋势》，《天津行政学院学报》2009年第6期，第71—75页。

36. 蔡昉：《改革时期农业劳动力转移与重新配置》，《中国农村经济》2017a年第10期，第2—12页。

37. 蔡昉：《中国经济改革效应分析——劳动力重新配置的视角》，《经济研究》2017b年第7期，第4—17页。

38. 蔡昉：《破解中国经济发展之谜》，中国社会科学出版社，2014，第12—13页。

39. 蔡昉、白南生：《中国转轨时期劳动力流动》，社会科学文献出版社，2006，第1—14页。

40. 蔡昉、都阳：《经济转型过程中的劳动力流动：长期性、效应和政策》，《学术研究》2004年第6期，第16—22页。

41. 蔡昉、都阳、王美艳：《户籍制度与劳动力市场保护》，《经济研究》2001年第12期，第41—49页。

42. 蔡昉、都阳、王美艳：《劳动力流动的政治经济学》，上海人民出版社，2003，第8—14页。

43. 蔡昉、王德文：《中国经济增长可持续性与劳动贡献》，《经济研究》1999年第1期，第62—68页。

44. 蔡葵：《对农村劳动力转移政策的思考》，《经济问题探索》2007年第8期，第62—65页。

45. 曹淑江、张辉：《美国流动和迁徙人口的教育法律与政策及其对中国的启示》,《外国教育研究》2007年第1期,第61—65页。

46. 陈森斌、杨舸:《改革开放后的农民工政策思路变迁》,《人口与发展》2013年第2期,第10—17页。

47. 陈旭、王志高:《公办学校禁止向进城流动人口子女加收借读费》,《新华日报》2008年7月3日,第6版。

48. 陈妍:《改革开放以来我国流动人口政策变迁研究》,硕士学位论文,陕西师范大学,2013,第17—23页。

49. 程名望、史清华、徐剑侠:《中国农村劳动力转移动因与障碍的一种解释》,《经济研究》2006年第4期,第62—72页。

50. 邓凡:《农民工子女义务教育政策过程分析:政策网络的视角》,《现代教育管理》2011年第4期,第54—57页。

51. 邓金钱:《政府主导、人口流动与城乡收入差距》,《中国人口·资源与环境》2017年第2期,第143—150页。

52. 杜长宇、郭林、刘文辉:《反思现行农民工医疗保险政策》,《农村经济与科技》2007年第3期,第34—35页。

53. 杜晓华:《日本的流动人口管理》,《杭州》(生活品质版)2014年第1期,第149—150页。

54. 都阳:《农村劳动力流动:转轨时期的政策选择》,《经济社会体制比较》2010年第5期,第90—97页。

55. 都阳、蔡昉、屈小博、程杰:《延续中国奇迹:从户籍制度改革中收获红利》,《经济研究》2014年第8期,第4—13页。

56. 段成荣、吕利丹、邹湘江:《当前我国流动人口面临的主要问题和对策——基于2010年第六次全国人口普查数据的分析》,《人口研究》2013年第2期,第17—24页。

57. 范丽琴:《上海市流动人口政策演变研究》,硕士学位论文,同济大学,2008,第39—50页。

58. 樊士德、周睿:《基于经济增长与结构调整宏观背景下的中国劳动力市场新特点》,《兰州商学院学报》2010年第3期,第75—80页。

59. 樊士德:《中国劳动力流动与收入差距的库兹涅茨效应研究》,《经济评论》2011年第4期,第44—53页。

60. 樊士德:《劳动力流动对欠发达地区产出效应的测算》,《中国农村经济》2011年第8期,第22—32页。

61. 樊士德:《中国劳动力流动的一般性与特殊性研究》,《南方人口》2011年第3期,第35—46页。

62. 樊士德:《中国劳动力流动社会经济政策演化脉络与效应研究》,《人口学刊》2013年第5期,第71—80页。

63. 樊士德:《劳动力流动、经济增长与区域协调发展研究》,经济科学出版社,2013,第159—176页。

64. 樊士德:《劳动力流动对中国经济增长贡献显著吗——基于区域递归视角的经验验证》,《财经科学》2014年第1期,第61—70页。

65. 樊士德、姜德波:《劳动力流动与地区经济增长差距研究》,《中国人口科学》2011年第2期,第27—38页。

66. 樊士德、江丽:《长三角地区人口流动政策演化脉络和效用研究及启示》,《中华参考》2016年第2期,第74—86页。

67. 樊士德、路秋菊、董宏伟、季敏:《长三角地区流动人口医疗保险政策研究》,《人口学刊》2016年第1期,第35—48页。

68. 樊士德、魏枫:《发达地区地方政府对劳动力流动的微观经济政策范式探究》,《财贸研究》2014年第2期,第16—23页。

69. 樊士德、严文沁:《长三角地区流动人口户籍政策评价与前瞻》,《江苏师范大学学报》（哲学社会科学版）2015年第4期,第96—103页。

70. 樊士德、周睿:《长三角地区流动人口管理和服务问题与对策研究》,《现代经济探讨》2015年第8期,第40—43页。

71. 房莉杰:《农村流动人口医疗保障研究综述》,《甘肃理论学刊》2006年第5期,第50—54页。

72. 傅崇辉:《流动人口管理模式的回顾与思考——以深圳市为例》,《中国人口科学》2008年第5期,第81—86页。

73. 高洪:《地区发展差距拉动:我国人口流动的成因分析》,《上海经济研究》2003年第2期,第38—46页。

74. 高鸿业:《西方经济学》（微观部分）第五版,中国人民大学出版社,2011,第322页。

75. 顾东升:《上海市流动人口管理对策研究》,硕士学位论文,复旦大学，2009，第15—19页。

76. 顾骏：《关于上海流动人口管理的深层次思考》，《上海城市管理职业技术学院学报》2005年第2期，第50—55页。

77. 官华平：《珠三角与长三角地区流动人口劳动制度环境比较分析》，《劳动保障世界》2018年第33期，第75—76页。

78. 关信平：《中国流动人口问题的实质及相关政策分析》，《国家行政学院学报》2014年第5期，第70—76页。

79. 国家人口和计划生育委员会流动人口服务管理司编《中国流动人口发展报告2011》，中国人口出版社，2011，第237—238页。

80. 国家人口和计划生育委员会流动人口服务管理司编《中国流动人口发展报告2012》，中国人口出版社，2012，第3—18页。

81. 郭秀云：《大城市外来流动人口管理模式探析——以上海为例》，《人口学刊》2009年第5期，第44—49页。

82. 韩嘉玲：《相同的政策 不同的实践——北京、上海和广州流动儿童义务教育政策的比较研究（1996—2013）》，《北京工业大学学报》（社会科学报）2017年第1期，第17—30页。

83. 和学新、李平平：《流动人口随迁子女教育政策：变迁、反思与改进》，《当代教育与文化》2014年第6期，第14—19页。

84. 胡芳洁：《如果户籍开放……》，《经济观察报》2010年1月11日，第39版。

85. 胡务、张伟：《成都农民工综合社会保险研究》，《农村经济》2005年第2期，第73—76页。

86. 华迎放、张汉玲：《农民工医疗保险政策完善思路》，《中国劳动》2010年第7期，第16—20页。

87. 侯新烁、杨汝岱：《政策偏向、人口流动与省域城乡收入差距——基于空间异质互动效应的研究》，《南开经济研究》2017年第6期，第59—74页。

88. 黄晨熹：《我国城市外来流动人口政策进展、问题与对策》，《中国名城》2014年第3期，第4—10页。

89. 黄匡时：《改革开放以来北京市流动人口研究回顾与展望》，《北京社会科学》2008年第5期，第72—79页。

90. 黄匡时、王书慧：《从社会排斥到社会融合：北京市流动人口政策演变》，《南京人口管理干部学院学报》2009年第3期，第29—33页。

91. 黄育贤：《深圳市城市流动人口管理的现状、问题及对策》，百度文库，https://wenku.baidu.com/view/92696607b04e852458fb770bf78a6529657d35df.html。

92. 贾波、王德清：《农民工子女义务教育政策变迁》，《福州党校学报》2008年第3期，第72—75页。

93. 贾晋京、刘仰知：《"欧盟社保"与跨国人才流动》，《中国经济报告》2015年第8期，第112—114页。

94. 江泽民：《全面建设小康社会，开创中国特色社会主义新局面——在中国共产党第十六次代表大会上的报告》，《学习月刊》2002年第12期，第4—24页。

95. 考希克·巴苏：《对蔡昉〈认识中国劳动力市场及其变化趋势〉的评论》，转引自青木昌彦、吴敬琏编《从威权到民主：可持续发展的政治经济学》，中信出版社，2008，第218页。

96. 李爱：《农村劳动力转移的政府行为》，山东人民出版社，2006，第96页。

97. 李爱芹：《我国农民工社会保障制度的缺陷和完善——以广东模式和上海模式为例》，《农业现代化研究》2009年第3期，第318—321页。

98. 李飞孟、郭亚花、潘先秀：《中国农村劳动力流动政策变迁研究》，《北方经济》2006年第20期，第15—16页。

99. 李红岩、刘海燕：《制度塑造政策的经验分析——以进城务工人员随迁子女义务教育政策为例》，《经济问题》2014年第3期，第17—22页。

100. 李厚刚：《建国以来国家对于农村劳动力流动政策变迁》，《理论月刊》2012年第12期，第168—173页。

101. 李世美、沈丽：《居住证制度与户籍制度改革：北京、上海、深圳的政策解读与对比》，《山东农业大学学报》（社会科学版）2018年第1期，第66—74页。

102. 李桐：《广州市流动人口政策变迁的理论思考》，《社会与公益》2020年第1期，第38—40页。

103. 李晓杰：《农村劳动力转移政策研究》，《社会科学战线》2007年第3期，第58—61页。

104. 李晓壮：《北京人口与户籍改革形势探析》，《中国国情国力》2015年第5期，第17—19页。

105. 李展：《美国"流动儿童教育计划（MEP）"研究》，硕士学位论文，广西师范大学，2014，第19—23页。

106. 李孜、杨洁敏：《我国城市流动人口医疗保障模式比较研究——以上海、成都、北京、深圳为例》，《人口研究》2009年第3期，第99—106页。

107. 李毅飞、易凌：《论区域人口流动及权益保障的制度性障碍协调——以长三角养老保险法规政策冲突为视角》，《安徽大学学报》（哲学社会科学版）2009年第3期，第127—133页。

108. 林白妮、宋晓琴、左连东、凌莉：《广州市流动人口医疗保障存在的问题及对策》，《医学与社会》2013年第6期，第60—64页。

109. 林毅夫：《中国经济专题》（第二版），北京大学出版社，2012，第74—75页。

110. 林毅夫：《人口流动的过程也是产业升级的过程》，《财经界》2016年第9期，第67—68页。

111. 刘军安、卢祖洵、金建强、梁渊、汪早立：《农民工医疗保障制度路径选择及政策建议》，《医学与哲学》（人文社会医学版）2010年第6期，第64—66页。

112. 刘明轩、曹明霞、包宗顺：《长三角地区推进新型城镇化的问题与对策研究——以江苏为例》，《上海城市管理》2016年第4期，第35—37页。

113. 刘世元：《欧盟关于人员自由流动的立法特点及其启示》，《国际经贸探索》2006年第6期，第56—59页。

114. 刘小青：《18周岁以下流动人员受教育状况堪忧》，《人民日报》2004年2月17日，第5版。

115. 柳彦：《关于城乡劳动力流动政策的思考》，《理论探索》2006年第3期，第102—104页。

116. 陆根尧：《经济增长中的人力资本效应——对中国高速增长区域的

统计分析》,《统计研究》2002年第10期,第13—16页。

117. 陆继霞、汪东升、吴丽娟:《新中国成立70年来人口流动政策回顾》,《中国农业大学学报》(社会科学版)2019年第5期,第120—128页。

118. 罗仁朝:《我国城市流动人口管理现状及策略优化探析——以南京、苏州为例》,《城市规划》2004年第8期,第49—53页。

119. 吕玉广、郭松:《我国农村劳动力转移政策形成和调整的政治经济学分析——基于地方政府"经济人"假设》,《河南师范大学学报》(哲学社会科学版)2014年第2期,第84—88页。

120. 牟效波:《美国"流动人口"的平等保护及其对中国的启示》,《政治与法律》2014年第11期,第127—136页。

121. 彭连清:《区际劳动力流动对东部地区经济增长贡献的实证分析》,《宏观经济研究》2008年第12期,第46—56页。

122. 彭小辉、史清华、晋洪涛:《基于人口老龄化视角的城乡户籍一体化研究——以上海为例》,《上海交通大学学报》(哲学社会科学版)2012年第6期,第47—54页。

123. 彭宅文、乔利滨:《农民工社会保障的困境与出路——政策分析的视角》,《甘肃社会科学》2005年第6期,第173—177页。

124. 秦立建、王学文:《农民工基本医疗保险的异地转接:欧盟经验与中国借鉴》,《学术月刊》2015年第11期,第56—62页。

125. 〔美〕塞缪尔·P.亨廷顿:《变化社会中的政治秩序》,王冠华等译,上海世纪出版集团,1989,第66页。

126. 邵宁、王立影:《美国非法移民子女教育研究》,《外国教育研究》2011年第5期,第42—45页。

127. 申鹏、凌玲:《产业转型对农村劳动力区域流动的影响研究》,《经济问题探索》2014年第6期,第80—86页。

128. 宋洪远、黄华波、刘光明:《关于农村劳动力流动的政策问题分析》,《管理世界》2002年第5期,第55—87页。

129. 苏丽锋、高东燕:《欧盟内部移民流动特征与就业质量研究》,《中国人口科学》2019年第5期,第56—68页。

130. 孙翠香:《流动人口子女教育政策分析》,《教育学术月刊》2009年第 1 期，第 7—11 页。

131. 孙科技：《政策工具视角下美国"流动儿童教育项目"执行研究》，《外国教育研究》2017 年第 12 期，第 113—124 页。

132. 孙祥栋、王涵：《2000 年以来中国流动人口分布特征演变》，《人口与发展》2016 年第 1 期，第 94—104 页。

133. 王德文、蔡昉、高文书：《全球化与中国国内劳动力流动：新趋势与政策含义》，《开放导报》2005 年第 4 期，第 6—13 页。

134. 王峰：《流动人口管理创新及启示——基于三个城市的比较》，《浙江工业大学学报》（社会科学版）2018 年第 3 期，第 340—345 页。

135. 王桂新、刘建波：《长三角与珠三角地区省际人口迁移比较研究》，《中国人口科学》2007 年第 2 期，第 87—94 页。

136. 王海全、王文科：《农民工子女义务教育制度改革探析》，《湖北经济学院学报》2008 年第 1 期，第 122—126 页。

137. 王红茹：《国家发改委新精神出台，北京积分落户人数会增加吗"北京户籍指标大多是按计划分配，积分落户是九牛一毛"》，《中国经济周刊》2019 年第 8 期，第 58—60 页。

138. 王慧娟：《欧盟流动儿童教育政策的演变及启示》，《社会工作与管理》2015 年第 6 期，第 24—28 页。

139. 王琳：《论中国农民工医疗保障制度的完善》，《科学社会主义》2012 年第 1 期，第 111—113 页。

140. 王美艳：《农民工还能返回农业吗？——来自全国农产品成本收益调查数据的分析》，《中国农村观察》2011 年第 1 期，第 20—30 页。

141. 王美艳、蔡昉：《户籍制度改革的历程与展望》，《广东社会科学》2008 年第 6 期，第 19—26 页。

142. 王文录：《人口城镇化背景下的户籍制度变迁——石家庄市户籍制度改革案例分析》，《人口研究》2003 年第 6 期，第 8—13 页。

143. 王西玉、崔传义、赵阳、马忠东：《中国二元结构下的农村劳动力流动及其政策选择》，《管理世界》2000 年第 5 期，第 61—69 页。

144. 王珏、陈雯、袁丰：《基于社会网络分析的长三角地区人口迁移及演化》，《地理研究》2014 年第 2 期，第 385—400 页。

145. 王玉柱、周亦奇：《特大型城市人口控制与我国劳动力流动政策设计思考》，《科学发展》2014 年第 9 期，第 99—105 页。

146. 汪传艳：《农民工随迁子女"入学门槛"的差异研究——以长三角与珠三角地区为例》，《安徽师范大学学报》（人文社会科学版）2013 年第 1 期，第 109—114 页。

147. 汪继业：《从限制到融合：改革开放以来党的农村人口流动政策的演变》，《湖南行政学院学报》2015 年第 6 期，第 81—85 页。

148. 汪立鑫、王彬彬、黄文佳：《中国城市政府户籍限制政策的一个解释模型：增长与民生的权衡》，《经济研究》2010 年第 11 期，第 115—126 页。

149. 魏枫、樊士德：《中国经济持续增长的原因研究：技术进步路径的视角》，《中国软科学》2010 年第 4 期，第 50—61 页。

150. 吴景松、幸娟：《"长三角"地区：让农民工子女享受"同城待遇"》，《中小学管理》2007 年第 8 期，第 24—27 页。

151. 吴克昌、张强：《当代美国人才流动的制度安排》，《中国党政干部论坛》2012 年第 8 期，第 54—56 页。

152. 吴克明、赖德胜：《新中国劳动力流动制度变迁史》，《中国人力资源社会保障》2015 年第 4 期，第 30—32 页。

153. 巫强、朱姝、安修伯：《中国劳动力流动存在省际边界壁垒吗？——基于暂住证数据的实证研究》，《中国经济问题》2016 年第 6 期，第 3—13 页。

154. 肖周燕、郭开军、尹德挺：《我国流动人口管理体制改革的决定机制及路径选择》，《人口研究》2009 年第 6 期，第 94—101 页。

155. 谢建社、牛喜霞、谢宇：《流动农民工随迁子女教育问题研究——以珠三角城镇地区为例》，《中国人口科学》2011 年第 1 期，第 92—100 页。

156. 谢玲丽：《长三角人口发展战略研究》，复旦大学出版社，2007，第 37—76 页。

157. 熊光清：《从限权到平权：流动人口管理政策的演变》，《社会科学研究》2012 年第 6 期，第 49—54 页。

158. 熊卫平：《美国流动人口子女的教育法规及其对我国的借鉴》，《经济研究导刊》2008 年第 3 期，第 71—73 页。

159. 徐程媛：《关于农村劳动力流动的政策问题分析——基于南京市进城农民工的调查》，《市场周刊》（理论研究）2009年第5期，第7—9页。

160. 徐真真、蒋虹丽、胡敏、刘桦、陈文：《上海市外来就业人员医疗保障的现况分析》，《中国卫生资源》2011年第4期，第243—244页。

161. 杨川丹：《地方政府人口流动政策及其改革》，《中共浙江省委党校学报》2011年第3期，第83—87页。

162. 杨丹娜：《谁为农民工撑起"保护伞"？——广东农民工社会保障问题探讨》，《广东经济》2013年第11期，第64—68页。

163. 杨上广、王春兰：《长三角区域经济发展中的劳动力迁移流动研究》，《地域研究与开发》2010年第4期，第22—26页。

164. 杨颖秀：《从"两为主"到"两纳入"——进城务工人员随迁子女义务教育政策的新突破》，《教育科学研究》2017年第6期，第21—25页。

165. 杨云彦：《劳动力流动、人力资本转移与区域政策》，《人口研究》1999年第5期，第9—15页。

166. 叶继红：《城市实行外来人口居住证制度的公共政策分析——以苏州市为例》，《人口与发展》2009年第2期，第27—33页。

167. 尹德挺、黄匡时：《改革开放30年我国流动人口政策变迁与展望》，《新疆社会科学》2008年第5期，第106—110页。

168. 于盈：《城镇化进程中的农民工医疗保障问题研究——以广东河源埔前镇为例的考察》，《学术研究》2010年第10期，第82—95页。

169. 袁方成：《农村流动儿童教育权利保障的国际观察与启示——以美国的"流动学生教育计划"政策为参照》，《中国青年研究》2008年第5期，第109—111页。

170. 袁志刚：《乡—城劳动力流动、工资决定机制与劳动市场政策》，《云南财经大学学报》2013年第6期，第12—23页。

171. 曾春燕、魏晋才：《农民工医疗保障的困境与出路探究——浙江省农民工医疗保障现状的调查》，《中国卫生经济》2008年第4期，第79—80页。

172. 曾凯华：《欧盟人才流动政策对粤港澳大湾区发展的启示》，《科学管理研究》2018 年第 3 期, 第 87—90 页。

173. 张宏亮:《农民工医疗保险的政策与实际需求分析——以北京市为例》,《中国统计》2012 年第 7 期, 第 22—23 页。

174. 张惠强、李璐:《东京和首尔人口调控管理经验借鉴》,《宏观经济管理》2018 年第 8 期, 第 86—92 页。

175. 张潞浯:《广东非户籍流动人口子女义务教育问题的思考》,《韶关学院学报》2013 年第 5 期, 第 148—151 页。

176. 张甲子:《农民工子女义务教育政策存在的问题及分析》,《教育研究》2009 年第 10 期, 第 223—225 页。

177. 张利:《新常态下我国农民工人口流动现状研究——兼评〈农民工与城镇流动劳动人口经济状况分析〉》,《农业经济问题》2018 年第 2 期, 第 142—143 页。

178. 张玮:《浅议上海市外来人口政策演变》,《南京人口管理干部学院学报》2008 年第 3 期, 第 22—26 页。

179. 张希:《中国人口流动政策的演进、特点与建议》,《宏观经济研究》2019 年第 3 期, 第 160—175 页。

180. 张烨:《试论我国教育政策分析的可能范式》,《清华大学教育研究》2006 年第 2 期, 第 103—108 页。

181. 赵德余:《政策绩效评估:地方部门案例》, 复旦大学出版社, 2011, 第 20 页。

182. 赵西巨、李颖、于华荣:《欧盟法中学生跨国平等受教育权的实现》,《山东大学学报》(哲学社会科学版) 2004 年第 2 期, 第 133—138 页。

183. 郑秉文:《改革开放 30 年流动人口社会保障的发展与挑战》,《中国人口科学》2008 年第 5 期, 第 2—17 页。

184. 郑秉文:《中国社保"碎片化制度"危害与"碎片化冲动"探源》,《甘肃社会科学》2009 年第 3 期, 第 50—58 页。

185. 郑秉文:《中国社会保障 40 年:经验总结与改革取向》,《中国人口科学》2018 年第 4 期, 第 2—17 页。

186. 浙江省政协科技教育委员会调研组:《浙江省进城务工人员子女义务教育的现状及对策》,《浙江树人大学学报》(人文社会科学版) 2013 年第 1 期, 第 83—86 页。

187. 郑真真：《中国流动人口变迁及政策启示》，《中国人口科学》2013年第1期，第36—45页。

188. 周国华、陈宣霖：《流动儿童教育政策比较研究——以印度、以色列、美国为例》，《比较教育研究》2015年第4期，第39—45页。

189. 周丽萍：《产业结构调整背景下我国农业剩余劳动力转移的特征与趋势》，《江苏社会科学》2013年第1期，第43—49页。

190. 周其仁：《中国农村改革：国家和所有权关系的变化（上）——一个经济制度变迁史的回顾》，《管理世界》1995年第3期，第178—189页。

191. 周其仁：《中国农村改革：国家和所有权关系的变化（下）——一个经济制度变迁史的回顾》，《管理世界》1995年第4期，第147—155页。

192. 周毅：《中国人口流动的现状和对策》，《社会学研究》1998年第3期，第83—91页。

193. 朱玲：《"农民工"称谓更替的社会经济含义》，《经济咨询》2007年第4期，第26—27页。

194. 朱玲：《农村迁移工人的劳动时间和职业健康》，《中国社会科学》2009年第1期，第133—149页。

195. 朱玲：《城镇职工养老保险制度对农村迁移工人生计的影响》，《比较》2009年第5期，第1—15页。

196. 朱农：《中国劳动力流动与"三农"问题》，武汉大学出版社，2005，第30—37页。

197. 朱晓斌：《流动人口子女义务教育政策的价值分析》，《教育评论》2003年第2期，第16—19页。

后　记

2020年初，在本书即将完成之际，新冠肺炎疫情暴发，春节期间频繁的人口流动无疑给防控战"疫"带来了极大的挑战。在春节前全国上下聚焦疫情的防控防治之时，我与朋友谈道，除防控需要之外，第一时间最大限度地降低人口流动，可能尤为重要。而如何有效地降低人口流动，以及后续根据疫情的发展变化，动态地调节人口流动，对我国流动人口政策的制定提出了更高要求。此次疫情，带给我们一个重要启示：面对重大自然灾害和公共卫生事件，流动人口政策应如何及时做出有效应对？这构成未来的重大课题。

在疫情逐步得到较为有效控制但风险依然存在的情况下，如何在确保安全的前提下，做好人口流动尤其是农民工有序返工返岗工作，推动企业复工复产，最大限度地降低疫情对经济社会发展的负向冲击，成为重中之重。无论是在疫情的前期还是中期，从人口流动的管制到人口尤其是农民工的合理有序返工，均离不开流动人口政策有效的调节和微观规制。

截至2020年5月初，尽管中国的疫情得到有效控制，但全球仍在大流行，致使我们仍面临较大的输入性风险。我认为，进一步增强各级政府与微观主体对重大自然灾害、重大公共卫生安全等事件的应急反应能力至关重要，这也是国家治理体系和治理能力现代化的重要体现。在后续的流动人口政策安排中，应将专门强化各级责任部门和微观主体应急预案的普及作为基本要求提上日程。相信学界、政界乃至社会各界一定会广泛关注并高度重视这一问题。

本书的研究离不开众人的支持与帮助。首先，感谢我的博士后合作导师、教育部长江学者特聘教授、南京大学商学院院长沈坤荣教授，感谢我的博士生导师中国社会科学院经济研究所、清华大学中国经济思想与实践研究院袁钢明研究员，感谢我的硕士生导师四川大学经济学院博士生导师廖君沛教授，感谢我在美国波士顿大学访学期间的合作导师里亚·格林菲尔德（Liah Greenfield）教授，他们一贯的严谨、实事求是的学术研究精神一直在激励着自己，尽管博士和硕士毕业、博士后出站、访学结束业已多年，但他们从未中断对我耐心、细致的指导和生活上的关心。在这里由衷地向他们表示感谢。当然，在这里也要感谢母校中国社会科学院研究生院和经济研究所、四川大学经济学院以及博士后单位南京大学商学院，与此同时，也感谢上述单位众多知名学者的精心指导，如李扬研究员、蔡昉研究员、汪同三研究员、张车伟研究员、张宇燕研究员、杨春学研究员、刘志彪教授、范从来教授、张二震教授、安同良教授、葛扬教授、郑江淮教授、吴福象教授、耿强教授、杜肯堂教授、张衔教授、张红伟教授、邓翔教授、王云教授、吴丰教授、杨艳教授等。

感谢江苏省社科联原党组书记、常务副主席、博士生导师张颢瀚教授，天津师范大学原党委书记、博士生导师李家祥教授，教育部长江学者特聘教授、中国人民大学经济学院博士生导师贾根良教授，南开大学经济学院佟家栋教授，南开大学经济学院刘晓玲老师，南京大学商学院办公室常务副主任马骏博士等长期以来对我学习和工作的关心与支持。

感谢南京审计大学的学校、学院、各职能部门领导及同事们一直以来对我教学、科研等各方面工作的支持与帮助。同时也感谢南京审计大学的本科生和研究生，如颜瑾、金童谣、侯瑞琪、程璟昊、江丽、刘薇、路秋菊、季敏、董宏伟、顾雪芹等同学，他们在文献梳理、数据和资料收集与整理等方面做了大量的工作。

在这里也感谢我博士三年的同窗好友王兆斌、董朝晖、朱克朋、宁飞飞、高小珣、王瑶、蔡翼飞、王蕾等博士，感谢师兄河南财经政法大学经济学院院长朱红恒教授、广州大学经济与统计学院院长傅元海教授、黑龙江大学经济与管理学院副院长魏枫教授、山西大学经济与工商管理学院张波副教授以及硕士阶段的同学四川大学经济学院教授、博士生导师贾男，四川省发改委陈伟国博士等。

感谢社会科学文献出版社的各位编辑，他们的努力与辛勤工作使得本书得以高质量地出版。

最后，感谢我的父母和家人，正是他们一直以来的默默付出和支持，让我有时间和精力投入教学和科研工作。近年来，投入教学和学术研究工作时间过多，而对他们的关心和陪伴太少，这里向他们由衷地表示歉意。谨以此著作献给我最爱的、2019 年底刚刚去世的外婆。

尽管这是我的第二本专著，但因水平有限和时间紧张，书中难免挂一漏万，存在诸多方面的不足，恳请各位专家学者多多批评指正。

樊士德

2020 年 7 月 11 日于江苏南京家中

图书在版编目(CIP)数据

中国流动人口政策演化与评价：以长三角地区为例 / 樊士德著. -- 北京：社会科学文献出版社，2020.10
ISBN 978 - 7 - 5201 - 6851 - 9

Ⅰ.①中… Ⅱ.①樊… Ⅲ.①长江三角洲 - 人口政策 - 演变 - 研究　Ⅳ.①C924.21

中国版本图书馆 CIP 数据核字（2020）第 121335 号

中国流动人口政策演化与评价：以长三角地区为例

著　　者 / 樊士德

出 版 人 / 谢寿光
组稿编辑 / 陈凤玲
责任编辑 / 关少华

出　　版 / 社会科学文献出版社·经济与管理分社（010）59367226
　　　　　 地址：北京市北三环中路甲 29 号院华龙大厦　邮编：100029
　　　　　 网址：www.ssap.com.cn

发　　行 / 市场营销中心（010）59367081　59367083
印　　装 / 三河市东方印刷有限公司

规　　格 / 开本：787mm × 1092mm　1/16
　　　　　 印张：17.5　字数：277 千字

版　　次 / 2020 年 10 月第 1 版　2020 年 10 月第 1 次印刷

书　　号 / ISBN 978 - 7 - 5201 - 6851 - 9
定　　价 / 128.00 元

本书如有印装质量问题，请与读者服务中心（010 - 59367028）联系

版权所有 翻印必究